网络规则的生成和演进

赵杨 著

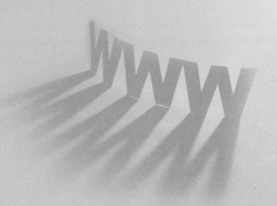

上海三联书店

序

　　我和赵杨相识,皆因这"博士"二字,而博士论文则见证了她从"好学生"到"写作者"的蜕变过程。直到今天,当年的博士论文被作为学术著作出版的时候,我还是觉得有些话要说说,故欣然写此序纪之。

　　赵杨是个好学生,凡与她相识的老师,尤其是给她上过课的老师都有这种感觉,有的还记忆至深。她很用功,但中国的学生用功者到处都有,用功而无成者也不在少数。赵杨的特点是不仅用功而且记忆力超强,许多书本知识都能准确记忆,重要的知识点甚至能告诉你出自哪本书哪一章甚至哪一节,因此常能在课堂上帮助老师准确定位某些理论的出处和原文。我为师一生,遇学生无数,但有此记忆力者仅一手可数,这让我惊叹得很。可谁知,恰是这种好学生异禀,让她在做学位论文时屡遭不爽,更引出了一个有趣的话题:"好学生"是怎样变成"写作者"的?

　　赵杨读博士学位那几年,我正在承担国家社会科学基金重大项目"中国特色虚拟社会管理模式研究——基于网络关系结构的多主体协同治理方案及其法律支撑"。作为首席专家和指导教师,我一方面希望她能参与这个课题的研究工作,另一方面也告诉她要自行确定具体的博士论文题目。过来人都知道,这一步看起来容易做起来很难,我后来的感觉是:像赵杨这样的"好学生"尤其难。记得她拟定的好几个题目都不理想,更要命的是,超强记忆力已经把她变成了大容量"书橱",只要触发一点就会"才思泉涌",但堆积起来的文字因不能聚焦而形不成一个研究"问题",常常是写了几千上万字被扔掉重来。可见,记忆力是把"双刃剑",它给人以知识、给人以自信,但也会产生知识围笼和思维定式。那时候,赵杨处于一种痛苦的自我否定状态中,据说曾流下过眼泪,又听说连做梦都在"找问题"。再后来,她发邮件告诉我将聚焦于研究网络秩序是怎样生成的,并且要"集中关注网络秩序生成过程中的三类主要事件——网络成文规则的产生、修订和废止,试图确定影响它们的各种可能因素"。我也觉得这是个好问题。这就是赵杨的博士论文和这本著作的由来,它记录了一个"好学生"是怎样从会背书到会"找问题"的成长过程。

没想到,她开题之后又一次陷入困境,大约有半年多无一字进展。这一次,她深陷于理论框架的纠结和烦恼。读的书多、记的东西多本是件好事,但哪一个理论才是可堪大用的理论框架,如何突出主线削去枝节? 在这半年多,赵杨看了太多的书,灰了太多的心,听说又流了不少泪。大约是六月初夏季节,赵杨给我发了封邮件说:"相对于解释某个特定网络规则文本存在的原因,论文试图去解释作为网络规则历史的文本中的变化特性以及影响这些特性的过程,重点是网络规则产生和变化的发生动因,而不是这些变化的具体内容。论文的理论预设是:网络成文规则是通过解决问题、规则生态结构以及学习的过程之间互动得以形成。当网络规则被创建、修改或废止,它就记载了人们(组织)面对内部和外部压力时所做出的反应。外部环境改变而引发的问题、与规则相关的直接经验及其后果、组织内部结构和资源变化都影响规则的变化。因此网络规则体系既是外部环境的产物,也是其自身内在过程的产物。"我读了这一小段文字,知道赵杨读懂了新制度主义,找到了博士论文的理论框架。我也知道,赵杨已经走出来了,她艰难地完成了从会"找问题"到会"做答案"的又一次跃迁。

此后，可以用进展神速来形容，她很快就按时完成了论文初稿，几经修改就变成了现在的样子。我今天把它推荐给大家，首先是因为书的内容涉及到法学理论中一个富有时代意义的新问题。其次，是本书对于网络成文规则产生和变化的影响因素的分析，以及所提炼出的某些规律性是值得一读的。还有，赵杨所经历的从一个"好学生"到一名"写作者"的蜕变过程，相信会引发有志于读博士、写论文者的联想和思考。

何明升

2019 年 3 月 30 日于上海

中文摘要

　　网络规则是法学理论中一个新的具有时代意义的问题。本书是关于网络规则生成和演进的理论研究,书中运用新制度主义的理论框架对引起网络成文规则产生和变化的各种因素进行分析,进而提出网络规则生成和演进过程中的某些规律性。

　　作为现实与虚拟相结合的复杂巨系统,网络社会存在并发展的基础和价值追求目标是构建和谐而有序的关系状态。社会秩序是不同社会主体之间的相互作用所形成的一种规则体系。网络秩序就是指网络空间的规范性秩序,是网络空间被高度规范化状态的表征,因此,网络秩序的生成可以视为建立一种规则。与现实社会的规则体系不同,网络空间中的规则有其自身独特的表现形式和演变机理。本研究将网络规则界定为有关互联网的组织规则。根据新制度主义理论视角,网络空间中的规则具有不同表现:第一种是形成组织的理性努力的网络规则,既包括为了实现共同目标的规则,也包含协调利益冲突的规则。虚拟社区的规则、互联网商业组织的自律规则都是基于共同目标而形成的组织集体生活的象征性产物;网络规则也是为了协调各种不一致的利益,约束不同网络活动参与者的协商性契约,如各国关于互联网的法律法规。第二种将网络规则视为科层制发展壮大的衍生物。组织在建立网络管理结构、统一和制度化现有网络规则以及遇到新问题时都可能导致网络规则数目的增大;组织群间由于存在扩散效应也导致网络规则创生过程。第三种将网络规则视为组织现实建构的一部分。环境的重要因素关注组织所拥有的规则和组织所采取的行动，互联网行业自律公约、网络立法法案的起草和实施过程都体现网络规则建构的特征。第四种将网络规则视为经验和知识的历史累积。网络规则不仅仅是从当前环境的知识中预测的结果，规则和环境共同演变，规则不仅受到环境的影响，反过来也影响环境。网络规则会通过一系列的经验而得以演变，通过"自发秩序"的内生过程或惯性力量得以形成，从其经验中学习而不断地调适。本研究主要关注的是网络成文规则，网络成文规则是以书面形式记录的网络规则，是网络社会规范化的文本表现。网络成文规则是正式组织的一个基本特征，具有可预期性、公开性和明确性，提供了一种去人格化的组织记忆和组织知识的仓库，且经常作为社会话语的焦点而引起争论。网络成文规则如何产生和变动是本书要回答的问题。根据新制度主义理论，网络规则的演变以及执行过程需要被置于社会和历史情境中加以解释。网络规则通过问题解决、政治过程、组织扩散和经验性学习的方式而适应社会情境，这些影响因素并不相互排斥，而是相互作用。具体而言，面对网络空间内部和外界环境的压力，网络规则被有意识地建构用以解决已经识别的问题，这种建构包含了各种利益冲突和政治策略安排；网络规则在组织之间存在扩散效应，这种扩散易受组织注意力及其分配方式的影响及调控，网络规则的产生和变动与特定规则相关的经验以及一组相互关联的规则而达到影响和扩散，网络规则制定的注意力被调动、重新分配，某个网络规则群部分所引起的变化会引起其他部分的调整；受组织学习能力因素影响，网络规则通过对经验教训的逐步调试而变化。根据这种视角，为了进一步探究网络成文规则产生和演变过程中的基本规律，本书归纳并分析了各国网络成文规则史中的三个重要因素。

　　第一个是网络规则产生和变化的双重动因。网络规则的产生和变化产生于外部环境和网络空间内部相对复杂的联合。首先，现实社会环境中的问题和因素导致了网络规则的创建和变动。在某些情境下，个别事件（如"9·11"事件、韩国女星自杀事件）会直接导致网络规则的创建；一些重要事件（如"棱镜门"事件等）虽然没有直接引起网络规则的产生，但也反映了组织外生性注意力产生的持续形式。国家网络监管制度和外部规则对网络规则的产生具有直接、重要的影响，网络空间和外部环境显著而复杂的巨大差异容易导致网络规则"缓冲区"，引发网络规则的实效问题，通过对我国关于网吧的管理规定、信息网络传播权的法定许可制度和"绿坝"软件事件分析了我国网络规则执行的实际效果。此外，国家法律制度和政治权威对网络规则演变的作用也极为显著，文章描述并分析了美国国会、联邦政府和联邦最高法院对网络规则的影响，也剖析了我国的网络审查制度。其次，网络空间的特性对网络规则的影响也是需要厘清的基本问题。本书考察了网络社会结构的两个维度：网络社会的规模以及网络社会的复杂性。网络技术的普及和迅速发展带来网络参与主体数量增加、利益不断分化、网络社会关系呈"弱连接"性，加之网络社会本身的构成高度复杂：虚实共生、人机交互和多主体并存，必然会在网络空间内部催生一系列新问题，网络规则也就需要不断地跟进和创建。网络交易中不断涌现的新问题引发了国际和各国电子商务规则的创建；网络空间中的有害攻击行为也催生出预防、打击和制裁网络攻击行为的各种安全规则。最后，问题是否存在由社会所建构。问题确认包括两个核心部分：组织注意力的自动调节和规则制定者对问题的需要。在不同政府时期，美国互联网发展及其相关问题受政治组织注意力自动调节而建构；在 Web1.0、Web2.0 和"社交媒体"时代，我国网络管理部门（规则制定者）根据需要而对特殊网络问题进行确认。

　　第二个是网络规则创建和演变的生态结构。制度理论强调规则之间的相互连接性,将规则的发展看作相互关联的规则群共同演化的过程。对网络规则生态情境的研究分为两个层面。第一个方面是网络规则密度和问题吸纳。规则密度指某个时间在给定组织规则区域内规则的数量,本研究对 1994 年到 2012 年我国互联网法律、法规、规章、司法解释和其他规范性文件共计 172 件网络规则梳理和分析后发现:我国网络规则产生率大体上呈现出密度负依赖的特性;对 1994 年到 2006 年美国国会 167 部互联网立法法案观察分析也发现密度负依赖的趋势,在一定时期内两个国家网络规则产生速度并没有随规则密度增大而持续提高,规则数目没有呈指数式增长,当网络规则数目上升并达到一定数量时,规则的成长将变得缓慢或呈下降趋势。这意味着随着某个特定区域内网络规则数目的上升,新问题可能遭遇大量现存规则而得到解决,新规则产生的机会就被减少,规则和问题之间是规则吸纳了问题,同时,二者之间关系也会受到相关因素的影响而变得复杂化。一种因素是问题的重现率和对问题发掘者的吸引力,本书将我国网络安全规则群分为国家安全和个人安全两个规则子群进行研究分析后发现:网络空间中危害国家安全问题不断重复出现并呈现新的样态,吸引了组织更多的注意力,相对于网络个人安全问题,国家安全和公共安全问题被规则吸纳的速度更快;另一方面,我国关于保护国家信息网络安全的规则数量较多并持续增加,当国家安全规则区域内规则密度提高时,问题由于被吸收而问题的供应减少,作为发掘者目标的这个区域的吸引力就下降了,随即问题会在个人安全规则区域内得到发现或创建,因此可以得出:不同的问题拥有不同的重现率,频繁发生的重现问题被规则吸纳的速度比稀有问题更迅速;规则密度不一致,对组织注意力的影响也并不一致,组织注意力及其产生的问题供应是已有规则密度的负函数。另一种影响因素是规则和问题之间的距离,规则密度的影响可能依赖规则和问题之间的距离,本研究将我国的网络法律规则视为一个规则生态共同体,并将其分为非网络法特有规则和网络法特有规则两类规则子群,通过对文献梳理分析后发现:规则距离问题较远,规则密度就小,规则位阶较高,规则的产生率较低,规则群数量相对稳定;反之,规则和问题之间距离较近,规则位阶较低,规则的产生和变动速度更快,规则数量增长迅速,规则密度较大,若两类规则群之间呈现功能性或程序性互倚,规则密度之间相互影响,先前产生的非网络法特有规则的数目增大会降低网络法特有规则的产生率。生态情境研究的另一个方面是组织注意力分配和问题确认。注意力分配过程包括注意力的扩散和注意力的竞争。根据时空性,注意力扩散包括两种情况:对发生于不同领域内的注意力扩散效应,本书以美国《国家信息基础设施行动计划》(NII)为例研究,这一规则的出台导致与美国网络经济相关的各个领域内规则的变化,包括电子通讯、税收、电子商务、互联网版权保护等,这表明一旦组织注意力被激活,注意力并非严格局限于特定规则,问题确认会从该特定规则传播至同一时期的相邻规则,引起邻近规则领域内的变化;不同时期注意力的扩散效应可能更为明显,美国联邦政府关于网络安全政策的演进充分体现了不同时期组织注意力的扩散效应。注意力分配还表现为对注意力的竞争以及体系某部分的注意力转移(或者取代了)其他部分的注意力,经研究发现:在有限注意力的限制下,我国立法机构决策者在互联网安全与社会管理立法方面比在互联网权利保障立法上可能会投入更多的精力;美国在早期以企业个人安全立法为主,后来转向以国家社会安全立法为主,近期则又显现出谋取国际立法主导权的趋势,这意味着组织同一水平的注意力并不能无限期地维持,当其他问题吸引组织的注意力,以及当由关注某一特定规则组所带来的明显的组织和政治回报下降的时候,投入创建那组规则的精力就减少。问题确认在规则群内的传播并非随机。有关问题确认传播的观点假定了一种在规则内定义了距离和边界的生态结构,也即规则之间距离存在着功能性互倚、程序性互倚和时间性三个维度,问题确认的扩散可能更容易在这种结构的规则变化机会中发生。功能性互倚指规则通过执行某一规则影响执行另一规则的方式而相互连接,网络公法、网络私法内部各规则之间,网络监管法、保护法和产业促进法内部各规则之间,网络技术规范和网络法律规范之间属于功能性互倚,因此,创建网络规则要考虑规则之间的功能性互倚这一生态关联。规则变化之间距离的第二个维度是程序性互倚,规则行动者、问题领域以及组织反应围绕着规则簇而被组织起来,当规则被分割成簇或者域,并且每个域被委托给一个特定的注意力代理人负责时,它就产生了程序性互倚,通过对我国网络交易规则簇和美国《网络空间国际战略》规则域的考察和分析发现:组织注意力并非给予一个单一规则,而是特定规则所存在的那个域,创建或改变某个规则的过程会影响创建和改变另一个与之相关的过程。规则间距离的第三个维度是时间性,本研究通过对我国互联网法治经历的三个标志性阶段的描述分析,以及对我国网吧管理规则和美国网络隐私权保护规则演变过程的分析,可以得出:规则变化通过时间而得以相互关联。某个时期在某个规则域内的问题确认会延续到随后时期,通过这种机制,我们预期某个时期的注意力和随后时期的注意力之间存在正相关。

　　第三个是网络规则生成和演进的内在机制。规则反应了组织的学习行为,学习能力的变化会影响规则体系的发展过程,因此,组织学习的能力和过程是网络规则生成和演进的内在机制。组织存在两种类型的能力:在现有规则内部不断增强的工作技能和在制定或改变规则方面不断增强的技能。第一种网络规则内活动能力又包括两个过程:一是组织内学习的过程;二是组织环境内学习的过程。组织内学习的过程包括组织在解释规则、扩大规则的适用以及理解规则边界方面积累的能力;组织环境内学习的过程表现为各国网络规则呈现共同演变的趋势,国际社会环境也与网络规则变动紧密相连。第二种制定和改变网络规则能力也包括两个方面：制定规则方面的能力来源包括规则制定机构的工作能力、规则制定者认识能力和组织不同部分的能力发展；改变规则的能力包括增加详细规定、扩大规则的范围。在网络规则史中，组织的学习能力通过许多途径得以积累，包括网络规则制定机构年龄、网络规则时效性、网络规则可塑性、网络规则密度。

通过对网络成文规则史中三个重要因素的归纳和分析研究显示：网络成文规则的生成和演进具有规律性，网络成文规则是通过学习和问题解决过程而对内部和外界压力作出的反应，同时这一过程受到生态情境（规则体系的整体历史）的影响。

［关键词］网络规则　生成　演进　动因　生态结构　学习能力

Abstract

The online rule is a significant problem of this new era in the legal theory. This article is about the study of the theory of the network rules' generation and evolution. That is, to apply the theoretical framework of new institutionalism to the produce of network written rules and to the various factors of the change, and then come up with regularities in the network rules generated and evolution process.

As a complex giant system which is the combination of the reality and virtual, the basis of the existence and development of the network society and its goal of the value is to build a harmonious and orderly state. Social order is a system of rules that is formed by the interaction between different social main bodies. Network order refers to the standardization of network space order, which is the characterization of network space highly standardized. Therefore, the formation of the network order can be regarded as a kind of rules. Unlike social system of rules, the rules in the network society have their own unique forms of expression. This study defines the network rules as the organization rules on the Internet. According to the view of new institutionalism theory, the network rules in the society have different performance. The first is a rational form of organization of the network rules, which includes the rules to achieve the common goal, also includes rules to coordinate conflict of interest. The rules of the virtual community, self-discipline rules of Internet business organization are both based on common goal and then become symbolic products of collective organization life. Network is a consultative agreement that is to coordinate the inconsistent interests and to constraint different participants, such as national laws and regulations about the Internet. The second is to see network rules as derivatives of dissecting development. The process of building a network management structure, unifying and institutionalizing the existed network rules and generating new problems could lead to increasing of network rules. The diffusion effect in organization also leads to creation process of network rules. The third is to see network rules as part of a construction of reality. Main environmental factors focus on rules and actions of organizations. Both the Internet industry self-discipline and network legislation drafting and implementation reflect characters of network rules construction. A fourth is to see network rules as accumulating experience and knowledge of history. Network rules should not only come from the forecasting results of the knowledge of the current environment. Rules and environment are evoluting together. Rules are not only influenced by the environment, but also in turn affecting the environment. Rules of the network are able to evolve through a series of experience, through the process of "spontaneous order" endogenous formation or inertia force, learn from their experience and make constant adjustment. This research mainly focuses on the network written rules, which is network rules that using written records, and which is the text of network social standardization. Network written rules is a basic feature of formal organization; With a predictable, openness and clarity; Provides a organizational memory and organizational knowledge warehouse that is ignoring personification; Often as the focal point of the social discourse and debate. How to produce and change network written rules is the focus of this paper. According to the theory of new institutionalism, the evolution of the rules of the network and the implementation process need to placed in the social and historical context. Network rules adapt to the social situation through problem solving, the proliferation of the political process, organization and the way of empirical study. These factors are not mutually exclusive, but interaction. Under pressure to internal and external environment of the network society, network rules are consciously constructed to solve the problem which has been identified. The building contains a variety of conflicts of interest and political strategy; Network rules have diffusion effect in the organization. The spread can be affected and governed by group concentration and its distribution. The rule production and change are associated with specific rules of experience and a group of related rules and to influence and diffusion. The attention of the rules is to mobilize and redistribution. Parts of rules in a specific group caused by the change will cause other parts of the adjustment; Affected by the organizational learning ability factor, the network rules is developing based on the adjusting of experiences and lessons step by step. According to this view, in order to further explore the basic rule of generation and evolution of network written rules, this paper sums up and analyzes the three important factors in the history of written rules of national network.

The first is the external and internal factors of network generation and evolution rule. The produce and the change of network rules come from relatively complex between the external environment and internal network society. First of all, real social environment problems and factors led to the creation of the network rules and change. In some circumstances, individual events such as the "9 · 11" event, the south Korean star's suicides will directly lead to creation of network rules; Some important events such as "prism gate" incident do not directly cause the network rules, but reflect the continuous exogenous attention from the organization. National network supervision system and external rules have a direct and important influence on the produce of network rules. The significant and complex differences between network space and the external environment is easy to cause the network rules "buffer", which generates network rules of practical effect. Based on China's regulations on the management of Internet cafes, legal license system of the information network transmission right and the "green dam" software incidence, this article analyzes the effect of our country's execution of rules of the network. Meanwhile, the country's legal system and political authority are extremely important in the evolution of the rules for the Internet. The paper describes and analyzes the congress, the federal government and the federal Supreme Court's influence on the network rules and analyses our country's Internet censorship. Second, the characteristics of network space on the network rules is also a basic problem that need to clarify. This paper examines the social structure in two dimensions: the complexity and the size of the network society. Popularization and rapid development of network technology bring in the increasing number of network participation and interest differentiation. The network of social relations are "weak connection", together with the composition of the network society itself is highly complex: a symbiotic and human-computer interaction and multi-agent coexist, inevitably gave rise to a series of new problems in the internal network society. Network rules would need to constantly follow up and create. Emerging of new problems in online trading triggers the creation of the international and national e-commerce rules. Harmful attacks in cyberspace also produce all kinds of rules that prevent and destroy cyber attacks. Finally, whether the problem exists is constructed by society. Problem identification consists of two core parts: automatically adjust of organizational focus and the needs of the problem by rule makers. In the different periods of the government, the development of the Internet in the United States and its related problems attention is organized by automatically adjust from political organization. In the era of Web1. 0、Web2. 0 and "social media", the network management department (rules) confirms special network issues according to the need.

The second is the ecological structure of network generation and evolution rules. System theory emphasizes the connectivity between rules and regards the development of rules as common evolution process in a group of related rules. The research of ecological situation on network rules has two aspects: one is about network density of the rules and problem absorbing. Rule density refers to under a certain time, the number of rules in the area given organized regulation. After sum up and analysis of a total of 172 pieces, which includes China's Internet laws and regulations, judicial interpretations and other normative documents from 1994 to 2012, the generating rate of our country network rules generally presents the negative density dependent features. After the observation and analysis for 167 Internet legislations and acts from the United States congress from 1994 to 2006, the trend of the negative density dependence was found as well. The speed of network rules in the two countries in a certain period of time did not increase along with rule density, and rule number did not show exponential growth. When the number of network rules rises and reaches a certain amount, the growth of the rules will show a slow or a downward trend. This means that as the number of rules of a particular area network rises, new problems may be encountered and solved by a large number of existing rules. The generation of new rules is decreasing. It is the rules that absorb problems. At the same time, the relationship between them will be influenced by relevant factors and become complicated. One factor is rate of the problem return and appealing of problem hunters. In this paper, security rules are divided into two subgroups, which are national security and personal security. The research and analysis found that state security issues in cyberspace constantly recur and presents a new look, which attracts more attention. Relative to the personal security in the network, national or public security issues are absorb more quickly by rules. On the other hand, the rules of protecting national information and network security have a large number and continue to increase. When national security rules area density rises, the supply of problems is decreasing due to the fact that problems are absorbed. As scouts, the attraction of this area is decreased. And the problems will be found or created in the area of the personal safety rules. So it is concluded that: different problems have different recurrence rate; frequent recurrence problems absorbed by rules are more quickly than rare problems; Rules density inconsistence brings in the inconsistence on the organization's attention. Organizational focus and the problem of supply is the negative function of existing rules on density. Another factor is the distance between the rules and problems. Rules of density of impact may depend on the distance between the rules and problems. To see our country's network law rule as an ecological community, network law rules should be divided into two categories; unique and common characteristic rules. Through document analysis, I found that far distance between rules and problems causes small density of rules, higher status of rules, low rate of rule production, relatively stable number of rules; and if problems are closer to rules, rules have lower status, the production and change of rules are faster, the number of rules rapidly increases, rules of density is larger. If the two kinds of rules are functionally and programmed depended on each other, mutual influence between of rule density arises. The increasing number of network common rules on internet laws produced previously reduces network specific rules. Another aspect of the ecological situation study is organization attention allocation and problem identification. Attention allocation process includes the spread of the attention and focus of competition. About the attention spread effect in different field diffusion, this article study the case of ⟨action plan for the national information infrastructure⟩ in the United States (NII). The birth of this rule causes and the related rules of the various fields of network economy changes, including electronic communications, taxes, e-commerce, Internet copyright protection and so on. This shows that once the organization attention is activated, attention is not strictly limited to specific rules, problem will confirm from the specific rules to the same period of the adjacent rules, causes regular change in the field of adjacent; the diffusion effect of attention during different periods may be more obvious. The evolution of the U. S. Federal government network security policy embodies the diffusion effect of organization attention in different periods. The second is competition for attention as well as the system has some part of attention (or replaced) other parts of the attention. Under the restrictions of limited attention, China's legislature decision makers are likely to put in more effort in the Internet security and social management legislation than on the Internet rights legislation. In the United States, personal safety legislation to businesses is given priority in the early days, later to give priority to the country's social security legislation. Recently, the trend of controlling international legislation has appeared. This means that organizing the same level of attention cannot exist indefinitely.

When other problems attract the attention of the organization, and when the focus on a particular rule group of organizations and political rewards declines, energy that used to create the set of rules is reduced. Problem identification within the rules of transmission is not random. The viewpoints about the spread of the problem identification assume an ecological structure defining the distance and borders within the rule. The distance between rules has three dimensions: the function of intimacy, procedural rules of intimacy and timeliness. The spread of the problem identification may be more likely to appear in rule changes of this structure. Functional intimacy refers to the rules are connect with each other by performing an influence from a particular rule on another. The various internal relationships between network public law and private law, and the various internal relationships between network management law, protection law and industry promotion law. Network technical regulation and network legal regulation are functionally dependent. So, creating network rules needs to consider the ecological relevance between the rule functional dependent. The second dimension of rule changing distance is the procedural dependence. Rules of the actors, the problem domain and the surrounding tissue reaction are organized by rule clusters. When the rules are divided into clusters or domain, and each domain is delegated to a specific attention responsible agent, it created a procedural lean on each other. Through the observe and analysis on clusters of network trading rules in China and the United States "cyberspace international strategy" rules of field, I found that organization attention is not a single rule, but the specific rules of that domain. The process of creating or changing some rules will affect the process of creating and changing another related rule. The third dimension of the distance between the rules is timeliness. Through the description and analysis of three stages of the Internet rule in China, as well as the management rules of China's Internet cafe and the evolution process of the analysis on network privacy protection rules in the USA, it can be concluded that rules are able to relate to each other through time change. Problem confirming in some rule domain over a given period of time will continue to affect the later period. Through this mechanism, we expect that there is a positive correlation between the attention in a specific period and that in the later period.

The third is the inside mechanism of network generation and evolution rules. Rules reflect the learning behavior of the organization. The change of learning ability will influence the development of the system of rules. So, the inside mechanism of network generation and evolution rules is the learning ability and process of the organization. There are two types of abilities: growing job skills of existing internal rules and constantly enhanced skills in setting or changing the rules. The first activity ability in network rules includes two processes: one is the process of organizational learning. Secondly is the process of organizational environment learning. The process of organizational learning includes abilities accumulated in organizing rules explained, expanding the use of rules and understanding the rules boundary. Organizational environment learning process has performances of common evolution trends among states network rules, closely connection between international environment and network evolution rules. The second ability of setting and changing network rules also includes two aspects: the ability source of setting rules includes working ability of rule maker, the cognitive ability of rule maker and the ability to organize different parts; Ability to change the rules includes increasing detailed regulations, expanding the scope of the rules. In the history of network rules, the organization's learning ability is accumulated through many ways. Including the age of institutions setting network rules, the time effectiveness of network rules, plasticity of network rules and density of network rules.

According to the sum up and analysis on three important factors, the history of network written rules generation and evolution has regularity. Network written rules are response to internal and external pressure by learning process and problem solving process, at the same time, this process is influenced by ecological situation (the whole history of rules).

[Key words] network rules generation evolution factors ecological structure learning ability

目　录

导　言

一、问题的提出

　　人类社会已经进入网络化时代。根据中国互联网中心统计，截至 2018 年 6 月，中国网民数量已经达到 8.02 亿人。互联网的快速发展推动了整个社会的积极进步，网络用户享受到了和谐网络秩序所提供的便捷服务，另一方面，网络空间的无序现象如垃圾信息、网络色情、网络暴力、网络攻击等也急需进行综合治理。在建设法治国家的时代背景下，积极推动网络社会的法治化建设，构建和谐的网络秩序问题引起了广泛的关注和研究。虚拟世界对现实社会产生深刻影响，网络技术也给法学和法律的发展带来前所未有的挑战，现实社会的法律在网络空间遇到诸多新问题，"数字化生存"已经给传统法学理论和法律实践提出了难题，如法律管辖、责任认定、权利义务的分配等，这本在现实社会根本不称其为一个问题，却在网络空间陷于一种困境。为此，很多国家和地区都开始对现有的法律体制进行修改或者补充，国际社会和各国关于互联网的法律、政策和制度也在逐步建构和不断完善。由于虚拟世界和现实社会之间交互共生带来的诸多困境，仅仅依赖于现有法律制度的一种修葺，虽然达到表面上的一时缓解，很多问题依然没得到根本解决，网络空间仍有众多问题，譬如，对网络立法的诸多质疑和争议[1]，整体管理体系也存在模糊、混乱和矛盾[2]等，难以得到有效解决。无论是针对虚拟社会具体问题的治理，还是关于网络政策和法律的争议，抑或是网络管理制度体系存在的不足，都有着复杂而特殊的根源，网络空间出现的一系列繁杂问题对法律的整个理论产生了全新的影响，必须应对理论根基对网络空间进行认真的法理分析，才能正确把握网络空间中法律的特殊表现、价值内涵和发展趋向。为了探究这些来自不同层面和不同领域的众多问题现象背后是否存在着最基本的、共通性的深层理论原因，本书以规则这一基本法理问题为研究目的，运用新制度主义理论的视角，以网络成文规则为研究对象和具体切入点，把纷繁复杂的现象纳入一个理论分析框架，并试图探寻这些现象背后蕴含的某些规律性。据此，本书研究的问题是网络规则的生成和演进，即运用新制度主义的理论分析框架对引起网络成文规则产生和变化的各种因素进行分析，进而提出网络规则生成和演进过程中的某些规律性。

网络社会的出现和崛起依赖于信息技术的飞速进步。马克思说："一切社会变迁和政治变革的终极原因，不应当在人们的头脑中，在人们对永恒的真理和正义的日益增进的认识中去寻找，而应当在生产方式和交换方式的变更中去寻找。"[3]"人类历史上每一种关键性技术的突破，每一种新技术架构的形塑，通常都会导致人类的生活方式甚至基本社会结构的转型，从而开拓新的生存空间，形成新的生活经验和社会规则。"[4]互联网的诞生和迅速推广不仅

---

[1] 关于网络实名制立法的争议。继韩国废除网络实名制立法后，我国有学者提出"网络实名制应当废止。"参见周永坤：《网络实名制当废》，载《暨南学报》2013年第2期。

[2] 陈潭、罗晓俊：《中国网络政治研究：进程与争鸣》，载《政治学研究》2011年第4期。

[3] 《马克思恩格斯选集》(第三卷)，人民出版社1972年版，第425页。

[4] 黄少华：《论网络空间的社会特性》，载《兰州大学学报(社会科学版)》2003年第3期。

推动人类社会生活和社会交往方式的变革，而且真正促进了人类行为规则、人类社会活动规则的创新。农业时代、工业时代都有与其社会生活相适应的规则，网络时代也需要自己的规则。网络世界使人类获得了充分的自由与无限的想像力，它比现实社会更活跃、更富有多样性，虚拟空间不同于现实社会，无法简单复制和直接适用现实社会的规则和管理模式，但它实际上又是现实社会空间的投影与模拟，是一个现实与虚拟相结合的复杂巨系统①，也同样需要规则来约束。对网络社会的规制，既不同于秩序和权力至上的传统统治模式，也并非追求效率的近代管理模式，而应当是构建法治型的现代治理模式。根据马克斯·韦伯对统治的正当性的划分，法理型统治的正当性根据，就是"法律或一个具有合理规则的制度，即统治者的权威只能来源于人们对于按照一定程序产生出来的制定法（enacted law）的信念，其最终根据则是理性"②。相对于网络技术的高速进步，网络社会中规则的构建明显滞后而且困难重重，网络社会中表达自由、知识产权、交易方式、个人隐私乃至经济安全、国家安全等众多方面的规则都面临一系列复杂的新问题，需要确立与网络社会相适应的新型交往规则和新型行为准则，并且需要不断创建和改进网络规则来维持网络社会系统的良性运转。因此，构建全面而和谐的规则体系，不但是网络社会存在和发展的基础，而且也是全面推进网络空间法治化的现实需要，更是建设民主、法治国家的必然要求。

　　与现实社会的规则体系不同，网络规则在生成和演进过程中受到现实社会和网络空间中各种因素的影响，网络空间中的规则有自身的独特性和演变机理。那么，这种独特性如何表现？网络

---

① 何明升：《复杂巨系统：互联网——社会研究的一个新视角》，载《学术交流》2005 年第 7 期。

② ［德］马克斯·韦伯：《支配社会学》，康乐、简惠美译，广西师范大学出版社 2004 年版，第 20 页。

空间的规则是如何创建和演变的？这是本研究所关注的问题域。本研究关注的对象是以书面形式记录的网络规则，即网络成文规则。基于对网络规则的研究就要面对发展一种网络规则成长理论的问题，网络世界的规则变迁是一种历史过程，网络规则的产生和演化组成了一个完整的网络规则变迁链条，将这一完整过程串联起来的是活跃于其中的主要事件。本研究集中关注网络规则生成和演进过程中的三类主要事件——网络成文规则的产生、修订和废止，并且试图确定影响它们的各种可能因素。网络成文规则被创建、修订和废止，为探索网络规则生成和演变过程提供了历史资料。通过对网络成文规则产生和变革因素的分析，来探寻网络成文规则史中是否存在规律性要素，从而论证网络规则是如何得以生成和演进，这是本书拟解决的问题。

二、研究意义

本研究对进一步完善虚拟社会的治理以及建构法治国家、法治社会具有重要的理论意义和现实意义。

关于网络规则的研究是重要的理论前沿。研究网络规则的理论意义在于，网络规则（包括成文规则与不成文规则）是构成网络社会秩序的核心要素，对网络成文规则及其动态演进的理论研究提供了作为理解网络秩序生成过程的一个可能视角。秩序，"作为为其他一切权利提供了基础的一项神圣权利"[1]，是人类社会最高的价值追求，在某种意义上说，秩序甚至是更基本的、具有超历史意义的价值。"秩序是指在自然进程和社会进程中都存在的某种程度的一致性、连续性和确定性。"[2]从一定意义上说，社会秩序是

---

① [法]卢梭：《社会契约论》，何兆武译，商务印书馆1982年版，第8页。

② Iredell Jenkins, Justice as Ideal and Ideology, in Justice, ed. C. J. Friedrich and J. W. Chapman, Nomos Vol. vi. , 1963, p. 204.

众多社会主体之间相互作用所形成的一种规则体系。规则对于秩序的生成非常重要，它已经成为秩序的一个重要部分，是秩序建立的基础和维护的保证。因此，网络秩序的生成也突出表现为建立一种规则，网络规则是网络社会秩序管理的内容，网络规则的产生及其变化是网络社会秩序生成过程的具体表现。本研究采用新制度主义理论视角，对网络成文规则生成和演进的复杂过程进行分析和归纳，把握网络规则的动态演变规律，为进一步研究网络秩序的生成过程提供了充分的理论依据和新的具体例证，弥补了传统法学理论研究的缺位，有助于奠定虚拟社会治理的学理基础。同时，对网络法律规则进行系统的理论研究，可以有效避免因理论的缺乏而在网络法律实践和研究中产生的缺憾与尴尬。

　　研究网络规则的现实意义在于，网络规则代表了信息社会中一种重要的秩序现象，网络规则的供给成为当今时代最有意义的社会话题。事实证明，建立和谐而稳定的社会秩序，自古至今是任何社会和组织都要努力实现的目标之一。规则在人类社会秩序的现实构建中占有极为重要的地位，现代历史都因围绕着规则的讨论和组织而发展起来，当代人类社会生活主要是围绕成文规则而被组织起来的，作为现实社会一隅的网络空间也是如此。因此，我们在创建现实社会规则的同时，不能忽视虚拟规则（网络规则）的建构，并且决策者们的主要关注点是网络正式或成文规则的产生和演变，网络成文规则也经常引起社会公开的讨论和争议。相对于不成文的网络规则，网络成文规则具有持久性，它们是唯一留下充足的历史材料从而允许我们详细研究其生成和演变规律的规则。随着时间的推移或当环境发生变化时，成文规则需要创建更新、重新解释甚至废止，因而需要更为复杂的程序和认可，网络成文规则使我们可以获得更多有关网络规则变化时间和程度的信息，留下可以作为数据收集、案例分析和使用的书面记录和文献资料。总之，在实践上，网络成文规则的研究对各种网络问题的社会控制,对虚拟社会的综合治理,对构建法治国家、法治社会的具体实践,都具有重要的指导意义。

三、文献综述

(一) 国内外对规则的研究

1. 国外关于规则的经典理论

国外对规则的研究可以分为以下几个视角。从法学的角度,规则是西方不同法学流派从不同的角度或视域加以探讨的共同主题。分析法学派的代表人物哈特认为,"法律是由组织系统颁布的规则体系。"[1]也即存在两种规则(第一性规则和第二性规则[2])的结合。他沿袭实证主义法学的逻辑,提出规则是法学体系建立的核心范畴。以哈特的实证主义规则理论作为批判的靶子,新自然法学派代表德沃金提出了"规则模式"[3]。"法律制度不能彻底被化约为规则模式。在具体案件中,除了规则外,通常用以修正乃至令规则失效的还有一般原则。"[4]德沃金认为,法不仅是规则,也包括原则和政策,但原则、政策与规则有着根本区别[5]。关于社会规

---

[1] [英]哈特:《法律的概念》,张文显等译,中国大百科全书出版社 1996 年版,第 117 页。

[2] 哈特区分了两种规则,即第一性规则和第二性规则。第一性规则或称基本规则,根据这类规则人们必须为或不为某些行为,而不论其主观愿意,这类规则为人们强制规定了义务,又叫"设定义务的规则";第二性规则是"关于规则的规则",它规定人们可以通过某些方式采用新的第一性规则,废除和改变既有的第一性规则,或者通过某种方式决定第一性规则的适用范围,这类规则涉及人们的权利,又称为"授予权利的规则"。

[3] Ronald Dworkin, the Model of Rules, University of Chicago Law Review, Vol. 35, 1967, pp. 14 - 46.

[4] [爱尔兰]约翰·莫里斯·凯利:《西方法律思想简史》,王笑红译,法律出版社 2010 年版,第 340 页。

[5] 在疑难案件中,法院运用的标准不是规则,而是作用与之不同的原则、政策和其他类型的标准,也就是寻求道德的因素。哈特与德沃金的根本分歧在于法律与道德之间的关系。参见[美]罗纳德·德沃金:《认真对待权利》,信春鹰、吴玉章译,上海三联书店 2008 年版。

则的生成机理研究,哈耶克提出了社会规则自发演化论。类似于生物进化论范式,哈氏提出存在两种规则:内部规则与外部规则。"就我们所熟悉的这种社会而言,在人们所实际遵循的规则中,只有一部分是刻意设计的产物,如一部分法律规则(但是即便是法律规则,它们也不都是刻意设计的产物),而大多数道德规则和习俗却是自生自发的产物。"①人的行为意识中存在着一个特殊的知识生长的机制,"一种虽然需要经过人的前意识的先导,但又并非人的理性设计的感觉的秩序,这种感觉秩序包含了群体和个体的多种成分,由此所形成的知识载体既累积了群体知识又表现为一种个体知识。"②他认为,社会规则的演化过程是人们不断模仿、复制他人成功的行为规则的过程,也是一个通过不断学习试错从而获得满意规则的过程,因此社会规则是能够给社会群体成员带来最优结果的。吉登斯认为,规则"类似于一种程式或程序,一种关于如何行事的想当然的知识,这种程式既可以是外在的规则内化于行动者的实践意识中的,也可以是行动者在情境中的创造"③。随着新制度主义的研究领域和分析方法不断扩展,越来越多的问题开始纳入新制度主义的视角。国外学界运用新制度主义分析框架对规则及其演变基本过程的研究可以归纳为以下几种观点:第一种观点认为,规则是对外部压力的响应。国外研究制度扩散的学者 Meyer 和 Rowan④,DiMaggio 和 Powell⑤

---

① [英]哈耶克:《法律、立法与自由》(第一卷),邓正来、张守东、李静冰译,中国大百科全书出版社 2000 年版,第 67 页。

② F. A. Hayek, the Sensory Order: an Inquiry into the Foundations of Theoretical Psychology, London Methuen Co., 1975, pp. 71 - 78.

③ [澳]马尔科姆·沃特斯:《现代社会学理论》,杨善华等译,华夏出版社 2000 年版,第 113 页。

④ Meyer, J. W., B. Rowan, Institutionalized Organizations: Formal Structure as Myth and Ceremony, American Journal of Sociology, Vol. 83,1977, pp. 340 - 363.

⑤ DiMaggio, P. J., W. W. Powell, the Iron Cage Revisited: Institutional Isomorphism and Collective Rationality in Organizational Fields, American Journal of Sociology, Vol. 48,1983, pp. 147 - 160.

以及 Zucker[①] 认为,组织采纳在外部环境中已经获得合法性的规则(诸如由政府和联邦立法机构创建的规则),由环境提供必要资源的行动者(比如政府机构或者公司捐赠者)所支持的规则,或者那些已经设法获得广泛接受或为环境内行动者自然而然接受的规则。另一种观点认为,规则是对组织结构特征的响应。国外研究科层制的学者们 Blau[②]，Meyer[③]，Strang 和 Chang[④] 认为,规则体系的扩张被视为是组织规模扩大的衍生物,这种观点局限于考察组织大小及其规则的扩张。还有一种观点认为,规则存在一种内部动态演变,其中规则在某个时间和地点的变化会影响随后规则的变化。詹姆斯·马奇、马丁·舒尔茨、周雪光运用新制度主义理论对成文组织规则的动态演变进行实证分析,并提出,"成文的组织规则是通过学习和问题解决过程而对内部和外部压力做出的反应,同时也将这个过程中的剩余物积聚到规则集中。"[⑤]

2. 我国对规则的研究现状

规则是我国法学理论研究的核心议题和研究方向。陈金钊提出,我国法理学研究应是围绕规则这一概念而建立的,也就是说"应重视借鉴分析法学派所倡导的方法,以建立一套适用于中国的分析、解释法律规则的理论、方法和技术"[⑥]。他倡导我们应该重

---

① Zucker, L. G., Institutional Theories of Organizations, Annual Review of Sociology, Vol. 131,1987, pp. 443-464.

② Blau, P. M., the Dynamics of Bureaucracy, New York Random House, 1955. Blau, P. M., a Formal Theory of Differentiation in Organizations, American Sociological Review, Vol. 35,1970, pp. 201-218.

③ Meyer, M. W., Linits to Bureaucratic Growth, Germany W. de Gruter, 1985.

④ Strang, D., P. M. Y. Chang, World Polity Sources of the Welfare State: an Institutional Analysis, the American Sociological Association Conference, 1991.

⑤ [美]詹姆斯·马奇、马丁·舒尔茨、周雪光:《规则的动态演变——成文组织规则的变化》,童根生译,上海人民出版社 2005 年版。

⑥ 陈金钊:《认真地对待规则——关于我国法理学研究方向的探索》,载《法学研究》2000 年第 6 期。

视对法律规则的解释研究。谢晖界定了法律规则的概念、特征、构成要素以及法律规则和司法的关系。他认为,"法律规则是指立法者将具有共同规定性的社会或者自然事实,通过文字符号赋予其法律意义,并以之具体引导主体权利义务行为的一般性规定,它是法律规范中关于人们行为的直接指南部分。"①他还提出,法律规则具有主体、对象、方法、内容和功能上的五个特征,分别是国家性、概括性、技术性、规范性以及导向性和预测性;法律规则的要素具体包括三个方面,分别是条件预设、行为导向和处置措施;法律规则和司法之间密不可分,法律规则是司法的主要裁判依据。另一方面,司法又可以进一步促进法律规则的完善。关于社会规则演进的研究,国内学界的主要观点有:周祯祥提出,"社会规则需要从社会正义、社会调节、社会秩序和社会进化的角度来理解。"②首先,规则是社会正义的需要,无论是利益一致还是利益冲突的社会群体都需要一系列规则来协调彼此之间的关系;其次,规则的产生是因为它们适应了调节社会关系,维持社会秩序稳定的需要;再次,规则是社会博弈的需要,规则是为了保障人们重复性博弈行为的有效实施而产生和发展起来的;最后,规则是社会发展进化的需要。李灵燕提出,"社会规则可能通过参与人之间的长期互动演化出来并成为可自我实施的。"③王孝哲归纳出社会规则的种类,"人类社会中基本的行为规范,主要有道德规范、法律规范、行政规范、技术规范和职业规范等。"④

---

① 谢晖:《论法律规则》,载《广东社会科学》2005 年第 2 期。
② 周祯祥:《社会规则的逻辑探索》,载《华南师范大学学报》(社会科学版)2005 年第 3 期。
③ 李灵燕:《社会规则的演化博弈分析》,载《生产力研究》2006 年第 2 期。
④ 王孝哲:《论人类社会中的行为规范》,载《东南大学学报》(哲学社会科学版)2009 年第 4 期。

(二) 国内外对网络规则的研究

1. 国外对网络规则的研究

对网络规则的研究可以分为国际规则和国内规则两个层面。近年来,国外研究越来越重视关于网络空间的国际合作和全球治理问题,但目前研究仍以各国国内网络规则为主。"由于互联网的无国界特性,国际合作有理由成为治理体制的重要组成部分,然而,由于各国法律、制度和文化的差异,对网络问题的解决更多地需要在各国内部实现。"[①]美国法学界最早产生了关于网络空间规则独立性的争论,主要有三种代表性观点:一种观点主张,国家无须干涉网络世界的行为,一切以虚拟社区自治为主。其代表人物是 John • Perry • Barlow[②],Johnson,David R. 和 Post,David[③]。Barlow 提出了网络空间的绝对自由,强烈反对任何形式的政府干预。他认为,网络社会是一个自我组织的实体,对其规制应是自下而上,而不是政治统治。Johnson,David R. 和 Post,David 提出,网络行为跨越了国家边界,从而带来了网络规制的新问题。他们认为,网络空间需要建立与现实社会完全不同的规则体系。"对跨越物理边界的电子信息流动进行规制,将地区管理和有形边界适用于网络空间的努力——很可能是无效的,至少在希望参加全球商务的国家里是如此。"[④]"网络空间不是一个同

---

① Goldsmith Jack, Wu Tim, Who Controls the Internet: Illusions of a Borderless World, Oxford University Press, 2006.

② John • Perry • Barlow, Declaration of the Independence of Cyberspace, http://www. erf. org/pub/publication/John-Perry-Barlow/barlow0296. declartion. (访问日期: 2012 年 12 月 20 日)。参见高鸿钧主编:《清华法治论衡》(第四辑),清华大学出版社 2004 年版。

③ Johnson, David R. , Post, David, Law and Borders-the Rise of Law in Cyberspace, Stanford Law Review, Vol. 48,1996, pp. 1367 - 1402.

④ Johnson, David R. , Post, David, Law and Borders-the Rise of Law in Cyberspace, Stanford Law Review, Vol. 48,1996, p. 1372.

质性的区域,各种在线活动的许多主体和行为都具有特殊的属性和特质,每个场所都可能演变出自己特有的规则。"①他们进而列举出在版权、商业垄断、侵权等许多法律领域都出现了新的规则,这些规则应由国际组织或者虚拟社区成员来制定和实施,而事实上政府也无法对网络行为进行有效的规制。另一种观点认为,"国家有必要管理网络,但不用创制新规则,只需要把握既有的法律原理即可。"②代表人物是 Easterbrook 法官,他主张,现实社会中的大多数法律,如合同法、侵权法、版权法等都能够适用于网络空间,政府不需要制定新的网络法则。与上述两种观点不同,美国斯坦福大学 Lawence, Lessig 教授提出,"网络空间要求我们用一个新的角度去理解规则的运作。它迫使我们超越传统律师的视野去观察——超越法律,甚至超越准则。它还要求我们对'规则'作出更宽泛的解释,更重要的是,对一个新近突显的规制者加以描述。"③"网络空间和现实空间不同,特别是受到代码(或更广义的信息系统)的极大影响,国家可以通过控制代码而间接控制网上的行为和内容。"④问题是,"我们如何看待政府可以利用法律直接规制网络行为,或者利用市场、社会规范和代码间接规制网络行为。"⑤Goldsmith Jack 也指出,"互联网和电话、电报、其他电子媒介相同,都是人们跨境交流的工具,并不是

① Johnson, David R. , Post, David, Law and Borders-the Rise of Law in Cyberspace, Stanford Law Review, Vol. 48,1996, p. 1379.

② Easterbrook, F. , Cyberspace and the Law of the Horse, University Chi. Legal Forum, 1996, p. 207.

③ [美]劳伦斯·莱斯格:《代码2.0:网络空间中的法律》,李旭等译,清华大学出版社2009年版,第5页。

④ Lawence, Lessig, Code and the Other Laws of Cyberspace, New York Basic Books, 1999.

⑤ Lawence, Lessig, the New Chicago School, Journal of Legal Studies, Vol. 27,1998, p. 661.

独立于现实空间的虚拟世界,每一次国家都有能力对这些新技术进行控制。"①

　　随着互联网技术的飞速发展,大量事实表明,各国政府和组织已经在不断使用各种手段对互联网进行管理和监督,对网络规则的研究也从网络空间规则独立性的争论转移到对网络空间存在的问题进行规制的各种具体规则、措施和制度上来。Michael Geist 认为,"网络规则经历了从无界到有界、从代码规制到规制代码、从自我规制到政府规制的转变,这标志着'第二代网络规则'的兴起。"②Murrary 提出,网络空间中的法律、技术准则和伦理道德共同发挥作用,但事实证明,法律规制的作用是不可替代的。网络空间的法律规则如何适用,存在两种截然相反的观点。争议的焦点是应当沿用原有的旧规则还是应为其专门创设新规则。"一种观点提出,互联网本质上仍是一种全新的通讯手段,与其他通信技术如信件、电报、电话等相比并没有本质的差别,因此完全可以直接适用现实社会已有的法律规则来规制互联网;相反的观点则认为,互联网完全是一个前所未有的新空间,网络空间的社会关系也是全新的,应当创制虚拟世界特有的法律规则进行调整,以符合互联网的新特点。"③他还指出,无论是在国际法领域,还是在各个国家法律体系内部,这场争论都广泛存在,这对互联网法制进程的走向产生了深刻的影响。从十多年来互联网发展的进程看,各国在实践中已经逐渐产生了各种规制模式和管理方法,主要表现为自我规制、代码规制和国家合

---

① Goldsmith Jack, Against Cyberanarchy, University Chi. Legal Review, Vol. 65, 1998, p. 1199.

② Michael Geist, Cyberlaw 2.0, Boston College Law Review, Vol. 44, 2003, p. 323.

③ Andrew, D. Murrary, the Regulation of Cyberspace: Control in the Online Environment, Routledge-Cavendish, 2007.

作三个方面。综上,国外学界对网络规则研究①的主要成果是:第
一,提出了"网络空间的规则和现实空间的规则有所不同"②;第二,
明确了对网络空间的规制不仅仅依靠政府管制,还包括其他手段和
方式,是一种共同协作,由此网络规则也不仅限于国家制定的正式
法律规则,还包括网络自治规则和国际组织确立的规则。

　2. 我国对网络规则的研究

　　我国对网络规则的研究大都立足于现实社会,现有研究多数
是将网络空间作为现实社会的投影或延伸来展开。国内主流观点
认为,网络规则包括:网络法律规则、网络自治规则和网络国际规
则或称全球规则。王健归纳出网络规则的六大属性是:"道德性、
行业性、技术性、民间性、国际性和依'法'性。"③网络法律规则是
"由国家制定或认可,由国家政权保证执行的有关网民网络行为的
规则。其内容包括对网民资质的规范、网民行为的规范、网络运营
和电子服务的规范等"④。网络社会长期维系的基础在于网络自

---

① 代表性研究主要有: Giampiero Giacomello, National Governments and Control of
　the Internet: a Digital Challenge, Routledge, 2005. Richard, A. Spinello,
　Regulating Cyberspace: the Policies and Technologies of Control, Quorum Books,
　2002. Andrew, D. Murray, the Regulation of Cyberspace: Control in the Online
　Environment, Milton Park, Abingdon, Routledge-Cavendish, 2007. Raymond, S.,
　Ku, R., Jaequeline, D., Li Pton, Write a Review Cyberspace Law: Case and
　Material, Second edition, Aspen Publishers, 2006. Tim, B., Instrusion Systems
　and Multisensor Data Fusion: Creating Cyberspace Situational Awareness,
　Communications of the ACM, Vol. 43, 2000. Kijoong, K., Internet Filtering,
　Blocking and Government Censorship in South Korea, Presentation Document for
　Computers, Freedom and Privacy Conference, 2003.
② Stuart Biegel, Beyond our Control? Confronting the Limits of our Legal System in
　the Age of Cyberspace, MIT press, 2001.
③ 王健:《试论网络规范的属性》,载《重庆邮电大学学报》(社会科学版)2013 年第 2
　期。
④ 顾爱华、陈晨:《网络社会公共秩序管理存在的问题及对策》,载《中国行政管理》
　2013 年第 5 期。

治,网络空间自发形成的民间自治规则是网络社会最有效的规则和秩序来源。网络自治规则主要是网络企业或行业组织对其自身经营和服务行为的自我约束规则,还包括虚拟社区规则和网民道德自律。"国家法律应该规范网络企业规章的内容,督促网络企业承担社会责任,保证其对自己的网络行为负责,靠自律成为网络公共秩序的维护者。"①网络道德也属于网络自治规则范畴,"是指以善恶为标准,通过社会舆论、内心信念和传统习惯来评价人们的上网行为,调节网络时空中人与人之间以及个人与社会之间关系的行为规范。网络道德作为一种实践精神,是人们对网络持有的意识态度、网上行为规范、评价选择等构成的价值体系,是一种用来正确处理、调节网络社会关系和秩序的准则。网络道德的目的是按照善的法则创造性地完善社会关系和自身,其社会需要除了规范人们的网络行为之外,还有提升和发展自己内在精神的需要。"②网络规则不仅具有国家特色而且还具备世界特征,因此需要研究网络全球治理规则。网络国际规则既有共识又存争议,对网络国际规则的研究必然带来国家主权观念问题和法律规则的域外效力。如何建立一个主权公平的跨国治理机制是争论的焦点,即需要研究和探索国家间合作的方法和具体模式。综上,网络规则应该由上述三个层面的规则互动耦合而成。

(1)网络法律规则研究

网络法律规则研究主要关注国家有关互联网法律制度的构建,通过立法对网络空间的权利和行为进行界定、规范、约束,既要对现有的法律进行修订,同时也需要创建网络法特有的规则。我国现有网络法律规则研究可以分为两个进路:解决具体法律问题

---

① 顾爱华、陈晨:《网络社会公共秩序管理存在的问题及对策》,载《中国行政管理》2013 年第 5 期。

② 徐宝库:《网络道德重在自律》,载《光明日报》2008 年 05 月 04 日第 06 版。

和研究基本法律问题。

目前我国大多数研究是以现实法律中的各个部门为依托,从网络法律规则的具体内容入手,专门解决网络社会的某些具体法律问题。从部门法角度进行网络规则研究的学者相当多,如张楚将网络法分为网络法特有制度、公法制度和私法制度①;孙占利将网络法分为实体法和程序法②;齐爱民、刘颖是从各传统部门法角度对网络法展开研究③。在各个部门法中,网络空间的刑事规则主要集于网络犯罪问题的研究④;网络空间的民事规则主要集中在知识产权、电子商务、民事侵权等领域⑤;网络宪法规则主要包括网络言论自由、国家信息安全和对个人信息保护的研究⑥。对网络法律规则研究的思路主要是从行政管制⑦和技术层面⑧这

① 张楚主编:《网络法学》,高等教育出版社2003年版。
② 孙占利主编:《信息网络法学》,厦门大学出版社2012年版。
③ 齐爱民、刘颖主编:《网络法研究》,法律出版社2004年版。
④ 如于志刚的《虚拟空间的刑法理论》、杨正鸣的《网络犯罪研究》、黄泽林的《网络犯罪的刑法适用》等。
⑤ 如刘德良的《网络时代的民法学问题》、张冰和张宇润的《对网络私行为的法律规制》、梁志文的《数字著作权论》、薛虹的《网络时代的知识产权法》、阿拉木斯的《网络交易法律实务》、蒋志培等主编的《网络与电子商务法》、李德成的《网络隐私权保护制度初论》、华劫的《网络时代的隐私权—兼论美国和欧盟网络隐私权保护规则及其对我国的启示》、张新宝的《互联网上的侵权问题研究》、屈茂辉的《网络侵权行为法》等。
⑥ 主要有:李忠的《因特网与言论自由保护》、王四新的《网络诽谤与言论自由》和《网络空间的表达自由》、田海和梁家平的《浅析网络言论自由的界限》、沈国麟和陈晓媛的《政府权力的扩张与限制:国家信息安全与美国政府网络监管》、李军和刘惠的《对我国网络安全立法的价值考量》等。
⑦ 涉及互联网管制的研究主要有:冯鹏志的《延伸的世界——网络化及其限制》、唐子才和梁雄健的《互联网规制理论与实践》、刘兵博士的《关于中国互联网内容管制理论研究》和李祖明博士的《互联网上的版权保护与限制》、张小罗的《论网络媒体之政府管制》、任丙强的《我国互联网内容管制的现状及存在的问题》、秦绪栋的《互联网管制立法研究》、王迁的《论BBS的法律管制制度》、张明杰的《政府管理互联网应当遵循的原则》、冯军的《互联网不能不管,但要善管》、张宇润的《网络有害信息法律管制之我见》等。
⑧ 技术层面的研究主要有:赵兴宏等的《网络技术发展与立法适时跟进》、周庆山的《信息法》等。

两个角度入手,如有学者提出,"目前我国关于网络管理的法规在技术层面的比较多,公共秩序管理方面法规相对不足。"①应该承认,不同的研究角度和思路都有值得借鉴之处,但网络法律规制中的技术和管制手段仅仅是有限的一部分,二者都忽略了法律规则的一般特点和基本规律。因此当前特别需要在借鉴和融合技术和管制视角研究的基础上深入探讨网络法律规则的基本问题,对网络法律规则进行一般意义上的系统研究。但遗憾的是,目前国内研究还相对缺乏从法学理论层面去揭示网络空间的基本法律问题。

相对于网络法律规则的具体内容,国内学界关于网络法律规则的基本问题研究数量不多。现有研究成果及其关注的主要问题如下:在权威的法理学著作中,赵震江、付子堂最早提出信息时代的法律新问题②;葛洪义讨论了法律与网络空间的关系③;高鸿钧论述了网络空间与法律未来的关系④;季卫东也提出了网络空间的主要法律问题⑤。夏燕的博士论文——《网络空间的法理分析》提出,应建立一门新兴的分支学科——网络法理学。相关的学术论文主要有:齐爱民的《论网络空间的特征及其对法律的影响》提出,网络空间的技术性、无国界性、虚拟性、分散管理、全球性、无纸性对国家立法、法的适用、社会主体的法律意识、宪法基础关系和私法都产生了影响,应以功能等同、技术中立原则为基本原则构建全新的网络法律制度;夏燕的《网络法律的法理分析》提出,网络法律的基本理念为秩序维护、权利保护和自由共享;周江洪的《网络

---

① 顾爱华、陈晨:《网络社会公共秩序管理存在的问题及对策》,载《中国行政管理》2013年第5期。

② 赵震江、付子堂著:《现代法理学》,北大出版社1999年版。

③ 葛洪义主编:《法理学》,中国政法大学出版社2004年版。

④ 高鸿钧等著:《法治:理念和制度》,中国政法大学出版社2002年版。

⑤ 季卫东著:《秩序与混沌的临界》,法律出版社2008年版。

法问题的法哲学分析》提出，网络法问题的法哲学本质就在于私人领域和公共领域的模糊性，还分析了法律的保守性与网络的自由开放性、网络条件下平等原则的实现问题、网络条件下法的价值、网络条件下法律文化的冲突问题、法律与技术问题以及针对中国特有的国情，研究网络与中国法治进程和网络与法学的互动问题等；夏燕的《浅论"网络法理学"的概念和研究趋势》提出了关于网络法律问题的一般规律、理念、原则、体系的研究，并认为首先应该界定一些基本概念，诸如"网络人""网络法律关系""网络法律价值""网络法律行为"等；夏梦颖的《中国互联网法制建设问题初探》提出，网络法制建设的基本原则是现实性和前瞻性相结合的原则、全球性原则、适合网络发展和技术的原则。此外，还有对网络空间的法律行为、法律关系、法律价值、法律变迁、法律文化等问题的研究。如许富仁的《传统法理学面临的挑战——虚拟法律关系》、张宇润的《试论网络法律行为》、梁冰的《"人肉搜索"引发的法律思考》、左红嘉的《加强网络立法的几点思考》、徐向素的《我国网络立法探析》、王佩芬的《论网络技术发展对传统法律概念的影响》、张新宝的《互联网发展的主要法治问题》、夏燕的《网络社会中法律的发展变迁趋势研究——以网络社会的特性为视角》和《论网络空间法的价值新内涵》、张立先和李军红的《网络法律文化悖论的法理分析》、闫艳的《网络法的价值追求》、王代的《网络法律浅析》、周庆山的《论网络法律体系的整体建构》等。从上述国内现有研究成果看，研究主要关注网络空间法律制度的构建或是选取相关热点问题展开研究，而对于网络法律规则是如何产生和变动这一动态变化过程尚缺乏整体意义上的研究，对网络法律规则生成和演变过程及其规律性的研究基本处于一种空白状态。

（2）虚拟社区规则研究

关于虚拟社区规则的研究主要从静态和动态两个方面展开。对虚拟社区规则及其服从状况的静态分析主要有：王俊秀对虚拟社区的概念、特点及其产生过程进行深入分析,"对网络社会与现实社会进行了对照研究,论述了网络虚拟社区的构成特征;在对比的基础上认为网络社区与现实社区存在着本质的差别"。① 郭茂灿借鉴泰勒的分析框架,对规则的服从状况进行了实证研究,他运用"虚拟社区中的规则服从、受惩罚的风险、同侪的评价、个人的道德观、意识到的责任、对规则执行机构的尊重"等六个分析变量,研究天涯社区这一典型个案,得出"虚拟社区中人们之所以会服从规则最主要是人们'个人的道德观''同侪的评价'和'对规则本身的尊重'作用的结果"②。何明升提出,"虚拟社区成文的基本规则,是管理者通过对网络生活的长期观察和摸索,逐步建立的用以确定虚拟社会的活动形式、指导参与者基本活动的规则体系,是虚实合一的一套实在规则体系,它也是虚拟世界与现实世界得以统一的合规则状态"③。孙乃龙提出,"虚拟社区的规则是它自身的结构,而这种结构又是不断地被社区成员的日常例行化行为所重构的"④。对虚拟社区规则形成的动态过程研究主要有:孙佳音、高献忠基于自组织理论,发掘出虚拟社区规则的衍生模式是"'身份定位———心理契约'、话语冲突和自组织的规则生成模式"⑤。

（3）整体意义的网络规则研究

国内学界对整体意义的网络规则研究相对较少,主要有:赵晓力从自生自发秩序角度提出,"人类行为的规则并不能完全由政府来制定,规则的发展需要我们每个参与者去发现。网络规则的

---

① 王俊秀:《虚拟与现实——网络虚拟社区的构成》,载《青年研究》2008 年第 1 期。

② 郭茂灿:《虚拟社区中的规则及其服从———以天涯社区为例》,载《社会学研究》2004 年第 2 期。

③ 何明升:《青少年网络越轨:虚拟和谐视角》,载《青少年犯罪问题》2010 年第 3 期。

④ 孙乃龙:《网络行为与规则——网络社区规则探讨》,载《临沂师范学院学报》2009 年第 4 期。

⑤ 孙佳音、高献忠:《虚拟社区的自组织特征及其规则生成问题》,载《学术交流》2008 年第 7 期。

发展也是如此。中国的互联网法律有制定的部分,也有'发现'的部分"①。胡朝阳指出,"网络规制中法治的局限、'技治'的困境、德治的障碍,以及实现全球'共治'的困难,并对存在的问题及其解决方式进行了分析"②。何跃军、张德淼以"360和腾讯纠纷案"为例,分析了网络立法与网络自治的冲突,提出"法律多元理论视角下存在自治与立法的双重逻辑,既要尊重国家立法权,也要尊重网络自治,探究二者并存的基础"③。汪波分析了网络规则的结构,认为网络规则是由若干子规则构成的一系列规则集,并提出"网络时代的社会规则系统由双重规则转换至三重规则。三重规则既对立又统一,形成矛盾统一体,三元规则之间的博弈态势决定着中国社会规则系统的整体结构"④。高献忠从社会治理的视角探讨了网络社会秩序的生成机制,提出"网络社会是由网民、互联网企业、政府等行为主体耦合成的复杂大系统,协同治理是复杂系统管理集成方法,网络社会的协同治理策略就是建构起主体多元,手段多样,机制自律、他律和互律相耦合的系统管理体系。"⑤

综上所述,国内学界对于一般意义上的网络规则及其动态演进规律这一基本理论问题尚缺少整体、宏观层面上的深入研究,运用新制度主义理论视角对网络规则进行相关研究在我国学界也尚属空白。尽管国内运用新制度主义理论作为分析框架的学术研究

① 赵晓力:《TCP/IP协议、自生自发秩序和中国互联网的发展》,http://www.ccer.pku.edu.cn/en/ReadNews.asp? NewsID＝898(访问日期:2013年3月26日)。
② 胡朝阳:《网络规制中的法治、技治、德治及其全球"共治"》,载《科技进步与对策》2003年第2期。
③ 何跃军、张德淼:《自治与立法的双重逻辑:法律多元理论视角下的互联网发展》,载《北京行政学院学报》2011年第2期。
④ 汪波:《网络时代的中国社会规则变迁——从二元规则转向三元规则》,载《武汉科技大学学报》(社会科学版)2013年第4期。
⑤ 高献忠:《社会治理视角下网络社会秩序生成机制探究》,载《哈尔滨工业大学学报》(社会科学版)2014年第3期。

为数不少,但以此视角来研究法律问题的论文确是寥寥,以"新制度主义、法律"为关键词在中国期刊网中检索,仅有张晓的《我国行政执法制度变革的新制度主义解读》一篇文章。本研究将网络社会中的规则纳入新制度主义理论的视角,在对前人研究进行梳理和借鉴国内外相关研究成果的基础上,对各个层面的网络规则进行理论概括和系统化研究,并试图探寻网络规则生成和演进过程中的某些规律性特征,希望可以从不同以往的、全新的视域认识和理解网络社会的规则,促进法学理论研究领域的拓展和研究范式的变革。因此,本书的创新之处在于以新制度主义为分析框架研究网络规则的生成和演进过程,试图弥补我国法学研究中的新制度主义缺位。

四、研究的主要内容和方法

(一) 研究的理论假设和主要内容

1. 研究的理论假设

本书是关于网络成文规则变迁的理论研究,即研究网络成文规则的产生、修订和废止,并尝试对这些历史以及它们所处的情境综合分析得出某些观点。相对于解释某个特定网络规则文本存在的原因,本研究试图去解释作为网络规则历史的文本中的变化特性以及影响这些特性的过程,其重点在于网络成文规则产生和变化的动因,而不是这些变化的具体内容。新制度主义理论认为,人类的行动基于规则,组织将注意力集中在现有和潜在的规则上,通过学习过程并对问题作出反应。根据此视角,本书提出的理论预设是网络成文规则生成和演变过程中有三种因素相互作用,网络成文规则是通过解决问题、规则生态情境以及组织学习这三个具体过程及其相互之间的互动得以形成的。当网络成文规则被创建、修改或废止,它就记载了人们(组织)面对网络空间内部和外部压力时所做出的反应。现实社会环境引发的问题、网络社会内部结构和资源变化、与网络成文规则相关的直接经验及其后果以及组织自身的学习和调适都影响网络成文规则的产生和变动。因此,网络规则体系既是外部环境的产物,也是其自身内在过程的产物。

2. 研究的主要内容

本书的主要研究内容如下:第一章的主要内容是:首先,论述了人类社会理论中规则的重要性;其次,界定了网络规则的概念,归纳出网络社会中的规则具有的不同表现;第三,阐述了网络成文规则的概念及其特性;第四,论述了网络成文规则演变的原理。根据新制度主义理论视角,接下来通过三章归纳并分析了网络成文规则史中的三种重要因素。第二章的主要内容是:网络规则产生和变化的双重动因,即论述问题和网络规则生成、演变之间的关系。首先,分析了现实社会环境中的问题和因素,具体包括:典型事件、制度环境、外部规则、国家立法和政治权威对网络规则演变的影响;其次,分析了网络空间特性带来的影响,具体考察了网络社会结构的两个维度:规模和复杂性,对网络交易活动和网络有害攻击中较为典型的新问题进行适度分析,来探求网络社会内部问题和网络规则创建及其演变之间的关系;最后,分析了问题是否存在由社会所建构。第三章的主要内容是:研究网络规则产生和演进的生态结构,即论述了网络规则之间的相互关联性。研究分两个方面:一是网络规则密度和问题吸纳;二是组织注意力分配和问题确认。第四章的主要内容是:网络规则产生和演进的内在机制,即论述学习能力和网络规则生成、演变之间的关系。组织存在两种类型的能力:第一种是网络规则内活动能力,分为两个过程:一是组织内学习的过程,包括组织在解释规则、扩大规则的适用以及理解规则边界方面积累的能力;二是组织环境内学习的过程,表现为各国网络规则呈现共同演变的趋势,国际社会环境也与网络规则的演变紧密相连。第二种是制定和改变网络规则能力,包括两个方面:一是制定规则方面的能力来源,包括规则制定机构的工作能力、规则制定者认识能力和组织不同部分的能力发展;二是改变规则的能力,包括增加详细规定、扩大规则的范围。最后,组织的学习能力通过四种途径得以积累,包括网络规则制定机构年龄、网络规则时效性、网络规则可塑性、网络规则密度。

（二）主要研究方法

本研究主要采用了案例研究法、文献分析法和文本比较法。

1. 案例研究法

本书注重研究实践中的问题,特别是国内外网络实践中的重大案件,选择网络规则演变历史中的典型事件和案例,通过对这些事件和案例过程分析,将实践的逻辑展示出来,并分析其影响和意义。本书主要观察和记录了美国、韩国和我国网络规则史中的某些典型事件或案例,对这些引起规则变化的特殊事件,如美国"9·11"事件、韩国女星自杀事件和我国"人肉搜索"第一案、"5·19"断网事件、"绿坝"软件事件等深入观察,并具体分析它们对网络规则生成和演变产生的具体影响,进一步论证网络规则生成和演进的原理。

2. 文献分析法

本书采用文献梳理和归纳分析的方法,对国内外网络成文规则产生和变化过程中的大量文献进行梳理、分析和归纳,详细分析了在网络成文规则史中由于情境和事件的混合而产生的一些重要事件,通过对历史事件及其情境的分析来阐释有关网络规则史的特性,进而探究网络成文规则动态演变中的基本规律以及产生这些变化的主要过程。通过对国内外文献的梳理描述和归纳分析来检验网络规则的生成和演变是否契合于新制度主义的基本理论这一理论假设,试图阐释并论证网络规则生成和演进过程的复杂性同时具有某些规律性和路径依赖性的观点。本书中,网络成文规则变迁的历史由三种不同的重大事件组成：网络成文规则产生、网络成文规则修订和网络成文规则废止。网络成文规则产生是指新的规则开始生效（施行）；网络成文规则修订是指增加或去除现存规则中的某些条款；网络成文规则废止是指规则被移除而没有新的版本来代替，在实践中，网络成文规则的废止比其他两种事件要少很多。网络规则史就是由一系列事件组成的连续记录。从影响网络成文规则产生和变化的历史事件中所获得的文献资料对理解网络规则动态演变非常重要，但局限性也比较明显，具有一定的偶然性因素。鉴于此，本研究在文献选择上多数以美国和我国的网络成文规则为主展开分析论述，作为互联网诞生地，美国的信息网络技术发展最快、最为先进，美国也是最早创建网络规则的国家，尽管是判例法国家，其网络成文规则数量众多、内容广泛、体系健全、影响深远，美国的网络规则是各国借鉴和模仿的对象；我国的网络成文规则具有鲜明的民族国家特色和本土研究价值，同时文章也论及了韩国、德国、英国、瑞士等国家的网络成文规则和国际性的网络规则。

3. 文本比较法

由于互联网的开放性、虚拟性、去中心化等特点，加之国家的法律制度、地区的文化传统、各种组织的性质等又各不相同，引起网络规则产生和演变的因素和衍生途径肯定也有所差异。因此本书采用了文本比较法，具体包括：不同组织的网络规则文本之间比较、同一组织在不同时期的网络规则文本之间比较、同一组织在同一时期的不同领域的网络规则文本之间的比较、同一组织内部不同部门之间网络规则文本之间的比较。本研究中的组织采用最广义的组织定义，可以是政治组织、科层组织，可以是包含规则和标准的社区、法人或商业组织，也可以是行业组织、社团组织、国际组织等。与此相对应，本研究中的网络规则文本包括法律规则、社区规则、商业规则、行业标准或社团规则和国际规则，还包括网民自律规则。通过对组织大量的网络规则文本进行比较，进而分析和归纳出在独特文本背景下和文化历史传统下网络规则生成和演进过程呈现出的某些相似性和差异性，并对这些相似和差异形成的原因进行深入分析，探寻其中的法理意蕴。

第一章　网络社会中的规则

第一节　人类社会的规则性

一、西方法治思想中的规则

规则是人类社会发展进程中的重要特征。自人类诞生以降，人类就需要和追寻一种规则化的生活。法治社会也是一个讲求规则的社会，人类社会中的法治实际上就是按照规则来治理。哈耶克说："法治是一种关注法律应当是什么的规则。"[①]"法治的意思就是指政府在一切行动中都受到事前规定并宣布的规则的约束——这种规则使得一个人有可能十分肯定地预见到当局在某一情况中会怎样使用它的强制权力，和根据对此的了解计划它自己的个人事务。"[②]

在西方法治思想发展历程中，规则是一个核心概念和重要主题。古希腊哲学家毕达哥拉斯说："和谐就是一切。"后来该学派创立了"数学和谐"的自然观，认为物理世界结构的本质是和谐性，宇

---

① ［英］哈耶克：《自由秩序原理》（上），邓正来译，生活·读书·新知三联出版社1997年版，第261页。

② ［英］哈耶克：《通往奴役之路》，王明毅等译，中国社会科学出版社1997年版，第73页。

宙的秩序和规则由这种绝对和谐所构成,从自然规律的数学核心中寻根溯源。柏拉图认为,存在一种绝对力量使世界万物运动由混沌无序到秩序井然,这种力量就是理念(idea 或 eidos)。亚里士多德指出:"人是政治动物,天生要过共同的生活。"[①]"公民们都应遵守一邦所定的生活规则,让个人的行为有所约束,法律不应该被看作(和自由相对的)奴役,法律毋宁是拯救。"[②]他还提出"人是合乎理智的生命"[③]的命题,并进一步解释,人具有主动选择理性生活的能力,人的激情和欲望自然地服从于理性的权威,即服从行为正确调解者的权威,而权威性的理性规则就是法。托马斯·阿奎那的神学世界观认为,上帝创造宇宙并赋予规则和秩序。"天意要对一切事物贯彻一种秩序。"[④]"道德就是理性创造物向着上帝的运动。"[⑤]"人类社会的目的就是过一种有德行的生活。"[⑥]规则也是霍布斯结束自然状态的解决方法。"'霍布斯条件'可以推导出并可以被我们所共同认可的假设是:人们总是通过审视不同的环境条件,对自己的行为做出相应的调整,因而环境条件的改变将意味着人类行为的相应改变。"[⑦]涂尔干认为,在社会联结从机械团结向有机团结过渡的过程中,当社会公认的管理规则失效或缺乏时,就有可能产生大量的社会矛盾、冲突和危机,导致出现社会无序状态。哈耶克说:"人不仅是一种追求目的的动物,而且在很大程度

---

① 苗力田编著:《亚里士多德选集:伦理学卷》,中国人民大学出版社 1999 年版,第 218 页。

② [古希腊]亚里士多德:《政治学》,吴寿彭译,商务印书馆 1997 年版,第 276 页。

③ 苗力田主编:《亚里士多德全集(第八卷)》,中国人民大学出版社 1997 年版,第 228 页。

④ [意]阿奎那:《阿奎那政治著作选》,马清槐译,商务印书馆 1963 年版,第 99 页。

⑤ 车铭洲著:《西欧中世纪哲学概论》,天津人民出版社 1982 年版,第 100 页。

⑥ [意]阿奎那:《阿奎那政治著作选》,马清槐译,商务印书馆 1963 年版,第 84 页。

⑦ 陈德中:《"霍布斯条件"与"洛克条件"》,载《哲学动态》2011 年第 2 期。

也是一种遵循规则的动物。"①因此,在没有规则的地方,人们要创立规则,而在没有秩序的地方,人们同样要建立秩序。建立和谐而稳定的社会秩序,自古至今是人类社会和法律都要努力实现的目标之一。"历史表明,凡是在人类建立了政治或社会组织单位的地方,他们都曾力图防止不可控制的混乱现象,也曾试图确立某种适于生存的秩序形式。这种要求确立社会生活有序模式的倾向,决不是人类所做的一种任意专断或'违背自然'的努力。"②"首要的问题不是自由,而是创建一个合法的公共秩序。很显然,人类可以无自由而有秩序,但不能无秩序而有自由。"③社会秩序是"人们在团体、组织、社群和社会活动与交往中所构成的一种有条不紊的结果、状态和情形的事态"④。从这个意义上说,社会秩序表现为不同社会主体之间相互作用所形成的一种规则体系。传统理论认为,"秩序是从政治契约中产生出来的,并在宪法、法律和其他稳定的规则中反映出来。秩序也可能产生于一个注重道德义务的共同体,这种道德共同体得到了宗教教义的鼓舞和支持。"⑤事实证明,规则在人类社会秩序的现实构建中占有极为重要地位。西方法治进程的历史都因围绕着规则的讨论和组织而发展起来。当代人类社会生活主要是围绕规则而被组织起来的。

---

① [英]哈耶克:《法律、立法与自由》(第一卷),邓正来、张守东、李静冰译,中国大百科全书出版社 2000 年版,第 7 页。

② [美]E·博登海默:《法理学——法哲学及其方法》,邓正来译,华夏出版社 1987 年版,第 207 页。

③ [美]亨廷顿:《变革社会中的政治秩序》,李盛平等译,华夏出版社 1988 年版,第 8 页。

④ 韦森著:《社会制序的经济分析导论》,上海三联书店 2001 年版,第 119 页。

⑤ 何俊志等编译:《新制度主义政治学译文精选》,天津人民出版社 2007 年版,第 33 页。

二、理性选择理论中的规则

当代主流理论关注的是理性形成的秩序和由竞争和强制带来的秩序[1]。理性选择适用于个体行动理论中的规则。理性选择理论的基本观点是,"个体行为的基本动机是实现效用最大化,个体的目标能够通过制度性行动来实现,并且个体的行动受到制度的塑造。"[2]该理论建立在个体行动的目标是自身利益的最大化这一假设之上,个体会在规则所确立的激励和约束面前做出类似的理性的反应。因此,对规则的遵从更大程度上是个人算计的结果。

持这一理论的学者将规则视为手段,以此规定、禁止和允许某种行为的存在,将规则的性质界定为确立某种行为的标准。Douglass North 认为:"一个社会的博弈规则……它们是一些人为设计出来的,形塑人们互动关系的一系列约束。"[3]"正式规则包括政治(和司法)的规则、经济规则和契约。这些不同层次的规则——从宪法到成文法、普通法,到具体的内部章程,再到个人契约——界定了约束,从一般性规则直到特别的界定。"[4]从这个角度而言,规则是服务于个体不同利益和目标的工具,当规则不再有关于行动主体的利益和目标时,它们就会被修改或者废止。规则的形成是在逻辑上需要的时候由理性行动者主动创设出来。规则的演变也是一个有意识的过程,当现有规则在满足规则产生时所

---

[1] 理性在合理性和有目的的行动的观点中可以找到;手段和目的的直线型组织是其制度表述(因而是正式的计划制度)。竞争和强制在战争、生存竞争、谈判、权力和利益冲突的观点中可以发现;选举和制定政策是其制度表述。参见何俊志等编译:《新制度主义政治学译文精选》,天津人民出版社 2007 年版,第 33 页。

[2] B. Guy Peters, Institutional Theory in Political Science: the "New Institutionalism", Willington House, 1999.

[3] [美]D. C. 诺思:《经济史中的结构与变迁》,陈郁等译,上海人民出版社 1994 年版,第 1 页。

[4] 韦森:《再评诺斯的制度变迁理论》,载《经济学季刊》2009 年第 2 期。

能满足的需求出现"失效"时,可能导致规则的变迁。

三、组织理论中的规则

组织是人类社会的现象和标志。就一定意义而言,社会就是人类被组织起来的存在状态。在最广泛意义上,一切社会科学都是关于组织的科学。组织具有历史性。在人类社会的不同时期,主要的组织形式是不相同的。无论古代还是当代,大多数组织的理论是关于规则、规则制定以及规则遵守的理论。

在组织理论中,马克斯·韦伯在规则、科层制和现代性之间建立了关联,提出在工业社会中科层制组织就是一个规则体系。正如彼得·布劳和马歇尔·梅耶所言:"在当今社会,科层制已成为主导性的组织制度,并在事实上成了现代性的缩影。除非我们理解这种制度形式,否则我们就无法理解今天的社会生活。"[①]韦伯提出,规则是现代组织的重要组成部分。他所列举的科层制特征大部分是直接与规则以及规则的遵守相关联的,科层制通过一套既定的规则程序来运行。科层制的组织活动是"由一些固定不变的抽象规则体系来控制的,这个体系包括了在各种特定情形中对规则的应用"[②]。规则的设置是为了协调组织行为,为了使组织更好地履行职能。"设计制定这样的规范体系,是为了保证不管多少人从事某项工作,其结果都能一致,而且不同的工作之间能得到协调。详细的规章制度规定了组织中每一个成员的责任及其相互关系。规章制度是科层的管理基础,它们保证了科层组织活动的常规性、稳定性以及连续性。"[③]在当代组织理论中,无论是有限理性

---

① [美]彼得·布劳、马歇尔·梅耶:《现代社会中的科层制》,马戎、时宪民、邱泽奇译,学林出版社 2001 年版,第 8 页。

② [德]马克斯·韦伯:《韦伯作品集——支配社会学》,简惠美译,广西师范大学出版社 2004 年版,第 22 页。

③ 王春娟:《科层制的涵义及结构特征分析》,载《学术交流》2006 年第 5 期。

理论、科层权力理论、规范发展和扩散的制度理论，还是组织学习理论都开始越来越多地关注规则和基于规则的行动。从法学的视角探讨组织，学者们试图以合乎理性的规则来确定组织的建立、结构与运转，从而避免肆意为之。具体而言，组织的建立是否依据法律的授权而成立，组织的活动是否在法律限定的框架内开展，以及组织的形态、结构及其子部门间的相互关联受制于什么样的规则才合法等，这是法学研究经常涉足的问题。

第二节　网络社会中规则的表现

"从更宽泛的视角而言，规则由调节个体行为以及个体之间互动行为明确或隐含的标准、规章和预期所构成。"①规则是网络社会的基本特征。事实上，规则也是网络空间个体和网络社会生活的基本准则，个人和集体的网络行动都由规则所组织和规范，并且网络社会关系也经由规则调整。所谓网络秩序就是指网络空间的规范性秩序，是"网络空间被高规范化状态的表征，具有内生性、有机性、可控性与可预测性"②，因此规则是网络秩序的一个基本构成要素③。与现实社会的规则体系不同，网络社会中的规则有其自身独特的表现形式。关于网络规则的表现，劳伦斯·莱斯格教授认为，网络空间的法则来自其架构，包括四个方面：法律、道德、市场规则和代码。"这些代码既包括大量的硬件和软件，还包括大

---

① [美]詹姆斯·马奇、马丁·舒尔茨、周雪光：《规则的动态演变——成文组织规则的变化》，童根生译，上海人民出版社 2005 年版，第 5 页。

② 吴满意：《论网络社会秩序的维护》，载《电子科技大学学报》（社会科学版）2002 年第 4 期。

③ 网络秩序包括网络规范、网络组织、网络控制等构成要素。制度不同于组织，制度是"嵌入"在组织中的，因此，组织也是构成秩序的重要要素。参见高献忠、何明升：《网络秩序的生成机理：从分层演化到共生演化》，载《生产力研究》2009 年第 8 期。

量的通讯协议,决定了网络空间的网络结构以及网络空间将被如何管制。"①戴维·约翰逊和戴维·波斯特提出,网络空间中不同主体提供不同的网络规则。"网络秩序的组织主体主要包括互联网行业界、网民和政府等。"②由此,互联网行业界提供技术规则;网民之间以网络伦理规则为约束;政府是法律规则的制定者。技术、伦理和法律规则共同构成网络空间的活动准则。

本研究将网络规则界定为有关互联网的组织规则。网络社会中规则可以归纳为下列几种不同表现。

一、理性形成的网络规则

制度主义经济学将组织视为一个理性系统。根据这种最传统的理论解释,规则是理性行动者为了管理和协调某个组织的实践活动而作出的有意识的努力。形成组织的理性努力的规则既包括为了实现共同目标的规则,也表现为包含利益冲突的规则。

(一)实现共同目标的规则

根据传统的理论,组织被认为是个体为了共同目的而组成的集合体。规则是确保和改善组织行为,提高组织效率的有意识、有目的的行动,组织制定规则是为了实现共同的特定目标。为了最大限度地实现共同目标,成员们进行沟通和协商,通过合作和交流,问题可以得到解决。详细制定的规则可以使组织的行动具有可信度和一致性。"为了保障组织不同部门之间的合作,尤其是当成员退出或被新成员所替代的情况下,行动的可信度和一致性就

---

① Lawrence Lessig, *Code and Laws of Cyberspace*, New York: Basic Books, 1999, p. 3.

② D. Johnson, D. Post, Law and Borders——the Rise of Law in Cyberspace, Stanford Law Review, Vol. 5, 1996, p. 1.

变得必需"①,在决策时间紧迫或者由于分化的自主性而带来合作困难的情况下,规则显得尤为重要。

网络空间存在着若干虚拟社区以及与之相对应独立的虚拟规则。虚拟社区中的规则就是基于共同目标而形成组织的理性努力的网络规则。"从组织的视角来看,虚拟社区是信息技术引入组织后,组织系统与信息技术系统之间形成的相互建构的一种社会技术系统。"②在基于信息技术支持、具有一定界限的网络空间中,虚拟社区能满足一群有着共同兴趣、爱好、经验、认知的人的交流、互动、协作等需要,并将"在参与者之间形成一种社会关系"③。"虚拟社区中的互动与交互,会使公共领域的生活形成一套约束成员行为的或是正式的、法定的规则或是潜在的、事实的规则。"④虚拟规则具有非人格性,适用于社区的每一位成员,由社区中的所有成员自主制定、自行实施,是对网络互动活动长期观察的经验总结。"对社区的成员来说,他们可以对引入一个新的规范或改变一个现有的规范进行争论,仅在整个群体都认为有价值时,该规范才有可能成为规范并被采用。而且,当社区的成员发现后来的规制使得与当初他们所想相去甚远的时候,他们就会选择离开那个空间,就像当初加入时的那般自由。"⑤"可见(与匿名相反)、稳定等特征有助于准则的制定,而匿名、易变、多样等特征使社区规范很难形

① Pugh, D. S, the Measurement of Organizational Structures. Does Context Determine Form? Organizational Dynamics, Vol. 1,1993, p. 19.

② 裴涵、田丽君:《虚拟社区的内涵及其建构的组织性路径》,载《中南大学学报》(社会科学版)2006 年第 12 期。

③ 柴晋颖、王飞绒:《虚拟社区研究现状及展望》,载《情报杂志》2007 年第 5 期。

④ 裴涵、田丽君:《虚拟社区的内涵及其建构的组织性路径》,载《中南大学学报》(社会科学版)2006 年第 12 期。

⑤ 杨吉:《论网络的规制架构》,http://vip. bokee. com/name/yjblog2003(访问日期: 2013 年 10 月 10 日)。

成。"①基于目的性导向,虚拟社区可以分为商业型、社交型、生活型和学习型。作为电子商务的手段,商业型虚拟规则服务于纯粹的商业目的;社交网络属于"兴趣社区",网站的会员是根据"爱好"而定义的,社区的成员不用面对涉及利益冲突的问题,而是面临交流和协调的问题,他们拥有共同的爱好、经验、认知,可以对成员的行为进行准确的预测,因此虚拟规则有利于提高社区的活动效率和确保行动的一致性。美国在线(AOL)是美国一家网络服务提供商,也是一个虚拟"社区"。它最根本的出发点是让社区活跃起来,为注册用户提供一个能够畅所欲言的交互场所,这种交互由社区的正式或习惯性规则所约束。它拥有一部书面的宪法,尽管社区宪法并不是书面文件,但是是界定社区居民生活方式的规则。在 AOL 的正式规则中有些是明示性规定,加入美国在线的每一位成员都必须遵守,这些明示性条款约束着美国在线成员的一般行为,不论他们在互联网的任何地方。

　　基于共同目标的网络规则还包括互联网商业组织通过理性努力而共同达成的电子商务方面的自律规则。为了促进电子商务发展、建立健全有效的互联网商业规则,1998 年 6 月,欧盟委员会委员 Bangemann 邀请全球范围内的企业代表讨论关于加强在电子商务领域的全球合作问题。由于电子商务的开放性和全球性,由各国政府进行调控极为困难,因此一致的观点认为,政府对电子商务活动的管制或规范应当限制在最低水平或必要范围之内,而企业界的自律应当占主导。在这一共同目的的指引下,国际社会提倡国家应当建立一种合作机制或者模式,以使行业界能够相互磋商,参与电子商务规则或政策的形成。早在 1997 年,美国就颁布了《全球电子商务纲要》,提出私营部门在发展电子商务中的主导

① [美]劳伦斯·莱斯格:《代码 2.0:网络空间中的法律》,李旭等译,清华大学出版社 2009 年版,第 127 页。

作用。1999 年，全球商业联盟公布的《电子商务全球行为计划》（第二版）确立了电子商务政策制定者应当遵守的十项基本原则，基本原则的核心也是提倡私营部门在电子商务中起主导作用。随后，其他国家如英国、新西兰也制定了大致相同的电子商务政策。

在此种意义上，网络规则是组织集体生活和共同目标的象征性产物。

（二）包含利益冲突的规则

更为普遍的观点认为，组织是包含各种不一致利益、结构复杂多样的冲突系统。网络社会被认为是具有各种不一致利益、多元化主体的复杂巨系统。"实际上网络仍然是一种基于各种资源的不平等的权力结构，是一种具有强大的控制性的技术社会体系。"[①]网络相关主体的利益包括政府及其相关部门的利益、普通网民的利益和一些组织的利益。这些利益各不相同，彼此之间既有交叉重叠也存在相互冲突。怎样均衡政府、个人和组织之间的利益是网络规则制定者必须解决的关键问题。布坎南认为，规则的选择是组织成员之间互相协商和利益交换的过程。据此，网络规则以调整不同利益者之间的冲突为目标，是为了协调各种不一致的利益，约束不同网络活动参与者[②]的协商性契约。面对各种问题和彼此间的冲突，自利的参与者之间通过讨价还价的谈判而达成规则，谈判的结果通常表现为网络政策或网络法律的生成，这两类都是正式的网络规则或者正式规则的补充。接下来，理性活

[①] 曾国屏等著：《赛博空间的哲学探索》，清华大学出版社 2002 年版，第 139 页。

[②] 美国学者斯皮内洛将不同网络活动参与者称为利害关系人（stakeholder）。参见 Richard A. Spinello, Cyber Ethics: Morality and Law in Cyberspace, Jones and Bartlett Publishers, 2000, pp. 31 - 35。我国学者曾国屏提出："网络利害关系人包括网络用户；网络服务商、网络信息设备制造商和网络信息软件服务商；利用网络建立业务流程的企业；非盈利性的社会事业机构；媒体；网络行业组织和管理机构；关注网络发展社会影响的社会群体；国家和各级政府。"参见曾国屏等著：《赛博空间的哲学探索》，清华大学出版社 2002 年版，第 146—147 页。

动者在网络规则的范围内追求其各自的利益。

2004 年,联合国互联网治理工作组(WGIG)提出一个工作定义,"网络治理就是各国政府、企业界和民间团体从他们各自的角度出发,对于公认的那些塑造互联网的演变及应用的原则、规范、规则、决策方式和程序所做的发展和应用。"互联网名称与数字地址分配机构(ICANN)首席执行官法迪·切哈德提出,互联网治理的"多利益主体模式"①,即网络规则制定邀请利益相关方,要做到各方利益兼顾、平衡发展。"作为网络规范的《R3 安全网络协议》,是由政府多个部门、网络业界和行业组织共同参与准备的。"②1996 年 9 月 23 日,由英国贸工部牵头,英国主要的互联网服务提供商、城市警察署、内政部和互联网监察基金会作为不同利益的代表,就如何进行互联网监管进行了反复磋商讨论,最终签署了网络监管行业性规则——《R3 安全网络协议》。1996 年 2 月 1 日,美国国会经过数月持续辩论,最终通过了《通信法》,该法对竞争的根本原则和通信产业的法律规则进行了大量修改,但法案生效不久,美国一民间组织向法院提出该法案的一些内容违宪,最后最高法院判定《通信规范法》违宪,宣布废止。1999 年,马来西亚政府通过了《通讯与多媒体法》,该法的适用范围包括广播电视、电话和互联网,该法也引来民间的抗议和抵制。1998 年,欧洲委员会通过了电子商务法律框架,该法加重了电子商务企业的责任,利益的失衡使该法遭遇到广大电子商家的强烈抵制,最终无法施行。可见,"国家与公民权力,企业与消费者的权利,在网络社会中处于失衡状态,而这些法律并没有恰好地找到能使其达到平衡的'点',故而要么是公民以其违宪而反对,要么是企业承担太多的义务而抱怨

---

① 具体包括政府、个人或组织(如互联网服务提供商、知识产权所有人、企业、非营利组织、域名机构等)。

② 郭林:《英国互联网监管疏而不漏》,载《光明日报》2010 年 07 月 28 日第 08 版。

满腹,也许,调节失衡正是法律的出发点,而寻找平衡点正是网络立法的艰难处。"①在国际层面,国家利益之间的冲突和妥协更为显著。如联合国的《国际合同使用电子通信公约》由于各国利益的差异,很多在草案拟定时很好的条文最终没有被通过;有些条文则更多反映了电子商务发达国家,特别是美国和欧洲国家的某些利益;还有些条文在各国的讨价还价中变得模糊不清。"所以最终体现在《公约》中的只能是权衡各方利益之后的更加模糊的措辞,上述这些原因无疑为《公约》的接受增添了诸多不确定的因素。"②

尽管由于利益的冲突,大量的网络规则失效或被废止,但它们也反映了不同网络主体面对问题时的解决办法,为网络规则的制定和修改留下了历史经验和启示。网络规则不仅记录了利益主体之间的冲突,它们还是讨价还价的结果,也是临时性的战利品,更需要不断地实践和探求。

二、衍生性的网络规则

"根据纯粹的理性技术标准来管理社会组织是非理性的,因为它忽视了社会行为的非理性方面。"③与理性的观念相对,科层制学者认为,规则具有自我演变的过程,科层制产生规则。它们抛弃了理性和高效的观念,强调非理性的因素,如监督问题、组织复杂性等。随着科层化的发展壮大,规则的创建将不断地强化。这种理论也被称为衍生理论,衍生理论又可以分为两种类型。

(一)规则产生规则

第一种类型认为,规则产生了规则。马克斯·韦伯认为,"科

---

① 寿步主编:《信息网络与高新技术法律前沿》,法律出版社 2005 年版,第 179 页。
② 何其生著:《统一合同法的新发展——〈国际合同使用电子通信公约〉评述》,北京大学出版社 2007 年版,第 337 页。
③ [美]彼得·布劳、马歇尔·梅耶:《现代社会中的科层制》,马戎、时宪民、邱泽奇译,学林出版社 2001 年版,第 75 页。

层化过程培育其自身的结构,譬如,在科层制的扩张需要建立管理机构时,后者监督对规则的依附行为以及建立限制官员权力的规则。"[1]2009年,法国提出《创作与互联网法》,根据该项法案,法国政府就专门设立了一个最高机构以保护网络知识产权。"创建新规则有时是为了统一和制度化现有规则和法规,有时也为了满足通常对法律的'明确性'和'条文性'感兴趣的科层官僚的利益。"[2]还有由于规则的目的所引发的新规则创建,即规则的创建是为了解决问题,并且遇到新问题就需要制定新规则。所有这些因素都有可能导致规则数量的增加。

我国对互联网实行依照权力进行分工和分层,以各项规则为主体的管理模式。尽管各项法律或政策性文件对于网络管理部门的权力和责任都做了大量的规定,由于受到各种因素的制约,我国网络规则的主要特点是规则(主要指法律条文)的内容不够详细和明确,实践中仍缺乏可操作性和普遍适用性。以我国对淫秽色情网站的规制为例。2004年,中宣部、公安部等十四个部门共同制定了《打击淫秽色情网站专项行动工作方案》,根据这个方案,每个部门[3]都明确了各自的责任范围,但对于各权力主体行使职权的范围和程序以及违法行使权力承担何种责任等实际操作性问题仍缺乏相应的具体性规定。对此有学者提出,"专项行动使各部门职责分工问题凸显,这实际涉及行政组织法的问题。目前各部门编制、机构、职责的三定方案大多由各部门提出,各部门在设定职责时不可避免地出现争权现象,有利的事情争着管,无利的事情不愿

---

① Weber, M, Economy and Society, G. Roth and C. Wittich ed., University of California Press, 1978, p. 271.

② Weber, M, Economy and Society, G. Roth and C. Wittich ed., University of California Press, 1978, p. 848.

③ 除了公安机关、检察机关、法院、工商部门、电信主管部门、银行业监管部门外,包括共青团组织、教育部、文化部、新闻出版、广播电影电视等部门都明确了责任。

意管。从法治视角看,有权力就有责任。不承担法律和法规规定的责任,实际就是失职。从长远观点看,我国行政组织法建设应当引起重视了。"①2011年,文化部修订了《互联网文化管理暂行规定》,该文件对互联网文化监督管理部门的权限、违反该规定的行为及其处罚等都做了规定,但是对于各类执法部门行使权力的程序、原则以及违法行使权力应当承担的责任均没有详细的规定。类似比较笼统的网络法律或政策性文件为数不少,网络管理部门实际执行这些规范时必然要对其进一步具体化和细致化,未来可能导致与这些政策和法律文件相关联的规则数目不断增加。

我国互联网发展早期出现了大量关于互联网的法律纠纷,当时的环境还没有出台相关的网络法律法规,为了解决争议,法官只能从具体的案件审理中去寻找、创建规则。"比如,在易家诉国网案中,法官确定了'对将知名商标注册为域名构成域名抢注'。在陈卫华诉成都《电脑商情报》案中,法官提出了确定网络作品的作者的方法。在瑞得(集团)公司诉宜宾市翠屏区东方信息服务有限公司著作权侵权纠纷案中,法官界定了'网页是著作权意义上的作品',以及互联网上著作权侵权的司法管辖原则(服务器所在地及终端计算机所在地均可视为复制行为的行为地,瑞得选择自己服务器所在地的北京市海淀区人民法院起诉原在四川的东方公司侵犯著作权并无不当)。在王蒙等六作家诉首都在线案中,法官确定了'网络传播是使用作品的一种方式,作品传播方式的不同,并不影响著作权人对其作品传播的控制权利。'在《大学生》杂志社诉263和李翔个人网页侵权案中,法官确定提供个人主页服务的网络服务提供商的责任。"②"法律是随着社会的发展从无到有,也是

---

① 裴智勇:《现有法律对色情无明确界定   司法解释正在酝酿》,载《人民日报》2004年07月28日第14版。

② 赵晓力:《TCP/IP协议、自生自发秩序和中国互联网的发展》,http://www.ccer.pku.edu.cn/en/ReadNews.asp? NewsID=898(访问日期:2013年3月26日)。

随着社会的发展不断进化。法律从无到有反映出社会经济条件、政治条件、人文条件对于法律的需求性规律。"①未来互联网的发展可能会遇到更多无法预见的新问题，就可能需要不断制定新的网络规则。

（二）组织培育规则

另一种类型的衍生理论认为，组织以持续而稳定的速度培育规则，规则创建的速度要远远大于规则废止的速度。组织群间存在一种简单的规则扩散效应，在随后受"传染"的组织内部，规则会稳定的诞生，规则的数量将持续、线性地增大。2006年，我国有十六个政府部门联合印发了《互联网站管理协调工作方案》，该文件规定了我国对互联网站进行管理的职能部门②。"此方案的实施对于各部门联合治理网络具有一定的积极意义，但是多元监管主体均拥有规范性文件制定权限，导致政府网络治理立法主体多元，致使所制定和执行的网络管理立法缺乏应有的科学性、客观性和公正性。"③而且由于不同部门间感染和扩散效应，网络规则的数目不仅持续增加，内容也可能出现重复和交叉。

对于规则和科层制的关系，我们可以预测，科层制与规则扩张的趋势具有相关性，但是随着时间的推移，这种规则积累的趋势可能以下降的速度发生。规则在科层制中既创造了稳定性因素，也

---

① 苏晓宏著：《法理学原理》，法律出版社2013年版，第257页。

② 职能部门分为：互联网行业部门、专项内容主管部门、前置审批部门、公益性互联单位主管部门与企业登记主管部门，另外，中央宣传部对互联网意识形态工作进行宏观协调和指导。各个部门分工明确，其中信息产业部为互联网行业部门，专项内容主管部门又包括国务院新闻办公室、教育部、文化部、卫生部、公安部、国家安全部、商务部、国家广播电影电视总局、新闻出版总署、国家保密局等，前置审批部门为国务院新闻办公室、教育部、文化部、卫生部、国家广播电影电视总局、新闻出版总署、国家食品药品监督管理局等，教育部、商务部、中国科学院、总参谋部通信部等部门为公益性互联单位主管部门，国家工商行政管理总局为企业登记主管部门。

③ 刘兰青：《试论政府网络治理的立法规制》，中共中央党校硕士学位论文，2012年。

产生了不稳定的因素。

三、意义建构的网络规则

新制度主义社会学代表人物塞尔兹尼克认为,组织本身就是目的,每一个组织都有自己的生命。组织不仅仅是实现既定目标的工具,在环境的压力之下组织为了生存不断修改自己的目标。组织目标的复杂化表明组织与其生存的环境高度依赖。因此,社会学制度主义者尤其关注"合法性"①机制对组织的影响,也就是说对组织产生作用的不仅仅是正式的法律制度,还包括文化、价值观念、行为的社会期待等非正式制度。这一机制的核心是社会成员对于外在规则的内在认同。吉登斯认为,"规则类似于一种程式或程序,一种关于如何行事的想当然的知识,这种程式既可以是外在的规则内化于行动者的实践意识中的,也可以是行动者在情境中的创造。"②在此意义上,规则不仅仅是行为的指引,也是一个组织其成员和过程的象征。"作为一个组织的成文代码,规则表达了事物发生或者应当发生之方式的主张。"③规则是组织的"话语",表明了制定该规则的组织的某些内涵和精神。组织通过其规则而被理解、获得评价和认可。由于组织根据它们所拥有的规则而获得认可,组织规则和组织行动之间会存在松散的连接。通常情况下,组织涉及以下两种不同的环境。

(一) 针对规则的环境

第一种是针对规则的环境。"这种环境的重要因素关注组织

---

① 合法性机制是指那些诱使或迫使组织采纳具有合法性组织结构和行为的观念力量。参见周雪光著:《组织社会学十讲》,社会科学文献出版社2003年版,第75页。

② [澳]马尔科姆·沃特斯:《现代社会学理论》,杨善华等译,华夏出版社2000年版,第113页。

③ [美]詹姆斯·马奇、马丁·舒尔茨、周雪光:《规则的动态演变——成文组织规则的变化》,童根生译,上海人民出版社2005年版,第14页。

所拥有的规则。这些因素要求正当的规则,并且那些希望能在环境中获得一个有利位置的组织要学会对这些要求作出响应。"①
2002年3月26日,中国互联网协会在北京发布《中国互联网行业自律公约》,该公约的出台为建立中国互联网行业自律机制提供了保证。2003年12月8日,中国互联网协会互联网新闻信息服务工作委员会在北京成立。国务院新闻办公室一负责人说:"互联网正全面渗透到我国社会生活的方方面面,所有互联网新闻信息服务提供单位都要切实履行社会责任,严格遵守有关法律法规和社会主义道德规范,加强自律,营造健康向上的网络环境。互联网新闻信息服务工作委员会作为中国互联网协会的工作机构,将组织制定和实施互联网新闻信息服务自律规范,开展自律教育活动,依法取得登载、传播新闻信息资格的互联网新闻信息服务单位以及其他相关互联网服务提供单位,均可申请加入。"②"当天,来自人民网、新华网、中国网、新浪网、搜狐网等三十多家互联网新闻信息服务单位共同签署了《互联网新闻信息服务自律公约》,承诺自觉接受政府管理和公众监督,坚决抵制淫秽、色情、迷信等有害信息的网上传播,严格遵守有关法律法规和社会主义道德规范,加强自律,营造健康向上的网络环境。"③这一自律公约是积极健康的网络传播环境所要求的互联网新闻信息服务单位应当具有的正当规则,是互联网新闻信息服务单位加强自我约束、进一步规范自身服务行为的具体表现,也是营造良好、健康的互联网发展环境的必然要求。2008年2月,人民网等网络媒体共同签署《中国互联网视听节目服务自律公约》,承诺为创造积极向上的网络服务环境承担

---

① 〔美〕詹姆斯·马奇、马丁·舒尔茨、周雪光:《规则的动态演变——成文组织规则的变化》,童根生译,上海人民出版社2005年版,第14页。
② 刘菊花:《我国互联网新闻信息传播业订立"家规"》,载《传媒评论》2003年第12期。
③ 赵亚辉:《我国互联网签署新闻信息服务自律公约》,载《人民日报》2003年12月09日第02版。

一定的社会责任。

（二）针对行动的环境

第二种是针对行动的环境。"这种环境的重要因素关注组织所采取的行动。这些因素要求适当而有效的行动，而且那些希望能在环境中获得一个有利位置的组织要学会对这些要求作出响应。"①2006 年 12 月 27 日，中国互联网协会发布《抵制恶意软件自律公约》，中国电信、中搜、百度、雅虎中国、瑞星等反恶意软件协调工作组的三十余家成员单位签署了该公约，表示坚决遵守该公约的自律条款，不制作、不传播恶意软件，以自身实际行动抵制恶意软件，互联网协会也希望其他互联网企业能够认可该公约，加强企业之间的协调与合作，共同探讨如何有效抵制恶意软件，创造一个良好的竞争环境和公平的法治环境。2007 年 8 月 21 日，中国互联网协会在北京正式发布了《博客服务自律公约》，人民网、新浪等十多家博客服务提供商都签署了该公约，这一规则关注组织所采取的行动，在加快实现我国网络法治化进程中，博客服务提供商必须主动采取适当而有效的行动②，自觉遵守国家有关法律、法规和政策，维护博客用户及公众的合法权益。

"立法法案的起草和实施过程，也体现了规则建构的这一特征。"③2012 年，我国第十一届全国人大常委会第三十次会议听取了全国人大常委会《关于加强网络信息保护的决定》（草案）的说明，会议分组审议了该决定草案，出席会议的全国人大常委会组成人员和列席会议的全国人大专门委员会成员、各省级人大常委会

---

① 〔美〕詹姆斯·马奇、马丁·舒尔茨、周雪光：《规则的动态演变——成文组织规则的变化》，童根生译，上海人民出版社 2005 年版，第 15 页。
② 〔美〕詹姆斯·马奇、马丁·舒尔茨、周雪光：《规则的动态演变——成文组织规则的变化》，童根生译，上海人民出版社 2005 年版，第 15 页。
③ Baier, V. E., J. G. March, and H. Saetren, Implementation and Ambiguity, Scandinavian Journal of Management Studies, Vol. 2, 1986, p. 197.

负责人、部分全国人大代表认真审议,纷纷发表意见和建议。12月 28 日,该决定正式通过。可见,组织倾向于通过能使多数群体满意的成文规则。

从建构意义上来说,网络规则既是组织意向的表达,也是组织行动的宣言,还体现了组织的价值道德性和对情境的协调和响应。

四、历史依赖性的网络规则

历史依赖性的观点认为,规则是知识的载体,它们可以容纳更多需要考虑的因素。"规则携带了从历史中习得的经验教训。作为经验教训的记忆,规则是知识的储藏所。它们以一种易获得的形式从前期经验中保留了参考信息。"[①]"当代理论的历史秩序概念强调历史过程的效率。"[②]认为有效的规则史能够形成一个规则群,这个规则群由能够使参与者共同利益最优化的一系列规则组成,因而规则的演变就可以理解为从当前环境的知识中预测而得到的结果,特定的规则就是理性行动者之间为了解决问题而不断重复博弈的结果,是某种意义上的问题的解决方式。上述观点"强调历史迅速地和不可抗拒地走向某种独特的结局——在正常情况下是最优的结局"[③]。然而,在选择最优规则的过程中,历史不一定始终有效。历史无效率的理论包含着关注制度从其经验中学习而不断地调适,尽管调试体制往往非常缓慢,但学习将带来调适的可能。也就是说,规则和环境共同演变,规则不仅受到环境的影响,反过来规则也影响环境。因此,当前的网络规则并不能被简单地认为仅仅是组织对当前环境的机械反应,随着时间推移,网络规

---

① [美]詹姆斯·马奇、马丁·舒尔茨、周雪光:《规则的动态演变——成文组织规则的变化》,童根生译,上海人民出版社 2005 年版,第 15 页。

② 何俊志等编译:《新制度主义政治学译文精选》,天津人民出版社 2007 年版,第 33 页。

③ 何俊志等编译:《新制度主义政治学译文精选》,天津人民出版社 2007 年版,第 33 页。

则会通过自身一系列的经验而得以演变,通过"自发秩序"(历史中的惯性力量)的内生过程得以形成,在这个过程中效率因素很少。鉴于此,我们理解为存在于任何时间点上的网络规则群都需要密切关注它们发展的历史。

本书考察了我国关于"人肉搜索"的网络规则形成历史。经历了 2006 年魔兽"铜须门"事件,2007 年死亡博客事件,2008 年华南虎事件,在"人肉搜索第一案"①尘埃落定之后,网民们自发地制订《人肉搜索公约》②。《公约》随即在网络空间迅速传播,获得了网民高度的认同。2009 年 1 月 1 日,天涯杂谈和猫扑大杂烩以及豆瓣人肉搜索引擎小组等各大论坛网站几乎同时发出了一条名为"人肉搜索公约 1.0Beta 版"的帖子。在经历了大量"人肉搜索"事件的热闹和狂欢之后,网民对"人肉搜索"已经达成较理性、一致性共识。"该公约正是网民道德自觉和自我约束的表现。人肉搜索在以往多次的成功与杰出表现,同时也给涉及者带来的问题和困扰,使网民们认识到必须形成和制订一般性规则,更好地利用人肉搜索这一网络利器,让人肉搜索发挥积极作用。"③可见,关于"人

---

① 北京市民姜岩(女)因与丈夫王菲感情恶化于 2007 年末自杀。自杀前,姜岩在博客公布王菲婚外情事实及照片。随后,网友通过"人肉搜索"曝光王菲的个人信息,发出"追杀令",并到王菲住所门口祭奠姜岩。因网民骚扰患上抑郁症的王菲将北飞的候鸟、大旗网、天涯 3 家网站诉至北京市朝阳区法院。2008 年 12 月 18 日,王菲胜诉。

② 《人肉搜索公约》共有八条,其内容如下:一、热爱祖国,热爱党,遵纪守法,互助友爱,维护网络和谐;二、人肉搜索时做到以诚信、安全、公开、公平、公正、互助的原则,多进行利他性的知识性人肉搜索;三、以网络道德为准绳,尽量不参与搜索他人隐私;四、对他人暴露隐私尽力保护,保证不在公共场所公布他人隐私;五、对于涉及"贪污腐败"、"惩恶扬善"可以不受第三、四条的约束;六、人肉搜索要提供真实可信的内容,提供信息者对信息真实性负责;七、文明用语,对于恶意人肉搜索行为做到不起哄,不传播;有条件的情况下告知当事人以及相关网站负责人;八、通过不断努力提高人们对于人肉搜索的正确认识。落款为人肉搜索非组织性联盟,本公约于 2008 年末,经各网站网民讨论修订而成,凡在此网站活动的网民应该自己遵守。

③ 马云驰:《网络的类市场环境与道德的自发形成》,载《深圳大学学报》2010 年第 1 期。

肉搜索"的网络规则首先在网民中间自生自发、自觉产生。"在'人肉搜索'这一自发秩序中,亦无例外地存在着哈耶克所谓之'事先存在的规则',这些规则中最重要者便是道德规则。尽管它并非'人肉搜索'得以产生的前提条件,但对于'人肉搜索'能否继续生存至关重要。"①与自律公约同时,2009年,我国也开始针对"人肉搜索"行为进行法律规制。早在2008年8月27日,在人民网上,全国人大常委会某委员提出议案,"人肉搜索"泄露公民个人的基本信息,已经构成严重侵犯公民基本权利的行为,具有相当程度的社会危害性,因此建议将"人肉搜索"行为在刑法中予以规制。2009年2月18日,全国人大常委会法工委一负责人表示:"'人肉搜索'的概念涉及到它的界限如何确定,这些都还是研究和讨论过程中的问题。"②所以,"人肉搜索"未编入刑法修正案(七)。尽管"人肉搜索"没有入罪,但刑法仍然可以对其进行间接规制。"《刑法修正案》(七)里面对维护公民的信息安全作了一些修改和补充,主要是要保障公民的信息安全。同时,对擅自侵入计算机信息网络,从中获取信息的也都入罪了。"③此外,还有一些地方立法已经开始重视对"人肉搜索"的规制。2009年1月18日,江苏省通过了《徐州市计算机信息系统安全保护条例》,《条例》特别针对"人肉搜索"作出规定,明确禁止"人肉搜索"。有关负责人说:"根据国家民法、行政法、刑法的规定,个人隐私受法律保护。这里,个人隐私就是关于个人的有关信息,包括个人尤其是女性的年龄、个人或家庭财产及构成、收入状况、住所、任职单位的待遇等。特别是人际

---

① 朱娟:《作为自发秩序的"人肉搜索"——哈耶克二元社会秩序观的进路》,载《法律科学》2009年第1期。
② 郑赫南:《"人肉搜索"缘何没入罪》,载《检察日报》2009年03月01日第03版。
③ 《全国人大法工委回应"人肉搜索"是否入罪问题》,http://news.xinhuanet.com/legal/2009-02/28/content_10917011.htm(访问日期:2013年1月20日)。

交往,在当下往往成为'人肉搜索'的目标。'散布这些就是违法的。'"①2010年,浙江省第十一届人大常委会审议了《浙江省信息化促进条例(草案)》,其第三十九条规定:"采集社会组织或者个人的信息,应当通过合法途径,并依法合理利用。任何单位和个人不得在网络与信息系统擅自发布、传播、删除、修改信息权利人的相关信息。"7月26日,《草案》修改稿提交省人大常委会二次审议时,对广受关注的这一条款又进一步修改②。2010年7月1日,《中华人民共和国侵权责任法》首次对"人肉搜索"的侵权责任进行了规定③。2014年10月9日,最高人民法院公布《关于审理利用信息网络侵害人身权益民事纠纷案件适用法律若干问题的规定》,该司法解释于10月10日起施行④。对我国关于"人肉搜索"的网络规则形成历史的考察可以看到,"人肉搜索"规则首先从民间自生自发,再由立法机关进行强制规范——"人们在长期的社会实践

---

① 《江苏徐州立法禁止"人肉搜索"》,载《青年时报》2009年01月20日第A14版。

② 这一条款被修改为:"金融、保险、电信、供水、供电、供气、亿元、物业、房产中介等掌握公众信息的单位,不得将其在提供服务过程中获得的公民、法人和其他组织的信息出售或者以其他方式非法提供给他人。""草案本意是规范信用服务中介机构和掌握公众信息的公用企事业单位采集、利用他人信息的行为,以及禁止在网络与信息系统发布、传播违法信息等,并非针对'人肉搜索'的规范。"浙江省人大法制委员会副主任委员丁祖年在接受记者采访时表示,有关专家认为,原条款表述不够清晰确切,本意不够明确,因此作出了修改,突出"保护公众信息"的立法意图。参见《浙江删除"禁人肉搜索"条款 加强保护个人隐私》,http://www. legaldaily. com. cn/dfjzz/content/2010-07/27/content_2288573. htm(访问日期:2012年12月30日)。

③ 《侵权责任法》第三十六条明确规定:"网络用户、网络服务提供者利用网络侵害他人民事权益的,应当承担侵权责任。网络用户利用网络服务实施侵权行为的,被侵权人有权通知网络服务提供者采取删除、屏蔽、断开链接等必要措施。网络服务提供者接到通知后未及时采取必要措施的,对损害的扩大部分与该网络用户承担连带责任。网络服务提供者知道网络用户利用其网络服务侵害他人民事权益,未采取必要措施的,与该网络用户承担连带责任。"

④ 《解释》第十二条规定:"网络用户或者网络服务提供者利用网络公开自然人基因信息、病历资料、健康检查资料、犯罪记录、家庭住址、私人活动等个人隐私和其他个人信息,造成他人损害,被侵权人请求其承担侵权责任的,人民法院应予支持。"

中经过反复选择而达成一致认可并最终以文字形式予以阐述所形成的成文法律规范。"①"人肉搜索"由地方立法规范到中央立法规制,从纳入刑法规制的争议到行政处罚的明确规定,再到民事责任的最终确定,最后通过司法机关进行详细解释。关于"人肉搜索"的网络规则既是外界环境因素的产物,又通过自身的经验得以演变。

第三节　网络成文规则及其特性

本研究主要关注的是网络成文规则,并将网络成文规则界定为以书面形式记录的网络规则。我们承认,许多重要的网络规则并不是书面的,而且很多书面规则与实际施行仅仅具有松散的联系,甚至有的网络规则从来没有被执行。网络正式的成文规则和非正式或不成文规则都是一个基于规则的网络社会的所有组成部分,二者有许多共同特征,共同引导网络空间的行为并因而成为网络社会秩序的核心机制,共同构成了网络文明的基础。

一、网络成文规则与不成文规则的相似性

首先,网络成文规则和不成文规则都是通过社会化而得以存在和扩展。人类的行动基于规则。网络空间的任何行动者从事所有在线活动,首先必须学习网络行为的相关规则。人们通过观察、学习和实践逐渐认识到在一个特定的网络情景(situation)中什么样的行为被认为具有合法性或道德性。网络规则可以用来判断虚拟世界中的哪些行为是合理的。"一个网民在接近大量的网络服

①　朱娟:《作为自发秩序的"人肉搜索"——哈耶克二元社会秩序观的进路》,载《法律科学》2009 年第 1 期。

务器、地址、系统和人时,其行为最终是要负责任的。'互联网'不
仅仅是一个简单的网络,它更是一个由成千上万的个人组成的网
络'社会',参与网络系统的用户应认识到其他网络参与者的存在。
每个网络或系统都有自己的规则和程序,在一个网络或系统中被
允许的行为在另一个网络或系统中也许是受控、甚至是被禁止的,
因此,遵守其他网络的规则和程序是网络用户的责任。"①学习成
为一个合格的网络公民包括对正式的成文规则(如网络法律规则、
技术规则等)和非正式的不成文规则(如网络习惯、网络礼节②等)
的学习。譬如,虚拟社区的注册会员必须遵守虚拟社区的成文规
则,如社区的站规、管理条例等。"在虚拟社区中也存在着人们依
据站规而进行的选举、弹劾与仲裁现象,也会有来自真实世界的约
束,如政府对 BBS 规则的干涉等。在虚拟社区中还存在不成文的
但被人们在行动中自觉服从的行为准则,比如人们不会在某些
BBS 中选取一些不雅的 ID。"③"互联网上没人知道你是一条狗",
网络空间中人们的行为也因此容易变得更粗劣和无礼,因此,网络
上出现并提倡网民应遵守基本的礼节。我国网民十大礼节中的第
一条就是"记住人的存在",还有"如果你当着面不会说的话在网上
也不要说"等。国外的网络礼节还列举了从公众警示(勿将密码告
诉第三者)、行为规则(在网上用大写字母标示全部单词或者短语
更具有说服力)到准法律规范(禁止滥发垃圾邮件;勿用科研网从
事商业行为)等内容。很多网络礼节是来自现实社会中的规则,如

① 戴汝为:《关注网络行为的规范和道德问题》,载《光明日报》2005 年 06 月 30 日第 B1
版。
② 网络礼节是一项由从事网络空间经营的商人在行业自律上进行的非官方的努力。
它规定了一种有关利益的道德准则,在处理在线消费者和用户时应当遵守。它普遍
地寻求对于在线礼貌和尊重的要求。参见[美]格拉德·佛里拉等:《网络法——课
文和案例》,张楚等译,社会科学文献出版社 2004 年版,第 208 页。
③ 龚洪训:《"虚拟世界"的真实表述——以北京大学一塌糊涂 BBS 为例》,北京大学硕
士学位论文,2001 年。

不得泄露他人隐私、不得对他人进行人身攻击等。"人们即使在网上也会服从一些现实生活中的规则,辱骂、攻击、恶意利用他人的行为并不占主流。"①

其次,网络成文规则和不成文规则都确立了适当性的标准。网络成文规则和不成文规则为人们进行适当性网络行为设定了认知标准和规范限制。以天涯社区的"规则文本"为例。天涯虚拟社区的成文规则比较丰富,"包括 ID 管理制度、社区删帖标准、管理员管理规定、版主管理规定、版主申请管理规定、特邀版主申请管理规定、社区管理人员津贴及板块基金管理办法和《社区基本法》。这是全社区层面的规则。"②又如,美国在线的服务条款载明:"作为美国在线的会员,只要你在互联网上,你都必须遵守我们的服务条款。"③"国外一些计算机和网络组织为其用户制定了一系列相应的规范,其中比较著名的是美国计算机伦理学会制定的十条戒律。"④"国外有些机构还明确划定了被禁止的网络违规行为,即从反面界定了违反网络规范的行为类型,如南加利福尼亚大学网络伦理声明指出了六种不道德网络行为类型。"⑤虚拟社区的成文规

---

① 王卫东:《关于互联网方法和行为的研究》,中国人民大学博士学位论文,2003 年。
② 王俊秀:《虚拟与现实——网络虚拟社区的构成》,载《青年研究》2008 年第 1 期。
③ 其他服务条款还有"言论允许适度的感叹和非色情的器官表达。但是,禁止特别下流的脏话、粗鲁或直接的色情表达、仇视言论等。"
④ 十条戒律是:1. 不应用计算机去伤害别人;2. 不应干扰别人的计算机工作;3. 不应窥探别人的文件;4. 不应用计算机进行偷窃;5. 不应用计算机作伪证;6. 不应使用或拷贝你没有付钱的软件;7. 不应未经许可而使用别人的计算机资源;8. 不应盗用别人的智力成果;9. 应该考虑你所编的程序的社会后果;10. 应该以深思熟虑和慎重的方式来使用计算机。参见戴汝为:《关注网络行为的规范和道德问题》,载《光明日报》2005 年 06 月 30 日第 B1 版。
⑤ 六种不道德网络行为是:1. 有意地造成网络交通混乱或擅自闯入网络及其相联的系统;2. 商业性地或欺骗性地利用大学计算机资源;3. 偷窃资料、设备或智力成果;4. 未经许可接近他人的文件;5. 在公共用户场合做出引起混乱或造成破坏的行动;6. 伪造电子函件信息。参见戴汝为:《关注网络行为的规范和道德问题》,载《光明日报》2005 年 06 月 30 日第 B1 版。

则为社区成员行为设定了明确而具体的标准,使成员关系明晰化;虚拟社区的不成文规则体现为社区成员会自动服从一些现实社会中的规则,如不辱骂、恶意攻击他人的行为等,尽管网络不成文规则具有相当的局限性,但它们仍然会在确认特殊行为的合理性方面起作用,在一定程度上,网络不成文规则在成文规则缺位的情况下应当被倡导。

第三,网络成文规则和不成文规则都具有强化的机制。网络规则具有合法性基础,因而能够被广泛认可和接受。对网络规则的接受一部分是由于个人的内化而得到服从。如"网络礼节,或称'因特网的非正式规则与惯例',与行业标准一样,可以被看作是潜在的指导规则的源泉。"①它们通过"自发秩序"的内生过程得以形成,这种过程很少关注外在强制性。"所以,很难准确地确定网络礼节包括什么具体内容。一定的行为规则或者标准会在某个特定的、被认为是受到控制的群体里得到认可。"②网络礼节就得以生成。另一方面,即使内化难以发生,网络规则的遵守也能够被强制实施。例如,在天涯社区的许多规则中都有惩罚性条款,尽管虚拟规则的惩罚方式很有限,仅是对成员身份的限制和剥夺,也能起到某些强制和威慑的作用。"在《社区基本法》中,主要的惩罚手段是:删帖并扣除分值、版面封杀、全区封杀、IP 拒绝、注销账号取消会员资格。《天涯婚姻法》中的惩罚手段包括警告、通告批评、封杀婚礼堂发言权和永久剥夺结婚权利。这其中有许多惩罚情节是虚拟社区成员的网络行为违反了现实社会的法规,社区的惩罚也仅仅是取消会员资格,进一步的惩罚需要从虚拟社区延伸到现实社会来解决,如把违法的电子信息证据提交国家司法机关。"③

---

① 张平:《互联网法律规制的若干问题探讨》,载《知识产权》2012 年第 8 期。
② 张平:《互联网法律规制的若干问题探讨》,载《知识产权》2012 年第 8 期。
③ 王俊秀:《虚拟与现实——网络虚拟社区的构成》,载《青年研究》2008 年第 1 期。

　　第四,网络成文规则和不成文规则都有助于网络社会的稳定。来自现实和虚拟的众多复杂性因素威胁了网络社会的稳定性。"规则作为协调和控制之主要工具的地位在法律和管理的理论中有所反映。"①无论成文还是不成文规则,它们的出发点都是希望构建一个有秩序的互联网环境。为此,国际社会和各国政府都制定了大量成文的网络法律规则。"到目前为止,一种全球性的网络规范并没有形成,有的只是各地区、各组织为了网络正常运作而制订的一些协会性、行业性规范。这些规范考虑了一般道德要求在网络上的反映,在很大程度上保证了目前网络发展的基本需要,多具有普遍的'网络规范'的特征。"②如《中国互联网网络版权自律公约》、《全国高校 BBS 自律公约》、《文明上网自律公约》、《淘宝网用户行为管理规则》等大量网络行业自治规则纷纷推出。2007年,我国《网商诚信自律公约》在杭州正式颁布,《公约》首次明确提出,网络交易主体应承担相应的社会责任,对自身的行为进行自我约束,不造假、不欺骗,诚实守信、合法经营。还有前文所论及的网络道德、礼节、习俗、惯例都是网络社会中各种问题解决方案的重要组成部分。网络成文规则和不成文规则不仅提供了行动的指导方针,也积累了规则遵守者的历史经验教训,因而成为网络社会秩序的核心机制,维护了网络社会的稳定性。

二、网络成文规则的特性

　　本书的研究对象是网络成文规则,网络成文规则是网络社会秩序的文本表现。和网络不成文规则相比较,二者在重要方面有

---

① Dworkin, R. M. , the Modle of Rules, University of Chicago Law Review, Vol. 35, 1967, p. 14.
② 戴汝为:《关注网络行为的规范和道德问题》,载《光明日报》2005 年 06 月 30 日第 B1 版。

所区别。网络成文规则的特性①如下：

第一，网络成文规则是正式组织②的一个基本特征。它们是组织成员行动的准则，经常被认为是组织活动的模式化工具，也是组织历史的产物。网络成文规则详细规定了组织成员应当遵守的准则和违反准则的责任和后果；也被用作确定组织的身份以及边界，使组织彼此之间的关联得以明晰；使组织的行为结构化和惯例化，并维系和反映了组织内部结构间的稳定性，是组织内部行动的框架。在此种意义上，网络成文规则不同于网络不成文的惯例和习俗。互联网组织的章程是比较显著的成文规则。2008 年 9 月 22 日，中国互联网协会第三次会员代表大会表决通过了《中国互联网协会章程》③，2013 年 7 月 5 日，协会第四次会员代表大会表

---

① 网络成文规则的特性并非网络成文法的特性，其涵盖的意义和范围较成文法更宽泛。网络成文法律规则仅仅是网络成文规则的一种表现形式。网络成文规则还包括网络公共政策等指导性文件，和成文法相比网络政策具有灵活性、宏观性和指导性。

② 本研究中的组织采用最广义的定义，可以是科层组织、包含规则和标准的社区、法人或商业组织、行业组织、社团组织、国际组织等。与此相对应，本研究中的网络成文规则包括：法律规则、社区规则、商业规则、行业标准或社团规则和国际法规则。在组织理论看来，网络本身就是组织的构架。卡斯特认为："因特网不仅仅是一个便利的应用工具。它适应了信息时代出现的社会运动的基本特征。因为这些运动发现了组织起来的合适媒介，他们发展并打开了社会变革的新的途径，这反过来又加强了因特网作为优势媒介地位。因特网不单单是一种技术：它是一种通讯媒介，也是某一组织形式的物质基础：网络。"因此，从严格意义上说，网络本身就是一个没有边界的组织。参见［美］曼纽尔・卡斯特：《网络星河，对互联网、商业和社会的反思》，郑波等译，社会科学文献出版社 2007 年版，第 152 页。

③ 《章程》第二条将组织定义为："由中国互联网行业及与互联网相关的企事业单位、社会组织自愿结成的全国性、行业性、非营利性社会组织。"第十条规定了会员享有的权利；第十一条规定了会员履行的义务；第十三条规定了会员如有严重违反本章程的行为，经理事会或常务理事会表决通过，予以除名。参见《中国互联网协会章程》，http://www.guanfang123.com/website/zghlwxh.html（访问日期：2012 年 12 月 30 日）。

决通过了新修订的组织章程,修订后的规则扩大了协会的业务范围①。国际上最知名的组织——互联网名称与数字地址分配机构(The Internet Corporation for Assigned Names and Numbers, ICANN②)成立于 1998 年 10 月,其组织章程于 1999 年 10 月 29日第一次修订,2000 年 7 月 16 日又进行了第二次修订。网络成文规则也是政治组织(主要指国家)对网络社会控制的主要手段。目前我国已制定上百部有关互联网的法律、行政法规、规章、司法解释以及地方性法规等成文规则。

第二,网络成文规则具有可预期、公开和明确的特性。随着网络社会规模不断扩大和结构复杂性日益提高,网络成文规则往往更加适应这种变化,从而取代了不成文规则。它们具有便于进行直接管理和监督的优点,团结和权威都被认为是建立在明确的规则而产生的对于稳定关系的预期之上。"成文规则传达了秩序、权威结构、适当政策以及惯例的形象。非正式规则并不能同样完成这些功能,因为对于一个局外人而言,它们难以识别和透彻地了解。"③"法律规则是法律中明确赋予一种事实状态以法律意义的一般性规定。其显著特点在于它的明确性。"④法律规则的逻辑结

① 扩大的业务范围包括:第六条:(五)经政府主管部门批准、授权或委托,制订互联网行业标准与规范,开展行业信用评价、资质及职业资格审核、奖项评选和申报推荐等工作。(七)开展互联网公益活动,引导会员单位增强社会责任,维护行业良好风尚。(八)开展法规、管理、技术、人才等专业培训,提高会员单位管理及服务能力,提高从业人员业务素质。(九)开展网络文化活动,引导网民文明上网。根据授权受理网上不良信息及不良行为的投诉和举报,协助相关部门开展不良信息处置工作,净化网络环境。
② ICANN 是一个集合了全球网络界商业、技术及学术各领域专家的非营利性国际组织,负责互联网协议(IP)地址的空间分配、协议标识符的指派、通用顶级域名(gTLD)以及国家和地区顶级域名(ccTLD)系统的管理以及根服务器系统的管理。
③ [美]詹姆斯·马奇、马丁·舒尔茨、周雪光:《规则的动态演变——成文组织规则的变化》,童根生译,上海人民出版社 2005 年版,第 20—21 页。
④ 苏晓宏著:《法理学原理》,法律出版社 2013 年版,第 171 页。

构包含三个要素:首先是条件假定,即适用规则的条件,包括适用该规则的主体、时间、地点和情节等情况;其次是行为模式,即关于规则允许做什么、禁止做什么和必须做什么的规定,这是规则的核心部分;最后是后果归结,即对遵守规则或违反规则的行为予以肯定或否定的规定。当旧主体、情节、行为模式等随时间推移变得不太适宜,并且随着新身份、情节、行为等要素的出现,规则就被创建和修订。例如,我国自 2003 年 7 月 1 日起施行的《互联网文化管理暂行规定》第二条规定:"互联网文化产品是指通过互联网生产、传播和流通的文化产品。"[①]2004 年 7 月 1 日,文化部重新修订该法,依据修订的《互联网文化管理暂行规定》的定义,互联网文化产品的范围比 2003 年的定义进一步扩展[②]。2011 年,文化部再次重新修订该法,与 2004 年修订的《互联网文化管理暂行规定》相比,最新规定中补充了对网络游戏行业管理的新规定,包括要求从事网游经营活动的注册资金不能低于 1000 万元等。"此外,新规定中将互联网文化活动的监督管理工作明确下放到县级以上人民政府文化行政部门负责,并对违规行为实施处罚。新规定还对个别违规行为的处罚金额做出一定的调整。"[③]

第三,网络成文规则提供了一种去人格化的组织记忆和组织

---

① 主要包括:(一)音像制品;(二)游戏产品;(三)演出剧(节)目;(四)艺术品;(五)动画等其他文化产品。参见《互联网文化管理暂行规定》,http://www. china. com. cn/chinese/zhuanti/341135. htm(访问日期:2012 年 12 月 30 日)。

② 互联网文化产品是指,"通过互联网生产、传播和流通的文化产品,主要包括:(一)专门为互联网传播而生产的网络音像(含 VOD、DV 等)、网络游戏、网络演出剧(节)目、网络艺术品、网络动漫画(含 FLASH 等)等互联网文化产品;(二)将音像制品、游戏产品、演出剧节目、艺术品和动漫画等文化产品以一定的技术手段制作、复制到互联网上传播的互联网文化产品。"参见《文化部关于实施新修订〈互联网文化管理暂行规定〉的通知》,http://www. law-lib. com/law/law_view. asp? id=303018(访问日期:2012 年 12 月 30 日)。

③ 《新版〈互联网文化管理暂行规定〉4 月 1 日施行》,http://tech. sina. com. cn/i/2011-03-18/17405304970. shtml(访问日期:2012 年 12 月 30 日)。

知识的仓库。网络成文规则具有一定的持久性，它们反映了组织所积累的经验教训。"在一个拥有稳定成员的稳定社会中，经验可以在个体和群体的不成文规则中得到保留，并且通过日常交往而得以维系和强化。然而，在一个正式组织内，这种稳定性并不能得到保证。成文规则补充了不成文规则。它们提供了一种去人格化的组织记忆和组织知识的仓库。"①早期的互联网，网络用户极为有限而且成员相对稳定，他们彼此之间相互信任，通过共同经验和共享价值交流。"我们将在网络空间创造一种思维的文明，这种文明将比你们这些政府此前所创造的更为人道和公平。"②然而，"网络空间的这种开放性和非线性相互作用，使得其中的任一虚拟社区都不可能长久保持在某一稳定不变的平衡状态。信息的流动性和参与者身份的多重性和选择的自主性，随时有可能消解一个现存的虚拟社区，建构出一个能给他们以归属感和认同感的新的虚拟社区。"③在虚拟世界里，个体来来往往，身份、职位随时被设立，也可能被撤销，仅仅依赖在线交流很难保留组织经验，网络成文规则作为组织知识、经验的记录和历史的承载者，拥有自身的优势。尽管美国有大量关于网络规则的判例，"立法是美国管理互联网的最主要手段。除了全国性的法律法规外，各州还针对互联网应用在当地的实际特点颁布了法律法规，并建立符合各州具体情况的互联网管理制度。此外，美国联邦和各州都十分注意把历史上颁布的法律法规与时代接轨。比如，美国上世纪六七十年代颁布的《信息自由法》和《隐私法》，便成为《电子通信隐私法》等许多互联

---

① [美]詹姆斯·马奇、马丁·舒尔茨、周雪光：《规则的动态演变——成文组织规则的变化》，童根生译，上海人民出版社 2005 年版，第 21 页。

② [美]约翰·佩里·巴洛：《网络空间独立宣言》(赵晓力译)，《互联网法律通讯》2004 年第 2 期。

③ 曾国屏、李宏芳、张再兴：《网络空间中主客体关系的演化规律及其对思想政治教育的启示》，载《思想教育理论导刊》2006 年第 1 期。

网法律法规的基础。"①

　　第四,网络成文规则经常作为社会话语的焦点而引起争论。一方面,由于网络成文规则是通过书面语言来记录和表达,因而对网络成文规则的不同理解和解释容易成为争论的焦点而颇具争议。另一方面,由于网络空间没有天然的、唯一权力主体,网络规制的权力主体具有多元性,网络可以实现不同阶层人们的利益需求。在美国,很多网络法案都引起了社会各界极大的争议,譬如《通讯正当行为法案》、《在线保护儿童权益法案》等,争议较大的还有网络中立法案。"网络中立是互联网用户享受互联网接入服务的指导性原则,它是指互联网服务提供商(ISP)和政府不得限制用户访问互联网的内容、网址和网络平台,也不得限制用户访问网络使用的手段和方式。"②1860 年,美国的《太平洋电报法案》③是网络中立原则最早的渊源,这是网络中立规则的首次公开表达。2005年,美国联邦通讯委员会(FCC)公布了"四大网络中立原则"。2006 年 5 月,共和党众议员爱德华·麦基将《网络中立法案》提交众议院审议。2009 年 9 月,FCC 又公布了"开放网络六原则"。2009 年 10 月 22 日,FCC 决定开始起草"网络中立"法规,"以阻止电话和有线电视公司滥用其对宽带接入市场的控制权。尽管这一决定遭到电信业巨头的反对和 FCC 两名共和党成员的担忧,但FCC 还是通过投票决定起草该法规。"④美国消费者联盟、公众利益团体和亚马逊、谷歌、Facebook 等高科技公司支持"网络中立"

① 陈一鸣:《美国,立法管理互联网的先行者》,载《人民日报》2012 年 06 月 09 日第 03 版。

② 董媛媛:《论美国"网络中立"及其立法价值》,载《新闻大学》2011 年第 2 期。

③ 该法案提出:"任何来自个人、公司、组织或被电报网络连接的任何固定节点的信息,都应该按照信息的接受规格公正地传播,除非政府给予其优先传播权。"参见董媛媛:《论美国"网络中立"及其立法价值》,载《新闻大学》2011 年第 2 期。

④ 《美国起草网络中立法:禁止运营商滥用控制权》,http://www.chinaz.com/news/2009/1023/95762.shtml(访问日期:2012 年 12 月 30 日)。

的提议,但 AT&T、Verizon 和 Comcast 等大型电信运营商反对网络中立。网络中立支持派和反对派形成了鲜明的两大阵营,两派对网络中立关于互联网自由与互联网规制、公共利益和行业利益以及市场竞争与技术创新的立法价值上产生了分歧和争执,最终以众议院否决提案告终。2011 年,美国众议院以 240 票反对、179票赞成,禁止 FCC 使用政府资金实施新的"网络中立"政策,认定FCC 制定的禁止互联网宽带运营商阻止流量的新规则违法。可见,美国网络中立规则的立法进程充满争议,网络中立法案由提起到被否决的曲折过程正是网络成文规则产生过程曲折而备受争议的一个折射点。美国"时至今日,就'在多大程度上限制言论自由'、'如何以最佳方式保护未成年人'及'打击网络违法活动'等问题,民众、互联网服务商与立法者之间的辩论仍在激烈持续。"①网络成文规则史也是充满争议的历史。

第四节　网络成文规则演变原理

　　网络成文规则如何产生和变动? 网络规则群又是如何演变?学界有一种著名的"新制度主义"观点。"制度主义的思维方式强调制度结构在为混乱无序的世界建立起秩序的过程中所起的作用。"②"在社会科学研究中,'制度'通常指稳定重复的、有意义的符号(Symbols)或行为规范。在这个意义上,制度包括正式组织、规章制度、规范、期待、社会结构等。组织是制度的一个主要组成部分。制度分析的主要任务是解释各种制度的产生与变迁,以及

① 余晓葵:《美国:网络立法起步最早、数量最多》,载《光明日报》2012 年 12 月 21 日第
　　02 版。
② 何俊志等编译:《新制度主义政治学译文精选》,天津人民出版社 2007 年版,第 33
　　页。

制度对人们如何组织经济、社会生活的影响。"①制度主义理论分为不同流派。制度主义经济学也称为理性选择制度主义②,这一流派认为,规则是自利、理性的行动者之间解决问题的理想办法和重复博弈的简单方式,规则在追求效率最大化的过程中被创建以至占据主导性地位,为了进行自利性协商和交换,规则被认为是必须的,行动者同意受一定规则的限制。新制度主义学派主张,人生活在一定的社会文化背景之中,人们的利益偏好也随着社会文化的变化而相应地发生改变,因而主张从整体上分析制度的变迁,特别强调制度之间的相互影响和作用。"制度之所以能够得到扩展,现存世界的制度之所以会出现大量的同质化现象,并不是来自于理性人的算计和合作意图,而是来自于这种制度能够适应特定文化背景,能够在某种文化背景和组织场域中体现出合法性。"③"持久存续的制度被认为是通过采纳规则而获得合法性。这些规则是规范性接受的(Normatively accepted)、为正式权威所强加的(Coercively imposed),或者从观察到的成功组织中进行模仿性复制的(Imitatively copied)。合法性提供了竞争优势。"④社会学制度主义认为,规则是给定的,主要关注规则扩散从而创建出一组同质性制度的方式,制度同质化过程的动因不再是韦伯提出的理性和效率,而是特定组织场域之内的合法性要求。"另外,这一学派特别强调历史的依赖性以及演变过程的重要性。这是因为制度演变的不同过程会导致不同的结果。不了解演变的过程就无法解释

---

① 周雪光:《西方社会学关于中国组织与制度变迁研究状况述评》,载《社会学研究》1999 年第 4 期。

② 学界称理性选择制度主义为旧制度主义。

③ 何俊志等编译:《新制度主义政治学译文精选》,天津人民出版社 2007 年版,第 7 页。

④ [美]詹姆斯·马奇、马丁·舒尔茨、周雪光:《规则的动态演变——成文组织规则的变化》,童根生译,上海人民出版社 2005 年版,第 23 页。

演变的结果。"①"规则的创建和改变是一些相似过程的结果。"②这几种流派的观点相互交织,而非严格意义上的竞争冲突或相互包容。"这两种分析框架之间的新近发展,已经清楚地表明,他们的交流和对话活动实际上已经充分在展开了。"③

根据新制度主义理论视角,网络规则的产生和消灭过程是一个选择过程④,网络规则经由选择而适应社会环境和历史情境。网络社会中的规则通过问题解决、政治过程、组织扩散和经验性学习而适应环境,其演变以及执行过程需要置于社会文化和历史情境中加以解释。网络规则被有意识地建构用以解决已经确认的问题,这种建构包含了利益冲突以及对政治权威的全面考虑;网络规则从一个组织到另一个组织或者在同一组织的内部之间扩散,这种扩散涉及到影响规则得以扩散的各种可能性因素;网络规则通过对经验教训的逐步调试而变化,在经验性学习的基础上规则持续更新,这些过程是网络规则的历史依赖性发展的所有机制。而且,这些解释并不相互排斥,实际上这些方式可以混合使用。网络成文规则的演变原理可以通过以下四个层面的具体分析而得到合理的解释。

---

① 周雪光:《西方社会学关于中国组织与制度变迁研究状况述评》,载《社会学研究》1999 年第 4 期。

② March, J. G, Footnotes to Organizational Change, Administrative Science Quarterly, Vol. 26,1981, pp. 563 - 577.

③ Peter A. Hall, Rosemary C. R. Taylor, the Potential of Historical Institutionalism: a Response to Hay and Wincott, Political Studies, XLVI, 1998, p. 958.

④ 固定规则的存续与否依赖于它们在一个组织中能否得以持续使用以及依赖于使用它们的组织的存续。它们在一群组织中的使用随着使用它们的组织的存续和成长而得到扩展,当使用它们的组织死亡或萎缩时,它们的使用也会减少。因而,完全有可能设想一群规则通过有差别的扩散和存续而适应环境,即使在个体规则相当稳定的情况下。参见[美]詹姆斯・马奇、马丁・舒尔茨、周雪光:《规则的动态演变——成文组织规则的变化》,童根生译,上海人民出版社 2005 年版,第 24—25 页。

一、网络规则通过问题解决而有意识建构

网络规则可以被视为是一个针对网络空间内部及外部各种问题的解决方式的集合。问题包括事件、危机和争论等，既有来自于现实社会的，也包括独属于网络空间的，并且，问题往往先于网络规则变化而出现。

(一) 问题的搜寻过程

问题主要来源于组织的环境。环境的干扰引入新问题，这些新问题使现有规则及与之相关的能力部分或者完全失效。由于环境的干扰给新规则提供了机遇，当问题发生时人们(组织)开始寻找问题的解决方法，如果现有的规则或办法不能处理意外的问题时，新的规则得以创建以适应变化的环境。这些问题经常产生于危机情境中，并且问题的解决过程往往也包含着冲突。

2003 年 8 月，网络游戏玩家李宏晨在北京市朝阳区人民法院对网络游戏《红月》的运营商北京北极冰科技发展有限公司提起诉讼，此案引出了网络中虚拟财产的界定问题。美国关于网络安全规则的历史记录显示，在 2001 年之前，美国关于互联网安全规则的制定较少发生，而在"9·11"恐怖袭击事件发生后，美国出现了网络安全规则的爆发期，仅 2002 年就产生了包括《爱国者法案》、《反恐怖主义法案》、《加强网络安全法》等八个网络安全规则。由此可见，网络规则制定的爆发时期都与某些特定的事件、危机或争论相关。换言之，这一情境意味着先前制度模式的连续性和规律性受到了挑战。需要进一步说明的是，尽管对问题的搜寻过程经常源于冲突，规则经常是处理冲突之努力的一部分，并经常用以中断冲突，不可否认的是创建和改变规则的努力也会导致争论和冲突，如网络实名制、网络中立法案都引起广泛的争论。

(二) 问题与组织的注意力

规则变化的发生需要问题具有相当的重要性，事件的发生足

以吸引组织一定的注意力，争论也在相当大的范围内发生和持续，只有这样才能将与规则体系相关的问题纳入到组织的议程内，并激活搜寻过程。"这意味着有关规则必须在许多组织层面上已经成为公认的问题域。当现有的解决手段不能成功应付所出现的问题时，搜寻过程就被激活，并且新解决手段成为制定新规则的材料。"①莱斯格教授指出，"一场浩劫将引发实质性转变。举例来说，《爱国者法》(Patriot Act)出台后，美国政府执行法律（以及保护公民权利）的方式发生了重大改变。这部大范围扩张政府权力的法案是在'9·11事件'发生后的第45日颁布的。然而法案里的大部分条款早在'9·11事件'发生之前就已经起草完毕。起草者心里清楚，除非发生一次严重的恐怖袭击，否则将没有充足的理由对当前的执法模式做出实质性改变。不过，'9·11事件'扣动了这个扳机，由此引发了质变。"②

(三) 问题供应的影响因素

在一个既定的领域，问题的供应可能与某些因素有关。异质性问题域（如网络安全问题）比同质性问题域（如网络隐私问题）可能产生更多的问题；政治性问题比技术性问题可能产生更多的问题；与环境紧密联系的规则群（如各国的网络法律和公共政策）比一些与环境隔离的规则领域（如网络管辖权规则）可能产生更多的问题。

总之，网络规则通过问题解决而适应环境。网络规则的产生和变动与问题、冲突和危机紧密联系，它们是组织对这些环境"自然"的反应。

---

① [美]詹姆斯·马奇、马丁·舒尔茨、周雪光：《规则的动态演变——成文组织规则的变化》，童根生译，上海人民出版社2005年版，第46页。
② [美]劳伦斯·莱斯格：《代码2.0：网络空间中的法律》，李旭、沈伟伟译，清华大学出版社2009年版，第86页。

二、网络规则对政治策略响应和全面安排

网络规则的生成和演变包含了拥有共同目标的问题解决的因素，同时网络规则也是政治盟约及其产物。昂格尔说过："一切都是政治。""互联网具有技术的天生政治性，但是它的政治性是政治环境所决定的。"①因此，网络规则通过政治过程而适应环境，这种建构包含了利益冲突以及政治策略的全面安排。

（一）组织对权威性规范的反应

通过与政治权威的讨价还价，组织对它们外部和内部环境中变化着的压力做出响应。国外相关研究表明，"组织规则经常反映了对组织成员利益的适应。"②并且，"组织规则对权威性的规范性规定作出响应，这些规定详细说明了对于一个合法化的组织而言，什么规则是适当的。"③"循着这种思路，正式组织结构以及它们的规则体系是直接谈判和冲突的产物，通过这种谈判和冲突，组织承认了内在和外在于组织边界的权力来源。"④

1994 年，美国国会颁布《法律执行通信协助法》，该法要求，为了方便电子监听，网络被设计的模式必须能够保护执法能力。"这一要求曾经在一系列的'安全港'协议下协商，最终规定标准网络必须符合法律的这一要求。企业创造了一个网络架构。但这个架构并未充分符合政府的需求。政府做出的回应是修改网络的设

---

① ［英］安德鲁·查德威克：《互联网政治学：国家、公民与新传播技术》，任孟山译，华夏出版社 2010 年版，第 26 页。

② Perrow, C., Complex Organization: a Critical Essay, 3rd ed. Glenview, Ill., Scott Foresman, 1986.

③ Meyer, J. W., W. R. Scott, Organization Enviroments: Ritual and Rationality, Beverly Hills, Calif Sage, 1983.

④ ［美］詹姆斯·马奇、马丁·舒尔茨、周雪光：《规则的动态演变——成文组织规则的变化》，童根生译，上海人民出版社 2005 年版，第 25 页。

计,以使其更好地服务于政府。"①"联邦调查局希望,无论在任何时候,只要它以某一'合法的执法理由'提出要求时,就可以得到所需数据。"②在《法律执行通信协助法》通过4年之后,联邦调查局提出修正案。"《法律执行通信协助法》修正案要求移动电话公司提供这一信息,这间接地要求公司修改代码以将其信息披露给联邦调查局。"③"为了获取利益,它们必须确保其所作所为是值得信赖的可规制行为。因为,如果触犯了美国政府的相关规定,那么公司将丧失运营和营利的基本条件。"④还有些政府为监视和控制信息流动,要求互联网服务提供商(ISP)层次实施技术过滤,屏蔽网上信息或网站,同时要求ISP使用一种有利于追踪用户的软件,用户以提供最低限度的身份证明作为接入条件。"如果缺乏身份验证技术,那么政府就可以采取措施,引导身份验证技术的发展。"⑤2009年美国的"微软事件"⑥也是政府目标对互联网企业进行价值强制性渗透的典型事例。

---

① 政府同意承担一部分网络架构的成本,这对网络来说是件好事,至少最初是这样。《法律执行通信协助法》批准下发了5亿美元来补偿1995年1月1日之前配置的电信系统的更新换代。这笔资金大约占总费用的25%。参见[美]劳伦斯·莱斯格:《代码2.0:网络空间中的法律》,李旭等译,清华大学出版社2009年版,第63页。

② [美]劳伦斯·莱斯格:《代码2.0:网络空间中的法律》,李旭等译,清华大学出版社2009年版,第73页。

③ Center for Democracy and Technology, FBI Seeks to Impose Surveillance Mandates on Telephone System; Balanced Objectives of 1994 Law Frustrated, Status Report, March 4,1999.

④ [美]劳伦斯·莱斯格:《代码2.0:网络空间中的法律》,李旭等译,清华大学出版社2009年版,第72—73页。

⑤ [美]劳伦斯·莱斯格:《代码2.0:网络空间中的法律》,李旭等译,清华大学出版社2009年版,第62页。

⑥ 2009年5月30日,微软公司在其官网宣布,停止MSN即时通讯服务端口在古巴、叙利亚、伊朗、苏丹和朝鲜的服务,理由是这5个国家被美国政府列入了提供授权软件服务的被制裁国家名单。微软公司迫于美国政府的压力,关闭与美国政府关系"特殊"的五个国家的MSN服务,这一事件凸显了网络规则是浓厚的政治产物。

（二）政府对网络规制的正当性

在网络规则的生成和演变过程中，政府仍起到一定的主导作用。人们在互联网诞生之初普遍认为，"网络空间的秩序和规则应当靠人们的行为自律和市场这只'看不见的手'来逐步确立，并把政府对互联网的管理看成了'插手'和'控制'。但随着互联网的发展，网络色情、电脑病毒、黑客攻击、知识产权侵犯等一系列问题渐渐露出苗头，大多数美国民众转而认识到，政府这只'看得见的手'必须介入互联网规则的制定，并通过适当的管理来打击违法行为。"①网络规则的创建既要包括宏观政策上的设计，也需要具体制度化的安排，这两方面都必须依靠政府的力量和权威。政府制定网络规则的出发点往往出于网络的安全和秩序角度进行管制。"由于害怕互联网会危及国家安全和社会秩序，世界上至少有 20 个国家不准互联网跨入自己的国界，另外有 45 个国家对互联网进行'异常严格的限制'，强迫用户过滤内容，只能向国营 ISP 接入服务，或者必须在政府有关部门登记等。"②

各国政府对互联网的管理有两种理解："前者指政府整合各种权力资源和社会资源而实施的控制活动，这种控制既可以是强制性的，如立法和执法，又称政府强制模式，也可以是非强制性的，如通过促进行业自律和网络用户的自我控制实现目标；狭义的就是指政府直接采取行政措施进行规管。"③"随着网络将许多政治组织、文化机构、信息传媒组织及商业机构跨界融合，已有的法律规制对象竖井式模式正在被平台式规制模式取代。"④各国顺应媒介

① 陈一鸣：《美国，立法管理互联网的先行者》，载《人民日报》2012 年 06 月 09 日第 03版。
② 李永刚著：《我们的防火墙 网络时代的表达与监管》，广西师范大学出版社 2009年版，第 101 页。
③ 李晓明：《我国互联网管理模式的创新与转型》，载《网络传播》2008 年第 2 期。
④ 周庆山：《论网络法律体系的整体建构》，载《河北法学》2014 年第 8 期。

的发展趋势而改变本国的监管规则,更加强调各种不同利益之间的平衡。比如,1996 年,美国实施了新的电信法,这一法律彻底改变了美国对信息产业的传统管理模式,从而推进了网络产业与传媒产业的融合,在管理上由联邦传播委员会(FCC)实施统一监管,从而摆脱了电信、互联网、广播电视网行业分割状态,推进了数字内容产业的发展。2003 年 7 月,英国将《广播电视法》、《电信法》、《公平竞争法》等法律中的有关条款组合而成一部汇编性法律——《英国通信法案》,成立了新的通信管理机构 OFCOM,融合了先前五家监管机构的职能,监管方式由分割变为统一,极大促进了网络融合产业的发展。日本的《信息通信法》草案也是统一了《电波法》、《广播法》、《电气通信事业法》等几部现行法律,集约整合相关条款,目的是创造一个自由、开放、公平的竞争环境。马来西亚于1998 年通过了《通信与多媒体法》,该法的管制内容也是围绕网络、应用和内容这三个方面展开。"而我国的电信网、广播电视网和互联网三网融合迟迟难以推进,与我国在网络整体法律上的缺失无法统合协调各个内容管理部门与产业推进部门的利益有很大关系。"[1]

三、网络规则通过组织的扩散而适应环境

网络规则通过从一个组织到另一个组织或者在同一组织的不同部门之间的扩散而适应环境。网络规则的此种变化受到组织注意力及其分配方式的影响和调整。

(一) 组织注意力分配及其操作

理解规则的这种扩散包括理解通过其联系得以建立的网络,以及理解影响规则得以传播的可能性因素。"假设规则制定程序具有开放性,问题供应量具有波动性,则注意力分配及其操作对规

---

[1] 周庆山:《论网络法律体系的整体建构》,载《河北法学》2014 年第 8 期。

则的动态演变非常重要。"①并非所有问题都能够在同一时期内得到组织注意力的关注,问题和解决方式会在组织之间得到扩散。"对问题和解决方式的注意具有传染性。很多情况下,一个问题的解决方式会导致其他领域内对问题的搜寻。问题由于在其他地方引人注目因而在此处也备受关注。解决方式由于在其他地方得到采纳因而在此处也获得接纳。"②问题通过借用外部概念而得以确定,解决方法也来自外部以解决问题。根据这一规律性,我们可以理解网络规则的发展,网络规则从其诞生开始就体现出强大的扩散效应,组织逐渐察觉到了网络空间中相似的问题,并且采用了相似的处理方法。

(二)网络规则的趋同倾向和国际性

我们可以观察到,大多数国家或地区(组织)网络规则的创建以及变更经常参考和移植其他国家和组织的做法,各国对与网络相关问题的定义和处理办法实践由于扩散效应而呈现出集中趋势。"各国网络管制立法模式总体上有趋同倾向,他们的指导思想开始趋同,反映在各国网络管制立法中的目标和指导思想也越来越接近。"③关于网络空间的问题和规则是从外部结构复制过来或由外部强加的。正如 Matthew Burnstein 所言:"政治边境存在于一个隔离式的法律环境中,但互联网完全无视政治边境,其机制和规约都是全球性的。"④"在互联网上没有法律意义上的国界概念,

---

① 〔美〕詹姆斯·马奇、马丁·舒尔茨、周雪光:《规则的动态演变——成文组织规则的变化》,童根生译,上海人民出版社 2005 年版,第 48 页。
② 〔美〕詹姆斯·马奇、马丁·舒尔茨、周雪光:《规则的动态演变——成文组织规则的变化》,童根生译,上海人民出版社 2005 年版,第 49 页。
③ 秦续刚:《网络管制立法研究》,载张平主编:《网络法律评论》(第 4 卷),法律出版社 2004 年版,第 133 页。
④ Matthew Burnstein ed., a Global Network in a Compartmentalised Legal Environment, in K. Boele - Woelki and Katherine Kessedjian, Internet: Which Court Decides? Kluwer Law International, 1998, pp. 23 - 24.

有的只是地理上的国界含义——即信息发布者与信息使用者的地理位置。大多数互联网络上的活动都是跨越国界的,这就使得对于互联网络的立法基本取向应该有国际协商与相互认同,否则根据本国的法律作出的判决只在本国生效,跨国的判决执行无实际意义可言。国际互联网法律基本取向的一致还可以为网络空间的活动者提供一个可以预测的、大致原则一致和简单的法律环境,使得网络信息使用者在世界各地进行基于网络的活动时能足够自信自己活动的合法性。这一点,在电子商务中尤其显得重要。"[1]1995 年,美国犹他州颁布了世界上首部电子商务法律——《数字签名法》,该法全面确立了电子商务运行的规则。随后,美国的四十四个州先后制定了与电子商务有关的法律。1996 年,联合国国际贸易法委员会制定了《电子商务示范法》。1997 年,国际商会颁布了《国际数字保证交易一般惯例》。2001 年,联合国国际贸易法委员会又颁布了《电子签名示范法》。示范法为各国立法提供了一整套国际上能够接受的电子商务规则,示范法的颁布为逐步解决电子商务的主要问题奠定了法律基础,为各国制定电子商务国内法规提供了统一框架和示范文本。"正是在示范法的影响之下,各国都不同程度地借鉴示范法并相继制定各自的电子商务立法,从而保持了电子商务法制的统一和兼容性,为全球化的电子商务创造统一的、良好的法律环境发挥重要作用。"[2]2005 年 4 月 1 日,我国《电子签名法》开始实施。"这是我国在充分借鉴了联合国《电子商务示范法》和《电子签名示范法》以及美国、欧盟、日本、韩国、新加坡等国家的有关立法,在广泛听取国内电子商务和法律专家意

---

[1] 彭礼堂、饶传平:《数字化生存与网络法治建设——高校 BBS 用户注册实名制批判》,载《科技与法律》2004 年第 4 期。

[2] 贺琼琼著:《网络空间统一合同立法与我国网络交易的立法及实践》,法律出版社 2013 年版,第 25—26 页。

见的基础上形成的。"①我们看到,在电子商务领域,规则的扩散效应是极其显著的。在其他方面,1977 年,美国首次对计算机保护问题进行立法,颁布了《联邦计算机系统保护法案》。1978 年,美国佛罗里达州制定了世界上首部关于计算机犯罪的法律。随即,美国各州先后就计算机犯罪问题进行立法规制,各州对计算机犯罪中相似的行为采用了相似的惩罚方法,如明尼苏达州的《计算机犯罪法》、康涅狄格州的《计算机相关犯罪法》、弗吉尼亚州的《计算机犯罪法》等。此外,还有众多专门性国际组织制定国际性规则来应对网络空间的全球性问题,影响较大的有世界知识产权组织1999 年公布的《关于网络域名程序的最后报告》、国际互联网域名系统最高管理机构(ICANN)公布的《统一域名争议解决政策》及《统一域名争议解决政策实施规则》等。这些国际性的网络规则为各国制定相关网络法律提供了很好的经验。

四、网络规则通过经验性调适而持续更新

网络规则通过对经验教训的逐步调试而变化,这些过程是规则的历史依赖性发展的所有机制。

(一)规则的历史依赖性发展

组织通过经验性学习而适应环境。规则嵌于组织内,逐渐发展出与其他规则以及使用它们的个体能力之间的联系。国外学者提出,"组织规则,如惯例、标准化操作程序、政策宣言以及规章的变化是从与之相关的经验教训中获得推论的结果。导致这种成功结果的规则会得到强化,而那些导致失败结果的规则就会被取

---

① 高富平主编:《电子合同与电子签名法研究报告》,清华大学出版社 2005 年版,第183 页。

消。"①"在从经验中不断学习的基础上,组织采用新规则来代替旧规则。这种变化过程包含对历史的观察和解释,组织把对历史的解释转化为组织的规则,以及从过去的经验中恢复规则并且把它们与更近期的经验相调和。这建立在一个核心假设之上,即规则存在着一种或多或少持续更新的过程,尽管这种过程相对于环境的变迁而言非常缓慢,并且受到各种短期行为的影响。"②美国的网络成文法具有较大的稳定性,原因在于"政府对于因特网的有关立法有一定的传承性,一般是根据已有法律的相关条款,结合美国当前因特网发展的实际情况,从而进行引申发展,确立新的关于因特网的条文和法案。美国政府正是以这样的方式对其政策立法体系不断地进行完替发展,保持了其网络法规政策的连续性和渐进性,稳中求进,从而建立起这种在目前的世界各个国家中显得较为成熟的网络管理体系,保证了互联网络正常、持续的成长"③。如美国《统一计算机信息交易法》中的大多数规则是继承了《统一商法典》或其他法律中的某些条款,其他领域的网络成文规则也通常是在既有法律的基础上,结合互联网发展的具体情况,进行解释、发展和创建新的规则。我国的网络成文规则也主要是现实世界法律的投影和模拟,传统法律领域经过修改和扩展仍可适用于网络空间。"由于互联网是在现实世界中存在的,在许多领域,如《著作权法》、《刑法》等传统法律经过修改,是可以适应于网络的。"④

---

① Herriott, S. R. , D. Levinthal, J. G. March., , Learning from Experience in Organizations, American Economic Review, Vol. 75,1985, pp. 298 - 302.

② Levinthal, D. A. , J. G. March, the Myopia of Learning, Strategic Management Journal, Vol. 14,1993, pp. 95 - 112.

③ 王静静:《美国网络立法的现状及特点》,载《海外传媒》2006 年第 7 期。

④ 周汉华:《互联网对传统法治观念的挑战》,载《中国改革报》2004 年 03 月 08 日第 008 版。

（二）网络规则的相对稳定性

组织学习能力也带来规则的稳定性。"当环境发生根本变化，问题就被创建，注意力也被引向这些问题，并且对解决方法的搜寻也刺激了变迁。在这种情况下，规则的稳定性及其变化也同样令人印象深刻。稳定性是使用规则方面相应的和积聚性能力的结果。组织学习如何在规则范围内工作，并且将规则的意义扩展到新情境，形塑它们使之容纳新问题。规则变化涉及一些长期过程以及决策的几个层次。通过允许规则例外或不同解释的存在而处理一些偶然问题，而不是通过修订正式规则而达到目的。"①譬如，2000 年 11 月 22 日，我国通过《最高人民法院关于审理涉及计算机网络著作权纠纷案件适用法律若干问题的解释》，并于 2000 年 12 月 21 日起正式施行。2003 年 12 月 23 日，最高法院审判委员会第 1302 次会议对该司法解释进行第一次修正，修改内容如下：删去第二条第二款、第九条和第十条；增加一条；修改了两条，修正后的司法解释于 2004 年 1 月 7 日起施行。2006 年 11 月 20 日，最高法院对该司法解释进行第二次修正，此次修正删去第三条，并于 2006 年 12 月 8 日起施行。我国有大量关于审理网络纠纷案件的司法解释，并在司法实践中对司法解释不断补充和修正，这一点充分反应了组织（最高司法机关）在原有规则范围内工作，并且将规则的意义扩展到新情境，形塑它们使之容纳新问题的能力得以积累。

综上所述，根据新制度主义的视角，我们阐述了网络成文规则生成及其演变过程的原理。网络规则的生成及其演变是若干因素相互作用的产物，这一观点强调了以下因素的相互作用：首先，环境引发的问题对网络规则产生重大冲击，当问题得以解决，作为解

① ［美］詹姆斯·马奇、马丁·舒尔茨、周雪光：《规则的动态演变——成文组织规则的变化》，童根生译，上海人民出版社 2005 年版，第 50 页。

决方法的规则可能继续存续,因此网络规则可以被视为问题解决方法的规则集合;其次,网络规则的产生和变动与特定规则相关的经验以及一组相互关联的规则而达到影响和扩散,从而网络规则制定的注意力被调动、重新分配,特定网络规则的变化会引起其他网络规则随即的变化,某个规则群部分所引起的变化会引起其他部分的调整;最后,网络规则的生成及其演变现象也反映了组织学习的能力和过程。这些因素和过程显示了网络规则的稳定性和内容不仅依赖于当前的环境而且也依赖于它们的历史。因此,本研究将网络规则归因于这些因素和过程中所具有的动态演变特征的结果。

第二章　网络规则产生和变化的双重动因

本章探讨的是网络规则产生和变化的双重动因,即论述问题和网络规则生成、演变之间的关系。对于大多数组织来说,规则是稳定的、连续的,组织对组织内部和外部的压力作出响应,规则的产生和变化来自外部和内部环境相对复杂的联合,我们需要对问题进行深入的脉络分析。组织通过现有规则来识别问题,随着时间的推移,规则对问题作出响应进而发生改变,规则的历史被构建为组织处理内部和外部压力活动的一部分。在问题出现时,组织寻求相应的解决办法,调动问题周边的所有资源,采取应对措施,在通常情况下,组织尽可能使用现有规则和程序来应对问题,否则就改变程序或者创建新规则。"问题,如同规则,也被组织进关注与其自身相关的问题空间以及规则制定者的领域。当问题得以阐述,规则就会被创建,并且问题空间也得以收缩。问题时常来源于组织外部,并且它们的出现经常引起普遍关注,从而产生一个特殊的历史时期。结果,成簇的规则都具有共同开端。随后,每条规则都循着一条稳定和变化的路径,这条路径对与之相关的组织内部经验的特征尤为敏感。"①

---

① [美]詹姆斯·马奇、马丁·舒尔茨、周雪光:《规则的动态演变——成文组织规则的变化》,童根生译,上海人民出版社 2005 年版,第 53 页。

　　互联网的诞生和飞速发展带来了网络秩序方面的诸多问题，其中既包括现实社会的问题在网络空间的延展，也出现了独属于网络空间的新型问题。组织的决策者（即规则的制定者）开始关注被定义为问题的网络规则或规则域，并逐渐作出反应。首先，组织运用在网络规则范围内或者围绕网络规则的现有组织技能，但是如果问题仍然没有解决，组织就会转而改变方式，也即调整旧的网络规则或者创建新的网络规则。因此，网络规则的演变可以看作是问题产生和确认的结果，而且问题也是网络规则创建的一种资源。

第一节　问题的外部来源：现实社会环境的影响

　　问题的初期来源也是最主要来源是组织环境。网络空间中的问题受到外部环境的影响。所谓外部环境，是指与网络空间相对应的现实社会。网络空间嵌入于现实社会的政治、经济和文化环境中。技术实在论提出，"尽管技术具有其自身的力量，但是，技术并不独立于政治力量和社会力量。"[1]卡斯特指出，"技术、社会、经济、文化与政治之间相互作用，重新塑造了我们的生活场景。"[2]"技术是不能独立于它的社会环境而单独存在的。根据所处的文化和机构环境的差异，网络社会的模式也不同。"[3]因此，现实社会环境中各种因素诱发的问题导致了网络规则的创建。"组织规则

---

[1] Priscilla Regan, Legislating Privacy, University of North Carolina Press, 1995, p. 12.

[2] ［美］曼纽尔·卡斯特：《网络社会的崛起》，夏铸九、王志弘等译，社会科学文献出版社 2003 年版，中文版作者序。

[3] ［美］曼纽尔·卡斯特：《网络社会——跨文化的视角》，周凯译，社会科学文献出版社 2009 年版，编者序第 1 页。

调整自身以适应周围条件的变化,适应参与者及其利益和经验组合的变化,适应组织行为新的动态,适应出现的问题和解决方法。这些情况似乎不证自明。"①国外学者认为,"组织采纳在外部环境中已经获得合法性的规则(诸如由政府和联邦立法机构建立的规则),由环境提供必需资源的行动者(比如政府机构或者公司捐赠者)所支持的规则,"②或者那些已经获得高度认可或被环境内行动主体自然而然采用的规则。

一、网络规则史中的事件

规则史中的事件是指能够调动组织内外众多力量,引起组织高度重视和相对显著危机的结果的一类事件。在对一定时期组织(国家)网络规则发展史的考察中,我们可以观察到:在网络规则演变过程中发生了一些重要的事件,更多的是事件和情境的混合,这些混合情况在关键时刻产生了特殊而持久的影响,在某些情境下,这些事件会直接导致网络规则的创建。譬如,美国"9·11"事件③和韩国

---

① 〔美〕詹姆斯·马奇、马丁·舒尔茨、周雪光:《规则的动态演变——成文组织规则的变化》,童根生译,上海人民出版社 2005 年版,第 55 页。

② Oliver, C., Strategic Responses to Institutional Processes, Academy of Management Review, Vol. 16,1991, pp. 145 – 179.

③ 美国东部时间 2001 年 9 月 11 日上午(北京时间 9 月 11 日晚上),恐怖分子劫持 4 架民航客机撞击美国纽约世界贸易中心和华盛顿五角大楼,这就是震惊世界的"9.11"事件。在这一袭击中,包括美国纽约地标性建筑世界贸易中心双塔在内的 6 座建筑被完全摧毁,其它 23 座高层建筑遭到破坏,美国国防部总部所在地五角大楼也遭到袭击。在"9.11"事件中共有 2998 人遇难,其中 2974 人被官方证实死亡,另外还有 24 人下落不明。2001 年 9 月 11 日当天的恐怖袭击对美国及全球产生巨大的影响。这次事件是继第二次世界大战期间"珍珠港"事件后,历史上第二次对美国造成重大伤亡的袭击。这次事件是人类历史上迄今为止最严重的恐怖袭击事件。参见杨小舟:《在自由与控制之间——美国互联网监管的新趋势及对我国的启示》,南京师范大学硕士学位论文,2012 年。

女星"崔真实自杀"事件①都直接导致该国相关网络规则的创建。相对而言,网络规则史中的其他事件不那么瞩目,如美国"斯诺登"事件、我国的"抢盐风波"、"郭美美"事件、"蓝极速网吧火灾"等,这些微小事件虽然没有直接引起网络规则的创建,但也反映了组织外生性注意力产生的持续形式。譬如,2013 年的"斯诺登"事件让世界各国深刻意识到,"在现代信息社会,网络安全防护能力不仅仅是社会议题,更是国家安全的重要一环。由此,加强网络安全顶层设计,设立高级别的互联网协调管理机构,推动信息安全立法提上日程。截至目前,已有 40 多个国家颁布了网络空间国家安全战略。"②

（一）"9·11"事件和美国网络规则演变

"9·11"事件对美国的网络规则产生了深远影响。2001 年之前,美国的网络规则倾向于鼓励竞争和保障公民权利,"9·11"事件后,美国的网络规则发生了重要转向,强调政府干预和维护国家安全。美国网络规则演变历程凸显了自由和秩序之间的冲突和博弈。

1. "9·11"事件之前美国社会环境及其网络规则（1984 年—2001 年）

20 世纪 80 年代到 2001 年是美国网络规则的产生和初步发展时期。以 1994 年为分界点,在 1994 年之前,美国互联网大体上处于早期自由发展时期,网络规则的产生和发展比较缓慢;1994

---

① 早在 2003 年韩国政府就已开始倡议网络实名制,但一直未能落实,这之间间或发生过几起因不实网络谣言而精神崩溃或患精神病的案例,但一直未能唤起足够重视。直到 2008 年韩国女星崔真实无法承受放高利贷谣言的困扰,最后选择自杀,震惊韩国社会,事发不久,韩国政府便火速制定法案,实施网络实名制,希望能够减少恶意或不实留言。也有人认为此提案破坏言论自由。2012 年,韩国宪法裁判庭经全体法官一致同意,宣布"网络实名制"违宪。

② 李晓玉:《强化网络安全需立法技术并举》,http://it.people.com.cn/n/2014/0428/c1009-24951126.html(访问日期:2014 年 9 月 28 日)。

年,互联网开始商业化,随着互联网商业化步伐加快和网络信息技术的日益普及,网络空间安全和秩序议题更加凸显,美国网络规则也进一步发展壮大。

互联网最早是美国一个局域网,仅仅服务于美国军事目的。1982年,互联网实现民用化,此后它开始与美国的经济和国家发展紧密相连。当时美国政府面临最为重要的任务是如何促进美国经济的高速发展。在此阶段,美国开始确立一些与互联网相关、促进美国经济发展和维持社会稳定的规则,政府对互联网实行较少干预政策,只是通过科研资助的方式对一些机构和项目实施投资,同时加强对民间资本的引导和利用,主要目标是为了促进互联网技术的发展,互联网的一些关键性技术在这一时期获得了较大的发展。由于国际和国内政治、经济环境的限制,这一阶段,美国关于互联网的法律法规数量非常有限,内容也主要是从防止网络犯罪、保护公民隐私权等方面对互联网进行初步规制。这一时期诞生的网络规则有:1984年2个,1985年1个,1986年2个,1987年1个,1990年2个,1991年1个。在互联网发展初期,"信息"概念已经被人们所关注。如何保障信息的自由流动同时维护国家安全和利益,实现网络空间自由和秩序平衡的议题开始受到各国政府的重视。"此时,美国政府已经意识到了必须为与国家安全相关的信息确定单独的管理制度。从这些文件、法规的主要内容来看,在互联网发展的萌芽阶段,美国政府已经注意到了信息在互联网时代的重要性,信息安全已经开始在美国国家安全战略框架中有了一定地位。而这一时期也可以看作是美国国家信息安全、互联网空间安全政策的起点。"①

冷战结束后,相对缓和的国际环境为美国政治、经济以及互联

---

① 杨小舟:《在自由与控制之间——美国互联网监管的新趋势及对我国的启示》,南京师范大学硕士学位论文,2012年。

网产业的发展提供了良好、宽松的环境。1994年,互联网正式进入商业化时代,政府并没有直接对互联网进行监督和管理,主要还是实行政策上引导,进行间接规制,通过宣传宽松、开放的互联网政策,积极提供科研资金支持,吸引更多的民间商业资本注入,以此来推动互联网产业的发展,由于政府政策的大力扶植,互联网技术得以迅速发展。这一时期,美国网络规则发展较快,数量明显增多,内容涉及电子通信、电子商务、版权保护、资本扶持、隐私权保护、国家安全、信息安全等各个方面,国会出台了一些重要的、具有里程碑意义的互联网法案。这一时期诞生的网络规则主要有:1994年1个,1995年1个,1996年2个,1998年3个,1999年2个,2000年1个。同时,美国政府对维护国家安全、信息安全的认识在不断深入,关注力度也日益加大,更加深了对互联网络信息安全的担忧。克林顿政府把信息技术产业尤其是互联网的发展看作促进美国经济增长最有效的推动力。1993年,"NII"战略(National Information Infrastructure Agenda of Action),即"国家信息基础设施行动计划"出台,该战略标志着美国信息化建设工程的开始,政府把"NII"和建设信息高速公路作为美国科技战略的关键和国家战略的重要组成部分。1994年,国会颁布《计算机滥用法修正案》。1995年,第12958号总统行政令出台,文件对关乎国家信息安全与利益的相关概念,如"国家安全"、"信息"、"机密信息"等做出了较为详细的规范;美国国家电信与信息管理局发布了《个人隐私与国家信息基础结构白皮书》;参议院还通过了《计算机保护法》。1996年,美国立法机构修改了《防止计算机诈骗和滥用法案》,将其重新命名为《国家信息安全法案》。1998年,签发第63号总统令(PDD-63)《关键基础设施保护》;国家安全局(NSA)公布了《信息保障技术框架》。2000年,政府发布《信息系统保护国家计划》和《全球时代的国家安全战略》。"可以说,美国的互联网络安全战略、政策和体制起源于这个时期。虽然政府对国家信息安全、互联空间安全有所担忧,但总体上并没有将信息安全甚至是借由互联网发动的恐怖主义行为看作是美国面临的迫在眉睫的危险,还是更希望通过推动信息的自由流动来维护和获得更多的国家利益。"①

综上,1984 年—2001 年,美国创建网络安全规则,包括法案、政府法令、计划和文件共计十余个,修正网络安全规则两个,规则内容侧重于维护信息的保密性、完整性、可控性与安全性。尽管当时的美国政府强调互联网信息基础设施关乎于国家安全,但政府关注的网络安全焦点是直接入侵或摧毁至关重要的信息基础设施,并借此来损害美国的利益。因此,"9·11"事件之前,在国家安全、互联网信息安全领域,美国网络规则的首要目的是防止恐怖分子破坏关键性的信息基础设施。

2. "9·11"事件后美国网络规则的演变(2001 年—2013 年 12月)

随着互联网技术的迅速普及和飞速发展,其弊端也逐渐展露,垃圾信息、网络侵权、投资过度、恶性竞争等网络无序现象严重损害了网络用户的利益,影响到互联网产业的健康发展。20 世纪末,美国出现了网络泡沫,这不仅对美国互联网产业甚至对全球互联网发展都产生了负面影响。互联网发展的新情况迫使美国政府改变原有的网络政策和规则,采取更为有效的规制措施。

布什政府在其执政初期对互联网的监管仍继续推行不直接干预政策,同时也采取了一些积极措施,通过了《反垃圾邮件法》《家庭娱乐和版权法》等法律来加强互联网规范发展。2001 年"9·11"事件后,布什政府的互联网规制政策在现实面前不得不进行调整,将互联网网络空间安全作为维护国家安全的首要任务。

---

① 杨小舟:《在自由与控制之间——美国互联网监管的新趋势及对我国的启示》,南京师范大学硕士学位论文,2012 年。

"9·11"事件中,恐怖组织充分利用了巨大的互联网系统作为组织、策划恐怖犯罪的工具,借助遍布全球的、发达的网络系统,实施了对美国本土的恐怖袭击,并且通过互联网系统不断传播和散布一系列的恐怖效应。这一事件引起美国政府高度关注。"如何保护美国国土安全、保护美国公民的利益和安全成为时任布什政府的头号大事。而对互联网信息安全担忧的增加,也使全美笼罩在网络恐怖袭击的阴云之下。此后,美国对于国家安全的重视日益增强,而互联网信息安全作为国家安全极为重要的一个环节,其在政府议程中的优先性位置被大大提前并达到了史无前例的高度,信息安全战略成为了美国国家战略的核心。"[①]在发生了"9·11"事件后,美国一改过往的消极不干预立场,以积极主动的态度加强了对互联网的监管,围绕国家安全问题出台了一系列的政策、措施,史无前例地创建了大量的网络安全规则。仅在"9·11"事件发生后一个月,2001年10月16日,布什政府出台了第13231号总统行政令——《信息时代的关键基础设施保护》,设立了新的保护部门。10月26日,政府颁布《通过为拦截和阻止恐怖主义犯罪提供适当手段来团结和加强美国法》,简称《爱国者法案》,即USA PATRIOT,法案第一部分第二节的八个条款都是关于加强互联网管理和监督的内容,美国参议院以99票对1票的绝对优势通过了该法案,这一重要法案强化了政府对国家安全、互联网网络安全的监控和管制,极大地扩大了政府部门的公共权力,填补了执法部门和情报部门之间的权力空隙,以防止被恐怖分子利用和发动袭击。2002年2月,美国众议院通过《信息网络安全研究与发展法》。"这是'9·11'事件后,美国在信息安全领域采取的一系列重要举措之一。它规定在资金投入与管理、机构建设、专门人才培养

[①] 杨小舟:《在自由与控制之间——美国互联网监管的新趋势及对我国的启示》,南京师范大学硕士学位论文,2012年。

等方面采取措施,成为了互联网信息传播安全工作标准的基本依据。"①2002年5月,美国国会联合经济委员会提交《信息时代的安全:新挑战、新战略》的报告,报告将信息安全和信息安全政策的主要目标作出定义,详细提出了经济领域的信息安全问题。2002年7月15日,美国众议院以压倒性多数通过了《加强网络安全法》。"该法案的内容主要涉及打击计算机犯罪和重组科学技术办公室两大方面。其目的是为了反击电子入侵,打击计算机恶意攻击,加强网络安全。"②2002年9月20日,布什政府发布了全新的《国家安全战略》报告③,报告提出将外国的国家信息安全基础设施也置于美国的保护和有效监控下。9月,政府还发布了《保障信息空间安全的国家战略》(草案),这是美国首次出台针对国家信息空间安全的专门性文件,文件明确提出了美国国家信息空间安全的基本问题,对安全目标、主要威胁和保护方式作出了明确规定。10月,参众两院通过一项旨在加强执法部门打击恐怖主义权力的法案——《反恐怖主义法案》,该法案把打击网络恐怖主义作为一项重要内容,使恐怖分子在国际互联网上的活动能够被追踪,并将黑客攻击行为视为一种恐怖主义活动。"为了应对网络黑客的种种攻击,防止出现网络'9·11'事件,布什总统发布了第16号'国家安全总统令',组建了美军历史上,也是世界上第一支网络反黑客部队——网络战联合功能构成司令部(简称JFCCNW)。"④11月25日,《国土安全法案》出台,并宣布国土安全部承担网络安全

---

① 迟云国、孙映:《它山之石可以攻玉——透析美国〈信息网络安全研究与发展法〉》,载《信息网络安全》2005年第4期。

② 黄鹏、邱惠君、乔榕等:《美国〈加强网络安全法〉简介》,载《信息化动态》2002第15期。

③ 《he National Security Strategy of the United States of America, http://wwvv.comw. org/qdr/fulltext/n5s2002. pdf(访问日期:2012年12月20日)。

④ 张恒山:《美国网络管制的内容及手段》,载《红旗文稿》2010年第9期。

责任。2002 年还出台了《电子政府法》和《联邦信息安全管理法案》。2003 年 2 月,总统签发《保障网络空间安全的国家战略》,提出了"阻止针对美国关键基础设施的网络攻击、降低面对网络攻击时国家的脆弱性、当网络攻击发生时将损失降到最低,将恢复时间缩到最短"[①]的战略目标。3 月,第 13292 号总统行政令发布,对第 12958 号总统行政令进行修正。2005 年,美国国防部公布《国防战略报告》,"明确将网络空间与陆、海、空和太空定义为同等重要的、需要美国维持决定性优势的五大空间。"[②]2006 年 3 月 9 日,总统签署了延长《爱国者法》的法案,将《爱国者法》中即将到期的 14 项条款永久化,另外两项条款的有效期也将延长 4 年。2007 年,布什政府成立了"第 44 届总统网络空间安全委员会"。2008 年 1 月 8 日,发布了第 54 号国家安全总统令和第 23 号国土安全总统令,加强网络安全与监视,确立了"全面的国家网络安全倡议(CNCI)"。

奥巴马执政后继续将维护美国国家安全作为首要目标,并高度重视互联网网络安全在国家安全战略中的地位和作用。"网络安全超越反恐战争的需求,成为美国国家安全的重要组成部分,被赋予更重要的地位。"[③]2009 年 3 月,美国国会研究服务局发布《国家网络安全综合计划:法律授权和政策考虑》,该报告分析了美国来自互联网威胁的背景、国家网络安全综合计划的执行情况以及立法部门针对互联网威胁所采取的办法,还指出,政府要进一步加强行政和立法部门在网络安全方面的合作。2009 年 5 月,《网络空间政策评估》出台,并指出"网络空间对美国经济、民用基础设施、公共安全和国家安全提供了重要的支撑。网络安全的风险也

---

① 沈逸:《美国国家网络安全战略的演进及实践》,载《美国研究》2013 年第 3 期。
② 储昭根:《浅议"棱镜门"背后的网络信息安全》,载《国际观察》2014 年第 2 期。
③ 沈逸:《美国国家网络安全战略的演进及实践》,载《美国研究》2013 年第 3 期。

构成了 21 世纪最严峻的经济挑战和国家安全挑战。"①2 月 6 日，
美国众议院以压倒性多数通过了《2009 网络安全研究与开发法
案》。2 月 14 日，美国众议院投票决定延长《爱国者法案》关键条
款。6 月 24 日，国土安全与政府事务委员会通过对 2002 年的《国
土安全法案》的修正案，即《将保护网络作为国家资产法案》。2011
年 2 月 17 日，《信息安全与互联网自由法》授权总统可以宣布"信
息空间的紧急状态"，在此状态下，政府可以部分接管或禁止对部
分站点的访问。4 月 5 日，《可信网络空间身份标识国家战略》（正
式稿）将网络空间可信任身份的建立作为改善网络安全的基石。5
月 16 日，《网络空间国际战略——网络化世界的繁荣、安全与开
放》报告提出，国际合作是维持网络空间环境的最佳做法，更是首
要原则。"2012 年 10 月，奥巴马签署《美国网络行动政策》
（PDD21），在法律上赋予美军具有进行非传统作战权力，明确从网
络中心战扩展到网络空间作战行动等。2013 年 2 月，奥巴马发布
第 13636 号行政命令《增强关键基础设施网络安全》，明确指出该
政策作用为提升国家关键基础设施并维护环境安全与恢复
能力。"②

　　综上可见，"9·11"事件后美国迅速诞生了大量网络安全规
则，包括网络法案、政策、报告、计划和文件累计近三十个，修正网
络安全规则两个，连续两次延长同一个法案，特别是 2002 年，美国
网络安全规则集中爆发，共产生十个网络规则。这表明美国对互
联网安全的重视已经达到了空前的高度。美国网络规则的变化是
由其备受争议的网络规制理念所决定，并由"9·11"恐怖事件所触
发的，"9·11"事件后，通过对网络安全危机的预防和管理尝试产
生了制定新的安全规则以及改进现有规则体系的压力。"自 2001

---

① 储昭根：《浅议"棱镜门"背后的网络信息安全》，载《国际观察》2014 年第 2 期。
② 沈昌祥：《网络空间安全战略思考与启示》，载《金融电子化》2014 年第 6 期。

年之后的美国政府,无论布什政府,还是奥巴马政府都强化了对信息的控制,其主要驱动力都是为了保障美国的国家安全。这是"9·11"恐怖袭击事件带来的后果。该事件的发生刺激并推动了美国国家网络安全战略的转型。"①

(二)"崔真实自杀"事件和韩国网络实名制

韩国是世界上第一个强制推行"网络实名制"的国家。自2005年起,韩国国内发生了一系列"网络暴力"事件。2008年,女星崔真实由于不堪"网络暴力"而自杀,这一事件直接导致韩国政府强制实行网络实名制。

"根据韩国广播通信委员会2009年的统计数据,韩国因特网的普及率高达77.2%,共有约3658万人在使用因特网。"②在韩国,网络虚假信息传播也曾一度泛滥。2005年1月,所谓"X档案"帖子席卷韩国网络;6月,"狗屎女"遭网民"人肉搜索"导致精神疾病;还有网民借知名人士林秀卿之子溺死对林秀卿进行人身攻击等。这一系列事件引发了韩国社会关于"网络公开性与个人隐私保护"的大讨论,人们进一步认识到"网络暴力"的危害性,推行实名制的呼声在韩国国内逐渐形成共识。"而网络暴力造成的最轰动结果无疑是2008年10月韩国影星崔真实的自杀。根据韩国某媒体在崔真实案发生后进行的舆论调查显示,有接近8成的韩国人赞成实施网络实名制,赞成的最大理由就是可以有效地减少网络辱骂和诽谤,遏制'网络暴力'。"③"这一事件在韩国引起极大轰动,成为韩国网络实名制发展的又一标志性事件。"④崔真实

---

① 沈逸:《美国国家网络安全战略的演进及实践》,载《美国研究》2013年第3期。
② 王刚:《曾近8成民众赞成网络实名制实施5年有害信息明显减少　韩再讨论完善网络治理》,载《法制日报》2012年01月03日第02版。
③ 王刚:《曾近8成民众赞成网络实名制实施5年有害信息明显减少　韩再讨论完善网络治理》,载《法制日报》2012年01月03日第02版。
④ 班威:《实名制为韩国网络安全保驾护航》,载《光明日报》2011年05月04日第07版。

自杀事件发生后,韩国政府开始积极修订关于互联网的法律,加强互联网管制。韩国政府产生了修改并扩大《信息通信网法》的动议。韩国广播通信委员会称:"有必要对网民在互联网上发帖加强管理",并向国会提出《信息通信网法施行令修正案》,韩国媒体称之为《崔真实法》。"韩国广播通信委员会还决定按原计划在此次定期国会上提出《信息通信网法修正案》,内容包括加强网上留言的监控、向运营商征收罚款等。大国家党国会议员代表洪准杓说'如果不引入网上污蔑罪及网络实名制,网上恶意留言引起的弊端将持续出现。定期国会应通过《崔真实法》。'大国家党第六政策协调委员会委员长罗卿瑗表示'将修订《信息通信网法》,制定强制性规定。如果有人认为网上留言带来了损失并提出要求,就由网站运营商在 24 小时内就此采取措施。'其实,本次修法并非实行网络实名制,而是把已实行多年的网络实名制予以强化。"①韩国广播通信委员会称:"为预防以匿名方式产生的互联网副作用,计划从 11 月起执行《信息通信网法施行令修正案》,增加适用'限制性本人确认制'的网站。'限制性本人确认制'是指一项在门户网站等进行网上留言时通过身份证确认本人的程序。目前,'限制性本人确认制'只适用于日用户数量超过 20 万(网络媒体)和 30 万(门户网站、视频网站)的情况。但按照施行令修正案,今后将把范围扩大至日用户数量超过 10 万的所有网站运营商。"②

早在 2002 年,韩国政府就开始提出实行网络实名制,但这一提议遭到了"侵犯个人隐私、限制言论自由"等声音的强烈反对,最后失败。"2003 年 3 月,9 个政府部门网站实行了实名制,当年年底扩大到了全部 22 个部门。同年 5 月,信息通信部与 DAUM、雅虎韩

---

① 王冲:《明星自杀震撼韩国　朝野激辩网络监控》,载《中国青年报》2008 年 10 月 08 日第 07 版。

② 《韩星崔真实之死与网络真实暴力》,http://media.people.com.cn/GB/40606/8131178.html(访问日期:2012 年 12 月 30 日)。

国、NHN 和 NEOWIZ 等 4 家大型门户网站总经理举行了恳谈会,并决定积极推广互联网实名制。"①"2005 年 10 月,韩国政府决定重新启动网络实名制的计划,并在充分征求政界、法律界、专家学者、普通市民的意见后,发布了相关法规。"②"2006 年年底,韩国国会通过了"促进利用信息通信网及个人信息保护有关法律"修正案,规定在平均每天点击量超过 10 万的门户网站和公共机关网站的留言栏上登载文章、照片、视频等内容时,必须先以本人真实姓名加入会员。如果网站违反确认实名的做法,将会收到信息通信部长的改正命令。如果不遵守命令,将处以 3000 万韩元(1 元人民币约合 143 韩元)以下罚款。"③"2007 年 7 月,韩国正式开始实施网络实名制,凡是每天访问人数超过 30 万的 35 家主要网站都要求网民用真实姓名和身份证号注册,在通过网站的身份验证后才能进行留言。从 2009 年 4 月起,韩国进一步加强了身份认证制度,互联网实名制的范围扩展到每天访问人数超过 10 万的 153 家主要网站。"④"但是后来,韩国网络用户个人信息泄露事件不断发生,网络实名制越来越受到民众的质疑。尤其是 2011 年 7 月,韩国门户网站 Nate 遭到黑客袭击,超过 1000 万用户的个人信息被窃取。事件发生后,韩国政府于 2012 年 8 月 23 日宣布废除网络实名制。"⑤2012 年,韩国宪法裁判庭经全体法官一致同意,宣布"网络实名制"违宪。

---

① 王冲:《明星自杀震撼韩国　朝野激辩网络监控》,载《中国青年报》2008 年 10 月 08 日第 07 版。
② 王刚:《曾近 8 成民众赞成网络实名制实施 5 年有害信息明显减少　韩再讨论完善网络治理》,载《法制日报》2012 年 01 月 03 日第 02 版。
③ 王冲:《明星自杀震撼韩国　朝野激辩网络监控》,载《中国青年报》2008 年 10 月 08 日第 07 版。
④ 王刚:《曾近 8 成民众赞成网络实名制实施 5 年有害信息明显减少　韩再讨论完善网络治理》,载《法制日报》2012 年 01 月 03 日第 02 版。
⑤ 钟华:《韩国拥数十部法律保护网络用户权益》,载《光明日报》2012 年 12 月 27 日第 08 版。

二、外部环境和网络规则的关系类型

外部环境对于网络规则的产生具有直接的重要影响。"它们将组织刻画为依赖外部机构所控制的资源从而需要对其做出反应的形象。"[①]在外部压力和组织反应的关系中,二者之间属于何种关联并不显著,组织会对来自外界的压力呈现出多种反应方式。外部环境和网络规则的关系类型主要表现在以下三个方面。

(一) 制度环境与网络规则

第一种类型强调制度环境[②]在形塑组织规则运作过程中所起的作用。"随着制度环境变得更具侵入性,它就会要求组织行为和环境要求之间更密切的连接。基于这种观点,规则产生和变化的速度会随着外部行动者重要性的增加而提高。"[③]卡斯特提出:"网络化进程将允许人类试验的杂交式发展,那么全球网络社会则会是基于不同特点的形式各异的、彼此能通信的网络社会。"[④]因此,各国网络管理制度对其网络规则的影响极为重要。

从当前各国的网络监管制度来看,政府参与网络规制的程度随各国的政策不同而有很大差异,政府或起主导作用,或起协调作用,或者仅仅进行监管而不参与任何决策。各国网络管理制度大致可以分为"政府主导模式"和"行业自律模式"两类。"政府主导模式"是指政府通过立法和技术手段在网络管理中发挥主导作用。

---

① [美]詹姆斯·马奇、马丁·舒尔茨、周雪光:《规则的动态演变——成文组织规则的变化》,童根生译,上海人民出版社 2005 年版,第 55—56 页。
② 这里制度是指正式制度,即政府对互联网的管理模式。具有相似的互联网技术和经济实力的社会可以根植于完全不同的制度,也能被完全不同的网络政策所指引。卡斯特对网络社会的分析,指明了网络社会制度研究的可能性和必要性。
③ [美]詹姆斯·马奇、马丁·舒尔茨、周雪光:《规则的动态演变——成文组织规则的变化》,童根生译,上海人民出版社 2005 年版,第 56 页。
④ [美]曼纽尔·卡斯特:《网络社会——跨文化的视角》,周凯译,社会科学文献出版社 2009 年版,编者序。

中国、新加坡、韩国、德国、澳大利亚均采用此种管理制度。"行业自律模式"是指互联网的管理主要依靠行业内部的自律和规范。美国、英国、加拿大、日本等属于后一种模式。通过比较，我们可以观察到，采用"政府主导模式"的国家(组织)中网络管制规则(主要是指政府制定的互联网管理法律)的产生数量或速度要大于行业自治规则;相反,在采用"行业自律模式"的国家(组织)内部,其网络自治规则的产生和变化速度要大于政府管制规则。譬如，早期美国对互联网管理尤其重视发挥行业自律的作用,在立法努力屡次受挫之后,美国对互联网的管理逐渐从主张立法管制转向借助技术手段加以规范以及倡导行业自律,并呼吁社会各界和政府相关部门多方合作。从 1994 年到 2006 年间,美国国会通过总法案数量为 167 件,其中行业促进法 152 件,管理限制法案仅 15 件①。与此相反,我国网络管理制度属于典型的政府主导型,政府对互联网的规制以管理和控制为目的,侧重于行政手段,因此我国的网络规则以调整行政法律关系为主。从规则数量上看,截止到 2012 年12 月 31 日,粗略的统计是"在 172 件重要的规范性文件中,调整民事法律关系的有 13 件,占总比例的 8%;调整刑事法律关系的有 14 件,占总比例的 8%;调整行政类法律关系的有 145 件,占总比例的 84%。"②从规则内容上看,我国网络规则主要分为三个类别:互联网内容审查规定、互联网服务运营管理规定和互联网服务用户管理规定。从规则的表现形式上看,我国网络规则的主要渊源是政府及其所属部门制定的管理规定、管理办法、管理条例、管理公告、暂行管理办法和管理暂行规定,法律层面的渊源极少。我国网络规则所体现出来的这一特性是由我国政府和中国共产党

---

① 数据来源:张瑞:《美国历年互联网法案研究》,载《图书与情报》2008 年第 2 期。
② 于志刚:《中国网络法律体系的现状分析和未来建构》,载《辽宁大学学报》(哲学社会科学版)2013 年第 4 期。

对互联网实行政治性管理这一复杂机制所决定的。又如英国的互联网监管。"倡导行业自律和协调，监督而非监控，是英国网络监管的重要特点。以行业自律为主，以行政管理协调，加强技术管理，并辅之以必要的法制管理，是英国互联网监管的成功所在。从大环境看，这有赖于英国先进的技术，完善的法治，有效的舆论监督，网民的素质和自由主义传统对网络发展的积极鼓励。"①

（二）外部规则与网络规则

第二种类型强调组织用外部规则②取代组织规则的方式，采纳外部的规则因而降低了组织自身创建或改变规则的倾向。根据这种观点，当外部行动者和相关规则继续有效时，组织规则产生和变化的速度将会下降。现实社会中既有的法律规则是能够适用于网络空间的，因为网络技术并没有改变传统社会的基本制度和人与人之间的关系。"互联网的虚拟世界是从现实世界生成的，并且无时不在对现实世界发生影响，所以虚拟世界说到底还是现实世界的一部分，虚拟世界的关系无非是现实世界的社会关系的延伸，仍然要受现实世界中现行法律的规范和调整。"③有学者称这种方法为"拟制"，即"通过对既有现实世界规制方式的拟制，国家可以施加相同或类似的手法对互联网进行管理，即是说，在设计线上行为规则时，我们可以参考线下行为规则来获得思路，更可以进一步思考两个世界的相同与不同之处，从而设计出更好的规则。"④

"事实上，除了针对互联网的专门性法律法规，我国现行的其他法律中，有 30 多部法律的相关规定都可以直接适用于网络空

---

① 郭林：《英国互联网监管疏而不漏》，载《光明日报》2010 年 07 月 28 日第 08 版。
② 本研究的外部规则是与网络规则相对应而提出的，泛指调整现实社会各种关系的规则的总称。
③ 魏永征著：《新闻传播法律教程》，中国人民大学出版社 2002 年版，第 251 页。
④ 赵克锋等：《中国网络法的道路》，载赵克锋主编：《中国防火长城：互联网审查的法律经济学》，中国经济出版社 2010 年版，第 131—132 页。

间,有关部门制定互联网法规的基本原则也都来源于已有法律。"①譬如我国网络"十不准"规则。我国国务院于1997年施行的《出版管理条例》第二十六条②规定了出版物禁止包含十项内容,简称"十不准"规则。互联网新闻出版与信息服务和其他媒体一样也要遵守"十不准"规则。在2000年、2001年、2002年和2003年,国务院及各主管部门颁布的十余个网络法规、规章中都使用了与1997年的《出版管理条例》第二十六条内容相同的条文③。再以我国对网站的管理规则为例。"网站作为传播和聚合信息的平台,已经被国家纳入到线下媒体(书报、电视、广播、音像制品)的治理框架中。这体现在,首先,网站需要和既有媒体一样遵守'十不准'的规定,由于网民和信息众多,不少网站需要有专门团队处理网络内容的合法性问题。"④"其次,对互联网进行管理的任务按照原来信息内容的不同性质分配给不同的主管部门。第三,整个网络管理

---

① 于洋、李家鼎:《法治网络正当时》,载《人民日报》2014年11月06日第15版。
② 《条例》第二十六条规定:"任何出版物不得含有下列内容:(一)反对宪法确定的基本原则的;(二)危害国家的统一、主权和领土完整的;(三)泄露国家秘密、危害国家安全或损害国家荣誉和利益的;(四)煽动民族仇恨、民族歧视、破坏民族团结或者侵害少数民族风俗习惯的;(五)宣扬邪教、迷信的;(六)扰乱社会秩序、破坏社会稳定的;(七)宣扬淫秽、暴力、赌博或者教唆犯罪的;(八)侮辱或者诽谤他人、侵害他人合法权益的;(九)危害社会公德和民族优秀文化传统的;(十)法律、法规规定禁止的其他内容的。"
③ 2000年国务院的《互联网信息服务管理办法》、信息产业部的《互联网电子公告服务管理规定》、国务院新闻办公室和信息产业部联合发布的《互联网站从事登载新闻业务管理暂行规定》;2001年公安部、信息产业部、文化部、国家工商行政管理局联合颁布的《互联网上网服务营业场所管理办法》;2002年新闻出版总署和信息产业部出台的《互联网出版管理暂行规定》;2003年文化部的《互联网文化管理暂行规定》。
④ Guobin yang, the Power of the Internet in China: Citizen Activism Online, Columbia University Press, 2009. 参见赵克锋等:《中国网络法的道路》,载赵克锋主编《中国防火长城:互联网审查的法律经济学》,中国经济出版社2010年版,第135页。

机制和处理流程则延续了社会治安综合治理的策略。"①又如德国的《多媒体法》，该法由三个新的联邦法律和六个将现有法律适用于新媒体的附属条款所组成。还有一些国家认为，互联网纯粹只是新发明的一种通讯方式，与其他通信技术如信件、电报、电话等相比并没有本质区别，因此可以直接适用原有的法律规则来规范互联网。从世界上大多数国家的普遍做法看，网络规则的一部分直接适用媒体法，一部分直接适用电信法。因此，从实践意义上，如果某个法律规则仍然可以适用解决网络社会中的某个问题，则网络规则就不被要求创建。这一点显示了外部法则和网络规则之间的负相关性。

（三）网络规则"缓冲区"

第三种类型是网络规则的"缓冲区"，即组织在它们自身及其所处环境之间建立了缓冲区，从而使组织规则的接受和规则执行相分离。"根据这种观点，作为对外界环境象征性顺从的规则采纳将会上升，但是，在同一时期，规则遵循应会下降。这一点也暗示，规则产生和变化的速度由于其所处规则领域内的中心性的不同而有所不同。处于组织边界的领域可能比那些接近技术核心领域拥有更快的速度。"②

譬如我国关于网吧管理的规则。关于未成年人进入网吧上网的问题，网吧管理规则经历了一系列的变化。最早的网吧管理规则是 2001 年的《互联网上网服务营业场所管理办法》，《管理办法》对未成年人进入网吧做出时间上和年龄上的限制性规定，然而《管理办法》出台后对未成年人保护的问题并没有真正得到重视。"这

---

① 赵克锋等：《中国网络法的道路》，载赵克锋主编《中国防火长城：互联网审查的法律经济学》，中国经济出版社 2010 年版，第 136 页。

② ［美］詹姆斯·马奇、马丁·舒尔茨、周雪光：《规则的动态演变——成文组织规则的变化》，童根生译，上海人民出版社 2005 年版，第 56 页。

个规章直到 2002 年 6 月北京的一个网吧发生火灾以后才得到切实执行。"①"全国范围内也相继有青少年沉迷网吧和类似事故的报道后,各地才开始正视这个问题,并成为国家治理网吧的首要理由。"②2002 年的《互联网上网服务营业场所管理条例》完全禁止未成年人进入网吧。2007 年 6 月 1 日,新修订的《未成年人保护法》也作出相同的规定。"这就把这一规定上升到法律层面上,使得这一规则更加难以修改。"③又如我国关于网络法定许可的争议。我国现行《著作权法》第三十二条规定了包括报刊转载在内共五种情况的法定许可。2002 年,最高法院通过司法解释,将对报刊转载法定许可的五种情况也适用于网络空间。"但 2006 年国务院颁布了《信息网络传播权保护条例》,条例对信息网络传播权的行使、限制作出了明确规定,但没有规定法定许可,如果法律和行政法规发生冲突,这样就把现实里面需要的方式给去掉了。"④"尽管现行法规定了 5 项法定许可,但《著作权法》实施了 24 年,这个法定许可制度形同虚设,这套制度如果不进行调整,简单地又把网络法定许可写进来,作者的报酬权得不到保证的话,那就真是天下大乱了。事实上,关于网络法定许可的规定,修法者采取了中国立法行为中的惯常手段——搁置。"⑤2014 年,在《著作权法》第三次修改过程中,曾有十余家门户网站呼吁将网络文字作品的法定许可制度写入送审稿,但这

---

① Murray, Brendan, Policymaking for Internet Cafes in China, China and the Internet: Technology, Economy and Society in Transition, Los Angeles, 2003.

② 胡凌:《网吧治理的法律问题》,载《昆明理工大学学报》(社会科学版)2009 年第 7 期。

③ 胡凌:《网吧治理的法律问题》,载《昆明理工大学学报》(社会科学版)2009 年第 7 期。

④ 王峰:《应对互联网冲击〈著作权法〉第三次修订》,载《21 世纪经济报道》2014 年 09 月 26 日第 02 版。

⑤ 王峰:《著作权法进行第三次修订　补全信息网络法制短板》,http://news.sina.com.cn/c/2014-09-26/022030915911.shtml(访问日期:2014 年 9 月 30 日)。

一提议并未实现。从上述我国的网吧管理规则和信息网络传播权法定许可规则产生和变动情况可以看出：处于组织边界领域的规则——网吧管理规则可能比那些接近技术核心领域的规则——信息网络传播权法定许可规则拥有更快的演变速度，规则产生和变化的速度由于其所处规则领域内的中心性的不同而有所不同。

"绿坝"软件事件又是一桩典型的当代中国事件。2009 年 6 月 9 日，工业和信息化部发布《关于计算机预装绿色上网过滤软件的通知》(工信部软〔2009〕226 号文件)，《通知》称，规则的目的是保护未成年人健康成长。工信部称，"'绿坝'软件产品可有效过滤互联网不良文字和图像内容。该软件具备拦截色情内容、过滤不良网站、控制上网时间、限制网上聊天、查看上网记录等功能。"[1]这一网络规则一出台就引起广泛争论，民众认为该规则限制了网络自由。《华尔街日报》报道称，"政府互联网内容审查机构对中国网民访问互联网的方式施以前所未有的控制。"[2]在各大网站论坛和用户博客上，反对绿坝软件的声音此起彼伏。网民们还专门建立起"反绿坝官网"。6 月 11 日，两名学者向国务院递交建议书称，"工信部软〔2009〕226 号文件(《关于计算机预装绿色上网过滤软件的通知》)违反相关法律，缺乏科学性和合理性，建议国务院撤销这一文件。"[3]十九家企业协会联合致函工信部，呼吁重新评估有关将"绿坝"软件强制安装到在中国境内销售的所有个人电脑中的要求。6 月 30 日，工信部官员宣布推迟强制安装"绿坝"软件。最后这个规则没有实际执行。"绿坝"事件是网络规则没有实际执行的

① 鲍颖：《工信部：上网过滤软件不监控网民　不强制安装》，http://tech.sina.com.cn/it/2009-06-10/02343164392.shtml(访问日期：2013 年 12 月 20 日)。
② 胡泳：《困境与共谋：中国网民权利分析——以"绿坝"事件为例》，载《新闻记者》2009 年第 11 期。
③ 秦旭东：《学者律师质疑预装"绿坝"合法性》，http://www.caijing.com.cn/2009-06-11/110182910.html(访问日期：2013 年 12 月 20 日)。

典型案例。还有 2010 年 12 月 21 日，美国联邦通信委员会(FCC)通过了"网络中立指令"。2011 年 11 月，指令正式生效，但仅在生效后一周，Verizon 公司就将该指令和 FCC 一并告上了法庭，请求判决该指令无效，法庭受理此案后，《网络中立条例》只能暂缓执行，其法律状态是已生效但未能实施，即处于"缓冲区"。2014 年 1 月，法庭否决了该指令，美国这一网络规则也没有实际执行。

网络规则的"缓冲区"使网络规则制定者常常陷于两难的尴尬境地。网络规则的效果究竟如何？能否得以实际执行？能不能真正解决网络时代的新问题？尽管我国对网络问题的治理力度不断加大，但对非法出版物和低俗、不良内容等网络规则执行的效果仍不理想，从根本上说这是网络空间和外部环境显著而复杂的巨大差异所决定的。即使一个网络规则从来没有实际执行，它也可以成为胜利的宣言；即使网络规则对行为的影响很有限，它们仍然是秩序的象征，"记录了谁输谁赢的事实，同时仅通过那种记录，它们就避免了重新争论并强调实施其结果的必要性。"[1]网络规则的这种象征性特征也是促成和导致规则和行动相分离趋势的一个因素。

三、国家立法和政治权威的影响

"无论对于急剧变化或者相对较为渐进的变化而言，国家和政治权威通过立法关注和财政支持所产生的影响都很显著。"[2]一般的观点认为，组织越依赖外部立法和政府资助，它与政治和法律体系的联系就越紧密。这也意味着，政府资助的必然要求就是由这些资助的来源方所要求的规则的明确化。"组织采纳了外部规章所要求的规则，并

---

① [美]詹姆斯·马奇、马丁·舒尔茨、周雪光:《规则的动态演变——成文组织规则的变化》,童根生译,上海人民出版社 2005 年版,第 15 页。

② Edelman, L. B., Legal Environments and Organizational Governance: the Expansion of Due Process in the American Workplace, American Journal of Sociology, Vol. 95, 1990, p. 1401.

且在财政后果更为严重的时候尤其会采取这种做法。"①这一点鲜明地体现了国家立法和政治权威对网络规则的产生和变化有显著的影响。

(一)国家立法对网络规则的影响

国外学者认为,"在网络时代,权威主义国家丝毫没有过时。"②"在规划互联网的发展上,以及在规定社会、经济和政治行为者使用互联网的方式上,威权主义国家扮演了一个关键的角色。"③"尽管互联网确实是一种独特的科技现象,但它对现实世界的影响将它的参与者们置于以地理为基础的法律的约束之下。"④

美国历来是一个极其重视通过法律保护言论自由的国家。作为互联网的发源地,美国网络规则的创建也起步较早,其网络规则的核心问题就是如何在网络空间实现自由与规制之间的某种适当的平衡。"网络立法首先需要解决的一个问题就是,对于网上的言论(或信息),什么样的法律限制才是合宪的。"⑤"运用立法手段对网络媒体进行管理实际上就是运用立法对言论进行管制。那么突出的问题就在于,如何既能够运用法律手段防控个人隐私被侵犯、网络安全被威胁、不良内容被广泛传播,又能够保障公民的基本权利——言论自由呢? 正是面临着这样一种两难的境地,才使得美国在制定一系列旨在规范互联网内容的法律的过程中遇到了极大

---

① 〔美〕詹姆斯·马奇、马丁·舒尔茨、周雪光:《规则的动态演变——成文组织规则的变化》,童根生译,上海人民出版社 2005 年版,第 56—57 页。

② Shanthi Kalathil, Taylor C. Boas, Open Networks, Closed Regimes: the Impact of the Internet on Authoritarianal Rule, Washington, DC., Carnegie Endowment for International Peace, 2003, p. 136.

③ 〔新加坡〕郑永年:《技术赋权　中国的互联网、国家与社会》,邱道隆译,东方出版社 2014 年版,第 13 页。

④ Sanjay S. Mody, National Cyberspace Regulation: Unbundling the Concept of Jurisdiction, Stanford Journal of International Law, Vol. 37, 2001, p. 365.

⑤ 秦前红、陈道英:《网络言论自由法律界限初探——美国相关经验之述评》,载《信息网络安全》2006 年第 5 期。

的阻碍,以至于多部法律由于被最高法院裁定违宪而破产。"①如1996年,美国国会通过了《网络通信端正法》(简称CDA),1997年,最高法院判决CDA违宪,1998年的《儿童在线保护法》(CIPA)、2000年的《儿童互联网保护法》(COPA)等这些被认为是限制网络言论的法律同样被最高法院判决违宪。"鉴于美国宪法第一修正案规定的言论自由这一公民的基本权利,美国政府不再通过制定严格的法律规范来管理和规制网络媒体。尽管美国在管理互联网的立法过程中遇到了极大的阻碍,但是就美国目前的互联网发展现状而言,已经构建起一套较为成熟的管理体系。"②"其中,其颁布的许多法案都具有开创性,走在了世界的前列,有着重要的、乃至革命的意义。"③

网络中立是各国共同关注的一个热点问题,各国对待网络中立规则的态度也不一致。美国的网络中立规则与国会的立场、政府财政资助和联邦最高法院的裁定具有密切相关性。2005年,美国联邦通讯委员会(FCC)发表的《互联网政策声明》提出了"网络中立四原则"。2009年,FCC又补充了两条原则,而成为"网络中立六原则"。2006年4月,国会议员Markey提出了《2006年网络中立法案》,众议院没有通过该法案。2007年1月,参议员Dorgan和Snowe提出了《维护网络自由法案》;2008年2月,众议员Markey和Charles又提出了《2008年互联网自由与非歧视法案》,但两部法案都没有获得国会一致通过而成为法律。2011年2月,美国众议院以244票反对、181票赞成,禁止FCC使用政府资金实施新的"网络中立"政策。奥巴马总统是网络中立的支持者,他在任期期间积极推动网络中立立法,提出网络中立是技术创新的关

---

① 张晓罗:《论网络媒体之政府管制》,知识产权出版社2009年版,第117页。
② 张晓罗:《论网络媒体之政府管制》,知识产权出版社2009年版,第119页。
③ 王静静:《美国网络立法的现状及特点》,载《海外传媒》2006年第7期。

键,也是言论自由的保证。2010 年 4 月,美国高等法院裁定,FCC
无权对网络供应商的"非中立"竞争行为进行管制。2014 年 1 月,
美国联邦上诉法院哥伦比亚特区巡回法庭否决了 FCC 的"网络中
立指令"。与美国不同,欧洲国家对待网络中立原则向来持不太干
涉的立场。"欧盟是网络中立原则的积极倡导者,2002 年出台了
《电子通信管制框架》,2010 年 9 月又颁布新规则,强调网络运营
者不得通过调整网络配置使服务产生差别。但是欧洲多数国家仅
仅要求宽带接入服务提供商提供最低质量保证的服务,而对其网
络管理权利持默许态度。"①2014 年 4 月,欧盟议会通过了"网络中
立"的立法草案。早在 2010 年,智利国会以 100∶1 票的压倒性优
势,成为第一个批准网络中立法律的国家。

　　由此可见,由于受国家法律传统和立法者态度的深刻影响,网
络规则在各国的命运截然不同。"国家与国家是不同的:在有些
地方,体制和国情与互联网技术带来的信息自由存在内在的冲突;
在另外一些地方,虽然也许并不认为网络一概值得赞赏,但是将人
们连接起来、使他们可以访问和交换大量信息的基本理念,与这些
国家的文化和政治意识形态保持着高度的一致。"②

　　（二）政治权威对网络规则的影响

　　当社会中群体相互竞争时,他们关心象征他们自身的重要性
利益。政治斗争是关于特殊或实质性利益的争夺,但它们也通常
是关于立场的斗争。哈贝马斯说,"技术进步的方向在很大程度上
依然是那些从社会生活的强制性的再生产中自发产生出来的社会
利益决定的"。③"在网络世界中,正在出现或还将出现强权政治

---

①　蔡文之:《网络传播革命:权力与规制》,上海人民出版社 2011 年版,第 218 页。
②　胡泳:《互联网的"巴尔干化"》,载《中国企业家》2010 年第 6 期。
③　[德]哈贝马斯:《作为"意识形态"的技术和科学》,李黎、郭官义译,学林出版社 1999
　　年版,第 108 页。

和利益集团形影相随、互相利用。"①

卡斯特指出："除了技术自由主义的潜在性质以外,中国因特网最吸引人的特性在于在当前中国共产党领导的政治体系下,它能以高速持续增长。与世界大多数地区相比,该技术是在受到更加严格的控制环境下被培养、定型以及参与竞争的。"②中国网络审查制度在世界范围内备受关注。中国为什么控制互联网?卡斯特认为,中国控制互联网的努力来源于制度③遗产。在中国政治环境和文化传统的影响下,对互联网的"审查制度"和网络"规章"之间的意义是完全相同的,而且,一旦政治权威试图控制因特网,那么对于大多数政府官员来说,就不会考虑要对这种权力加以约束。中央成立了关于互联网事务的最高规格领导小组——国家信息化领导小组(SCISC),其成员有来自信息产业部、商务部、教育部、科技部的代表,也有中共中央宣传部门、政府咨询信息办公室、公安部、国家安全部以及军队的代表。"这些机构拥有与发展国家逻辑不同的政策优先权。与关注国家经济相比,他们更关注中国共产党领导人的形象,维护和扩展政治权力以及在未来的电子虚拟战争中摧毁敌对方的能力。他们组成了一个不同的'游戏均衡系统',他们没有经济发展的共同目标,而是按照自己权力最大化这一基本原则进行操作。"④

我国政府试图对网络空间实施严格管理,审查网民言论的内容,审查的目的是避免网络空间成为积聚不满情绪的公共领域,预先阻止当前或未来可能发生反对和损害政府的行为或事件。为

---

① 蔡文之:《网络传播革命:权力与规制》,上海人民出版社 2011 年版,第 100 页。
② [美]曼纽尔·卡斯特:《网络社会——跨文化的视角》,周凯译,社会科学文献出版社 2009 年版,第 120 页。
③ 这里制度包含社会结构、政治环境、文化传统等国家特色。
④ [美]曼纽尔·卡斯特:《网络社会——跨文化的视角》,周凯译,社会科学文献出版社 2009 年版,第 121 页。

此,政府出台了一系列网络管理规则和措施来实现这个目标。为了加强政府对网上敏感信息的监控、打击不良信息,2002 年,文化部颁布了《互联网上网服务营业场所计算机经营管理系统技术规范》,规定全国范围内的网吧必须统一安装监控软件。2003 年,文化部发布对网吧连锁经营的网络政策——《关于加强互联网上网服务营业场所连锁经营管理的通知》。2003 年 11 月,信息产业部发布了规定,规制的对象是我国大约三十家互联网地址管理公司。2005 年,公安部颁布了《网吧安全管理软件检测规范》和《互联网安全保护技术措施规定》,由专门部门为网吧安装功能相似的监控系统。此外,政府把"审查的很大一部分责任下放给了网站内容提供者,如果他们违反政府审查守则,就有可能遭罚款或关停。为了遵守政府规则,每个网站都雇佣了最高达 1000 名审查员"①。这些规则和措施使政府加强了对网上敏感信息的控制。此外,政府还要求互联网公司承担更大的责任来执行有关的网络法律、法规。2002 年 3 月,中国互联网协会发布了《中国互联网行业自律公约》,发布几个月后已有三百多家互联网企业签署该公约。"为了获得利润,外国公司常常选择遵守中国政府的规定和要求。2004年,谷歌决定在谷歌中国新闻中忽略中国政府不喜欢的来源。谷歌还陈述道,在审查那些被视为不恰当的或非法的信息方面,谷歌将遵守中国的法律。"②2005 年 6 月,微软的博客服务(MSN)对中国博客的标题和帖子上的敏感话题实行"关键词屏蔽"。"2006 年1 月,微软宣布了一项适用于外国的新政策,只有在接到政府发出的有法律约束力的通知时,微软才会关闭所涉及的个人博客,并会

---

① Gary King, Jennifer Pan, Margaret E. Roberts, How Censorship in China Allows Government Criticism but Silences Collective Expression, American Political Science Review, Vol. 5, 2013.

② [新加坡]郑永年:《技术赋权　中国的互联网、国家与社会》,邱道隆译,东方出版社2014 年版,第 89—91 页。

告知博主本人关闭的原因,被关闭的博客只在发出法律约束力通知的政府所在国家不能显示,而在其他国家依然能够继续接入。"[1]

显然,网络规则的背后隐含着政府的权威和意志,政治权威对互联网实施的种种控制凸显了网络规则的政治性本质:政治决定网络规则以什么方式组织以及为谁的利益服务。

第二节　网络社会内部的问题来源

在探讨规则这个问题的许多学者中,马克斯·韦伯将规则视为理性法律权威扩散的结果[2],布劳将规则看作是组织分化的结果[3],皮尤认为规则是组织努力使其结构和环境变化相统一的结果[4]。这些传统理论特别关注科层制的两个重要特征:规模扩大和复杂性的增加,这两个核心特征对组织问题的产生具有直接、重要的影响。通常的假设是,组织规模的扩大或者复杂性的提高或者两者同时发生与成文规则使用的增加具有正相关,成文规则是非正式关系以及共识的另一种替代物。如果组织的规模较小、具有同质性以及结构简单,组织可以通过共享的价值和共同信念而得到协调和控制,基于价值和信念的机制使明确的、正式的成文规则变得不必要甚至成为多余的成本。随着组织规模的扩大、异质

---

[1] [新加坡]郑永年:《技术赋权　中国的互联网、国家与社会》,邱道隆译,东方出版社2014年版,第89—91页。

[2] Weber, M, Economy and Society, G. Roth and C. Wittich ed., University of California Press, 1978.

[3] Blau, P. M., a Formal Theory of Differentiation in Organizations, American Sociological Review, Vol. 35, 1970, pp. 201 - 218.

[4] Pugh, D. S., the Measurement of Organizational Structures. Does Context Determine Form? Organizational Dynamics, Vol. 1, 1993, pp. 19 - 34.

性以及复杂性方面的成长,这些非正式的协调机制变得不太有效,有关成员之间并不存在关联,或者即使相互关联,这种关联性也较弱,他们也并不共享价值、信念或者意义。可以认为,规则是非正式信念的替代选择,随着组织多样性的增加,规则的创建和修订可能更为频繁。"既然利益随着某个组织的规模和复杂性而扩张,在平均水平上,规模或复杂性的差异应该与规则产生和变化速度方面的差异相关。"①这一观点假设规则是理性选择或竞争性选择过程的结果,组织在它们"需要"的时候创建规则。同时,也存在另一种可能性,随着组织规模的扩张和复杂性的增加,可能导致更多的不确定性因素,这些难以预测的方面可能使得规则创建和改进过程变得更为困难和棘手。"尽管最终可以设想,规模更大、分化更剧烈的组织往往比更为同质性的组织拥有更多的规则,然而规则产生和变化的速度与同期某个组织的规模或复杂性之间的直接联系并不明显。"②

一、网络社会结构的两个维度

麦克卢汉说:"任何技术都倾向于创造一个新的人类环境。"③网络规则的生成和演进不仅受到一定的现实社会制度和文化传统的影响,也受到网络的技术本质、空间结构和运作机制的制约,是一个综合性问题。网络空间的技术性本质对网络规则带来怎样的影响,是我们在探讨网络规则生成和演进时需要厘清的基本问题。互联网具有全球性、虚拟性、开放性、交互性、匿名性、多变性等复

---

① [美]詹姆斯·马奇、马丁·舒尔茨、周雪光:《规则的动态演变——成文组织规则的变化》,童根生译,上海人民出版社 2005 年版,第 58 页。
② [美]詹姆斯·马奇、马丁·舒尔茨、周雪光:《规则的动态演变——成文组织规则的变化》,童根生译,上海人民出版社 2005 年版,第 58 页。
③ [美]理查德·斯皮内洛:《世纪道德——信息技术的伦理方面》,刘钢译,中央编译出版社 1999 年版,第 1 页。

杂性特质,以信息网络技术为依托的网络空间包含着内在的结构性风险。吉登斯认为:"我们所面对的最令人不安的威胁是那种'人造风险',它们来源于科学与技术的不受限制的推进。科学理应使世界的可预测性增强,但与此同时,科学已造成新的不确定性——其中许多具有全球性,对这些捉摸不定的因素,我们基本上无法用以往的经验来消除。"①可见,网络技术自身的复杂性和不确定性导致了网络社会内部出现某些专有性问题。据此,本节考察了网络社会结构的两个维度:网络社会的规模和网络社会的复杂性,网络社会的规模通过两个变量——网络社会的主体数量以及主体之间的关系来分析;网络社会的复杂性通过虚实共生、人机交互和多主体并存三个复杂性特征体现出来。

(一) 网络社会的规模

"组织规模即组织的大小。所谓组织规模是指一个组织所拥有的人员数量以及这些人员之间的相互作用的关系。人员的数量在某种意义上对组织结构的影响是决定性的。组织规模影响着组织的结构,在组织发展的不同阶段,组织规模的影响又有所不同。"②互联网诞生时,它是一个由一小群美国科学家所从事的、公共基金提供资助的科研项目。随着信息网络技术的不断发展,网络社会的规模也日益扩大,互联网络逐渐成长为一种超乎想象的全球化现象。网络社会规模的扩大表现为以下三个方面。

1. 网络空间主体数量增加

互联网始于 1969 年,互联网的前身是军方网络。早期的互联网(称为阿帕网,即 ARPANET)是美国国防部设计并投资的一个研究项目,试图将美国各地的独立军方计算机网络连接在一起,保

---

① [英]安东尼·吉登斯:《现代性的后果》,田禾译,译林出版社 2000 年版,第 115 页。
② 百度百科,http://baike.baidu.com/view/1513075.htm? fr = aladdin(访问日期:2013 年 5 月 20 日)。

障战时的通信。互联网在建立之初,其目的就是为了资源共享,着眼于有限团体内部信息流通的便捷和顺畅。20 世纪 80 年代末,国家自然科学基金会网(NSFNET)取代阿帕网,NSFNET 覆盖了众多由学术机构创建的网络,网络空间的主体扩展到政府机构和学术机构的研究者,互联网的使用者包括政府研究员、科学家和大学教授以及其他学术研究者。这一时期,互联网仍是通过非正式权威关系组织起来的小团体,一个地方性的附属机构,网络用户的数量有所增加,但仍然局限在较小范围内,还没有扩展到普通民众。20 世纪 90 年代初期,美国向商业机构和民用用户开放了互联网,网络空间的参与主体进一步扩展,从少数科研、教学人员和政府部门向互联网企业和网民个人扩展。伴随互联网的普及和迅速商业化,网络空间呈现出爆炸性的扩容状态,接入网络的计算机终端数量极速膨胀,互联网使用者在全球范围迅速扩散。到 1999年 3 月底,全世界网络用户已达 1.535 亿。根据欧洲某公司网站的数据显示,2000 年 12 月,全球因特网用户数为 4.18 亿,到 2002年 9 月增加到 6.06 亿。根据美国某网站提供的数据显示,到 2003年 8 月,全世界网络用户数达到约 6.8 亿。根据美国一调查公司的数据显示,"2007 年全球网络用户达到 10.32 亿,2008 年达到 15.7 亿,2010 年 6 月达到 19.7 亿。"[①]根据联合国国际电信联盟公布的数据显示,到 2010 年底,全球网络用户达到 20.8 亿,到 2011年 3 月底,已超过 20.95 亿。网络空间的主体数量迅猛发展也容易暴露和引发诸多问题。

2. 网络空间主体利益分化

早期的互联网更多是作为一种提供信息和资源检索的工具,主要应用于科研和教育目的。互联网实现民用化、商业化之后,逐

[①] 数据来源:http://www.internetworldstats.com/stats.htm(访问日期 2012 年 12 月15 日)。

步脱离科学研究应用而向社会化应用靠拢。互联网由研究工具，而逐步转变成运用于政治、商业、娱乐的一种媒介手段；由单纯的信息传播渠道逐步向社会各个领域延伸；由提供娱乐、信息服务向提供日常生活平台延伸，而且这一进程今天一直在延续。"在线"作为人们生产和生活的方式不但给商业组织带来了无限的商机和利益，也给普通网民带来了前所未有的生活体验，催生了普通上网者的个人权利，为此，一些国家在宪法、人权法和电信法中对上网权作出明确规定。网络空间中的主体不仅数量众多，而且变得多元化，"既有成年网民，又有大量的未成年网民；社会组织中既有企业、普通公民组织，也有各种原因形成的特殊群体，"[①]还有政府及其附属机构。出于不同目的的互联网接触与使用使得网络参与者之间的关系更加复杂化。网民个人需求的推动、商务力量的积极参与和政府势力的介入导致网络空间主体的利益不断分化，网络社会呈现异质性、分散化和非中心性。"网络社会重要的特性就是由于网络社会颠覆了原有的相对固定的层级关系，使得政府、企业、社会组织、公民等各种主体都以大致平等的身份来参与到网络社会的互动中。那么，在网络社会中，这些在原本真实社会具有明显层级地位和力量不平衡的主体在网络社会中应该扮演什么样的位置和角色？是否在网络社会中还应该保持原先的固化的层级关系和力量对比？"[②]显然，在早期简单的互联网中普遍适用的基本准则在网络社会规模庞大、主体多元、利益分化、权力分散时代到来之后显得不再具有足够的约束力。

3. 网络社会关系呈"弱连接"性

互联网是一个社会关系网络。互联网建立初期，网络主体之

---

① 何哲：《网络社会治理的若干关键理论问题及治理策略》，载《理论与改革》2013年第3期。

② 何哲：《网络社会公共治理的十大关键问题》，载《学习时报》2013年04月22日第06版。

间是建立在互相信任基础上的"熟人社会"。"那时,只有创造亲密、博学的网络社区的技术迷和学术研究者出入网络。"①网络参与者之间是一种"互信"关系。在"互信"的环境里,共识和自律是网络世界有序运行的基础,网络参与者具有一定的自律意识,并且能够进行自我监督和管理,也自发形成一些规则和惯例。从技术角度看,互联网的价值取向取决于网络的不同架构。最初的互联网是为了实现信息共享,早期开放、灵活的网络架构孕育了自由、平等、共享、创新的互联网精神,这种共同的价值取向也是建立在互相信任的基础之上。随着网络主体数量激增和利益日益分化,网络参与环境由"互信"向"不互信"转变,网络社会关系由早期的"熟人社会"变成"陌生人社会"。有学者称网络社会关系为"弱连接"②。格兰诺威特认为,"弱连接"位于松散的"以自我为中心"的网络世界中。"网际的交互主体性是一种弱交互主体性。赛博共同体是独立主体的松散共同体。"③"网络整体上呈现出极为松散的特性,一方面表现为基本组织结构的松散型;另一方面也表现为网络中缺乏主流的意识形态,而呈现出极为多元的各种思想和观念的汇聚。"④"共同有效性的弱化,这就使得网际主体间的所谓共同意义不再可能是一种实质性的观念、信仰或理论,而是一种'重叠共识'。"⑤也就是说,在"非互信"的环境里,网络主体是普通、分

---

① 〔美〕理查德·斯皮内洛:《铁笼,还是乌托邦——网络空间的道德与法律》,李伦等译,北京大学出版社 2007 年版,第 39 页。

② 美国社会学家格兰诺威特提出:"弱连接特征是:不经常联系、情感不太亲密以及不存在互惠互利的来往。按专业术语来讲,可以说人处于你的'扩展网络'之中。大多数商业网络都是相对基于'弱连接'的。"参见〔加〕马修·费雷泽、〔印〕苏米特拉·杜塔:《社交网络改变世界》,谈冠华、郭小花译,中国人民大学出版社 2013 年版,第58—59 页。

③ 曾国屏等著:《赛博空间的哲学探索》,清华大学出版社 2002 年版,第 45 页。

④ 何哲:《网络社会治理的若干关键理论问题及治理策略》,载《理论与改革》2013 年第3 期。

⑤ 曾国屏等著:《赛博空间的哲学探索》,清华大学出版社 2002 年版,第 45 页。

散的个体,主体的身份是隐匿的,主体之间是陌生的,联系他们之间的纽带是"弱连接",由于网络设计之初那种简单的架构被改变了,共享的价值和信念事实上已不存在,道德自律体系变得十分脆弱,"重叠共识"也可能无法保障。此时,互联网的便捷性、匿名性、交互性、全球性等特征反而成为网络安全的重大隐患,单纯依靠技术规则、道德规范来保障网络空间的安全和秩序事实上是不可能的。

通过回顾互联网的创建和发展历程,我们可以看到,网络空间从一个通过非正式权威关系以及在共识基础上建立起来的地方性组织成长为一个规模庞大、主体多样化、结构松散的全球性聚合体。伴随着网络社会规模不断扩大的趋势,互联网再也不可能恢复简单的平静,出现了一系列新的网络社会问题和冲突。正如巴雷特指出:"开始作为学者和研究人员游乐园的因特网,经历了长期痛苦的成长过程,已经成为一个功能齐全、政治化的自由社会——计算机王国。它吸引了不同生活背景、来自不同职业、不同年龄的公民,同时也吸引了许多坏人、盗窃犯、诈骗犯和故意破坏分子,它还是恐怖主义分子的避风港。全球性的因特网连接时的病毒、破坏和黑客软件随处可见;因特网同样使恐怖分子在自己舒适的房间里对指定的目标发动攻击,安全隐蔽在数字化名下……像我们看到的那样,对付攻击者的计算机警察和卫士几乎没有抓住这个概念,更别提足够的防御了。"[1]因而,需要创建全新或改进既有的网络规制办法,并进而形成一定的机制来保障良好的网络运行秩序。

(二) 网络社会的复杂性

网络社会是一个复杂巨系统,表现出诸多的复杂性特征。从

---

[1] [英]尼尔·巴雷特:《数字化犯罪》,郝海洋译,辽宁教育出版社1998年版,第194页。

复杂系统理论的视角看,网络社会的生成、特征、运行状态和动力机制都高度复杂,它们符合复杂巨系统的突变性、不确定性、非线性、不可预测性等主要标准。"因特网系统具有开放性、巨量性、层次性、涌现性和复杂性等五个主要特征。"[①]"人作为社会系统的基本组成部分,其行为充满了复杂性,也就意味着人在进行技术选择时,会出现多种可能性,从而给技术的社会选择带来不确定性。"[②]在两个复杂系统耦合基础上塑造的网络社会更是一个一体化、开放的复杂巨系统。网络社会的复杂性表现以下三个层面:

1. 虚实共生

在网络空间,互联网与人的行为耦合之后,人的行为就具有虚实兼在的混合特征,人与人之间的关联也由现实生存演进为一种虚实共生的样态。从复杂性理论看,"虚拟"和"真实"是人们在网络空间中的两种生存方式。网络空间本身是一种客观存在的空间,同时也是人们创造性建构的意向空间。"虚拟"和"真实"是指主体(人)在网络空间中两种不同的存在方式,而又是同时出现和发生的必然关联、互相嵌入的两个方面。"虚拟"和"真实"是一种共生关系。虚实共生不是虚实相加(一而二),也不是虚实合一(二而一),而是"自我强化式的巨量扩张"[③]。人们已经认识到网络空间中的很多现象常常引发爆炸式的倍增效应,如网络经济中的"效用递增"现象,从复杂性理论看,这就是复杂系统的"蝴蝶效应"。"蝴蝶效应"是指初始条件微小的变化,便能引起巨大的连锁反应。它表明事物的发展过程并非是成比例进行的,而是存在不可预测的变数,事物的发展以一种夸张的方式倍增,产生复杂的连锁效应。"对于 I—S 系统而言,其'蝴蝶效应'的产生是基于对初始条

---

① 孙东川、魏永斌:《因特网系统特性浅析》,载《系统辩证学学报》2005 年第 2 期。
② 凌小萍:《论技术社会选择的复杂性》,载《广西社会科学》2004 年第 7 期。
③ 何明升:《复杂巨系统:互联网——社会研究的一个新视角》,载《学术交流》2005 年第 7 期。

件的敏感性以及随之而来的'路径依赖'现象的。首先,I—S系统具有对初始条件的敏感性,往往'失之毫厘'的肇始,即引来'差之千里'的结果。BBS上的发帖、聊天室里的话题、网络社团的走向等,都有此类可能。"[①]

　　一些网络行为的社会危害性,其倍增效应就十分明显。如我国"5·19断网事件"[②],一个软件的域名解析错误,最终导致9个省市的电信网络出现大范围瘫痪。又如网络谣言,一个微小的事件经过网络的传播可能引发无法想象的扩大化后果。网络犯罪具有明显的"蝴蝶效应",其"社会危害性的生成机理与客观表现都有不同于传统犯罪的特殊之处"[③]。原因在于:第一,从犯罪行为和犯罪对象的关系看,传统犯罪主要是一个犯罪行为对应一个受害者,而网络犯罪的客观方式多表现为"一对多",不仅犯罪对象具有不确定性,而且犯罪后果极其严重,具有很强的扩散性,比如,侵害者可以利用病毒软件同时攻击数以万计的计算机。第二,传统犯罪具有物理意义上的犯罪时间、犯罪地点,而网络犯罪行为不再受现实社会特定地域和时间的限制,犯罪行为的隐蔽性较强,而且具

---

① 何明升:《复杂巨系统:互联网——社会研究的一个新视角》,载《学术交流》2005年第7期。

② 这个链条的传导大致为:黑客攻击对手,在无法快速攻破的情况下,直接破坏了对方的DNS系统;受攻击的网站正好与某媒体播放软件一起位于DNS服务器上,由于该播放软件的终端数量巨大,并且加上广告弹窗、升级请求频繁,引发了安装该软件的PC用户频繁发起巨量的解析请求,这些请求在超出DNS服务器承受能力后,溢到电信的其他服务器,导致机房其他的服务器被大量请求;服务器流量异常,引起服务器所在地电信部门的警觉,随后关闭了该DNS解析网站的服务器,这导致更多流量的访问请求溢出;与此同时,由于该服务器上为近30万个网站提供域名解析,导致这些网站都无法正常访问。参见《DNS规模故障追踪:由24岁站长引发的蝴蝶效应》,http://tech.sina.com.cn/i/2009-05-22/00073114560.shtml(访问日期:2013年1月20日)。徐志强:《断网背后的黑客产业链:1G流量打1小时4万—5万元》,载《21世纪经济报道》2009年5月23日。于志刚著:《传统犯罪的网络异化研究》,中国监察出版社2010年版,第6页。

③ 于志刚著:《传统犯罪的网络异化研究》,中国监察出版社2010年版,第6页。

有无限延展的空间,如网络赌博、网络传销、网络谣言等能够无限地传导和复制下去,可以在短时间释放出惊人的破坏性力量。第三,网络社会是一个超海量的复杂巨系统:海量的网民、海量的链接、海量的终端、海量的网页、海量的信息,由于信息流通的便捷性、交互性和高速传播,各种思潮在网络上涌动和碰撞、互相叠加,其中虚实夹杂、真假难辨,引发了复杂的放大和连锁效应。网络公共事件和引发的群体性事件也极具有突发性,难以预测和防控,它们"对社会正常秩序的冲击将是非常剧烈的,对此近年来一系列网络公共事件已露端倪"①。

2. 人机交互

网络社会是一个人机交互的复杂巨型系统。首先,由于互联网综合了计算机技术、通信技术等多种技术成果,数字化手段融合了众多传播媒介的功能,具备高智能性的互联网超越了人的自然能力,可以帮助人们完成各种工作,满足人们的各种需求和想象。其次,由于人本身是一个复杂系统,具有非线性、复杂性思维方式和行为模式,其在网络空间中的活动就异常活跃,更加难以确定。尼葛洛庞帝认为,"在网络中生存,能让人感受到一种另类的自由,但这种自由是受欲望驱动,由兴趣和利益导向,摒弃了理性的反思,更多的是一种感性的狂欢。"②最后,网络社会实现了计算机的"高智能"与人类复杂性的交互、嵌合,这种人机交互不是简单的量的积累,而是交织在一起,达到质的飞跃,是一种复杂性的结合。所以,互联网和人之间的关系是异常复杂的,难以纳入一个简单的模式。"在I—S系统的人机交互中,人是最活跃的因素。不仅人类的理性是产生复杂性的重要根源,其非理性更是复杂性的动力

---

① 于志刚、李怀胜:《网络犯罪危害性的公众认知异化及其反思》,载《贵州民族学院学报》2008 年第 5 期。

② [美]尼葛洛庞帝:《数字化生存》,胡泳、范海燕译,海南出版社 1996 年版,第 2 页。

机制之一。由人所带来的复杂性大体可归结为两个原因：其一是多重动机，人在追求理性目标的同时也存在非理性目标，因此其行为具有多重动机作用下的复杂性。其二是认知阈限，在既定的条件下，人的认识能力是有阈限的，是受制于环境的，也是具有不确定性的，这必然导致其行为的复杂性。"[1]

　　网络舆论、网络黑客、网络谣言等网络社会中的现象都依托于人和机器共同构成的系统中，具有复杂性特征。譬如，网络黑客已经发展成为网络上一个独特的群体，泛指擅长和精通计算机各种技术的人。黑客的组成极为广泛，既包括计算机安全专家，也包括计算机的业余爱好者，也指恶意破坏者，还有未经许可的网络入侵者。黑客攻击行为也较为复杂难辨，既包括合法的行为，如电脑安全公司的职员，为了修复电脑漏洞或维护系统安全性，在完全合法的条件下攻击某系统或网络；也可以指"通过经验或测试从而对某段程序作出（往往是好的）修改，并改变（或增强）该程序用途"[2]；黑客恶意攻击行为一般是指主观上具有非法目的，如传播病毒、窃取信息或报复攻击等而破解或破坏某个程序、系统或网络安全。由于黑客行为动机的复杂性引起人们对黑客侵入行为性质的争论：有人认为，纯娱乐型的黑客行为没有造成任何财产损失，执法者不应对其采取强制手段；有人提出"学生型黑客"的观点，认为他们的动机是有益的，是在学习计算机系统是如何运行；也有一些人提出，在网站上数字涂鸦只是一个恶作剧；还有人认为，"没有干扰计算机系统的非授权进入只是一个小小的道德过失，不值得大惊小怪。"[3]又如，从网络谣言发生机理看，网络谣言是信息和态度交

---

[1] 何明升：《复杂巨系统：互联网——社会研究的一个新视角》，载《学术交流》2005 年第 7 期。

[2] 维基百科，http://zh.wikipedia.org/zh/（访问日期：2013 年 12 月 20 日）。

[3] ［美］理查德·斯皮内洛：《铁笼，还是乌托邦——网络空间的道德与法律》，李伦等译，北京大学出版社 2007 年版，第 197 页。

互作用、复杂性结合的产物。推动网络谣言传播的主体动机和态度也极为复杂：不确定性的社会心态、泛化的弱势心态、从众与责任分散心理、个人意念与逆反心态，还有成名和逐利心理。"社会心态虽然有着复杂的发生与演化机制，但是它反映了网民的精神气质、心理情绪和价值取向。"①

3. 多主体并存

在现实社会中，主客体的关系一般是单一的、明确的。但在网络空间中，存在着普遍的多极交互主体性现象，也就是多个网络主体采取匿名的方式，共同存在、共同参与、相互交往和互动，可以说，主体处在一个共生互动的社会中。"由于互联网提供了一个高技术符号交换系统，就使 I—S 中的互动行为超越了'在场'与'不在场'的分界，从而允许一个人有选择地进行一对多、多对多、多对一等点对面的互动方式。这样，人们就能够在 I—S 系统中同时维持着多个'主体'。"②网络社会是多个主体相互交往、共同建构的产物。以网络赌博为例。现实社会中，赌博行为局限于一定地域范围内的人员，参与赌博的主体受限，但是网络赌博突破了这一限制，使数以万计的人能够同时参赌，如设立赌博网站、发展代理商和注册会员，可以说，网络涉赌人员处于"共生体状态"。2008 年，我国发生一起网络赌博案，行为人设立了多个赌博网站，短短几个月的时间注册用户就达到五千余个。2009 年，我国一起特大网络赌博案涉案人员近万人，遍布十几个省、市、区，设立了众多赌博组织。网络技术参与下的网络赌博泛滥甚至愈演愈烈，网络赌博行为生成了一种整体效应，已经造成了极大的社会危害，因此，为了严厉打击和制裁网络赌博，需要对原有刑法规则进行一定程度的

---

① 管健：《网络谣言背后的社会心态》，载《人民论坛》2014 年第 3 期。
② 何明升：《复杂巨系统：互联网——社会研究的一个新视角》，载《学术交流》2005 年第 7 期。

调整,增设新的罪名,创建新的规则。我国 1997 年刑法典中只有赌博罪一个罪名,2006 年的《刑法修正案(六)》增加了开设赌场罪,将在网络空间设立赌博网站的行为认定为犯罪。

"科学技术的发展并不仅仅直接影响到法律制度和原则,它甚至可能促进人们对具体因果关系的科学认识和判断,通过促进科学的发展来间接的影响法律,从而促使全新的制度产生。"[①]我们"承认网络社会的复杂性本质,就必须承认网络社会不能沿用传统社会的治理方式来从根本上实现治理"[②],而是需要根据网络社会的复杂性所引发的问题确立不同的治理规则。

二、网络社会内部问题与网络规则

网络技术在不断发展,网络社会的规模也继续扩展,同时伴随太多不确定的复杂因素,这必然会在网络社会内部催生一系列新问题。网络社会内部衍生的问题涉及各个方面,有的是积极而有益的,例如电子商务、电子政务等;有的属于违法和犯罪行为,如网络恶性竞争、网络色情、网络赌博、网络恶意攻击等。组织面对这些托生于网络社会内部的新问题,必然要经历一个规则上的重新分析和定性,引起不同领域网络规则的创建和改进,而且这是一个长期的过程,网络规则需要不断地跟进和完善。实践证明,"中国的互联网立法走的是'刺激—反应'的渐进式立法道路。互联网立法大多是在互联网活动的'刺激'下,再启动相应的互联网立法程序,并予以规范回应的过程,其中理性构建的痕迹并不明显。如关于域名注册与域名争议解决系列规定的出台,是在早期互联网领域爆发了大量的域名抢注事件后,才重点启动相应的互联网域名

---

① 苏力:《法律与科技问题的法理学重构》,载《中国社会科学》1999 年第 5 期。
② 何哲:《网络社会治理的若干关键理论问题及治理策略》,载《理论与改革》2013 年第 3 期。

立法予以回应的;而关于互联网著作权的系列立法,也是在通过互联网方式侵犯版权的案例大量出现后,互联网领域才重点立法并予以规范。"①

(一) 网络交易中的问题和电子商务规则

信息数字化改变了现实社会的商业运行模式,将传统交易行为转移到网络空间。交易网络化给传统的交易规则带来了巨大冲击和全新问题,随着计算机通信技术的不断发展,这种交易新形式和新问题还在不断出现和升级,这势必与传统交易规则相碰撞、冲突,碰撞和冲突的结果是在商事领域产生了全新的规则——电子商务规则。"电子商务法着重解决的是信息技术在改造传统商务活动中所产生的特殊法律问题。概括而言,这些特殊法律问题主要是因为交易主体的虚拟性、交易活动的技术性、标的的数字化及交易风险的非传统性所产生的。电子商务法是解决电子商务中的特殊法律问题的(也只解决这些特殊法律问题),这些特殊法律问题是因为信息技术的应用而产生的,电子商务法律规范必须要解决且致力于解决这些因信息技术的应用所产生的特殊法律问题。"②

1. 网络交易中的问题及其引发的冲突

信息网络技术给传统交易方式提出了新的挑战,网络交易中出现了一些新问题、新形式。这些问题包括:第一、交易形式上的问题,即合同形式的电子化。网络交易与传统交易最大的区别就是:网络交易抛弃了纸质媒介和书面形式,而采用电子形式。电子形式表现为电子信息,即以数字化信息为介质,电子信息具有无形性、易消失和易改动的特点,而且这些信息只能借助网络环境才能识读,如通过 E-mail 或 EDI 系统订立的合同。第二、交易内容、

① 邱泉:《试论我国互联网立法的现状与理念》,华中科技大学硕士学位论文,2013 年。
② 孙占利:《论电子商务法的基本原则》,载《现代法学》2008 年第 3 期。

主体和行为上的问题。网络时代,信息成为交易的标的,出现了如域名、网页、数据库等无形财产;网络交易主体方面出现了电子代理人、如何保护网络消费者的权益和隐私等特殊问题;交易行为方面出现了网上订阅、付费浏览、网络付款、在线广告等特殊的在线经营行为。第三、交易环境的改变。网络交易打破了地域限制,实现了贸易的全球化,这种开放的交易环境带来了交易规则的域外效力、冲突和协调等难题。

　　网络交易的新问题、新形式引发了与传统交易规则的冲突。这些冲突具体表现在以下三个方面:首先,网络交易"无纸化"与传统法律的"书证"冲突。"电子合同是通过数据电文的发送、交换和传输等方式来实现的。"[1]电子合同没有书面载体,手写签名几乎不可能,电子数据的证据效力如何都对传统的交易法则形成巨大冲击。"以纸质文件为基础的传统法律规范对电子形式的网络交易构成了障碍,无论是传统的书面形式要求、签名要求,还是原件要求都造成了网络空间电子交易运行和发展的障碍。"[2]其次,网络交易的自动化、迅捷化对传统法律(商事和合同)实体规则的内容产生了冲击,如关于在线交易主体的规则、电子合同订立的一般规则、网上经营行为的基本规则、在线交易消费者权利保护制度、"电子代理人"的概念、点击合同等。最后,网络交易的开放性、无国界性与以地域管辖为基础的传统法律规则相冲突,仅依靠国内立法难以适应网络交易统一发展的需要。

　　由此可见,网络交易引发的一系列问题和冲突使传统交易规则在网络空间面临全新的挑战,组织需要对传统交易规则作出相应的调整和重新界定,也需要创建新的适用于网络空间的交易

---

① 贺琼琼:《网络空间统一合同立法与我国网络交易的立法及实践》,法律出版社 2013 年版,第 16 页。

② 贺琼琼:《网络空间统一合同立法与我国网络交易的立法及实践》,法律出版社 2013 年版,第 34 页。

法则。

2. 电子商务国际规则的形成和发展

各国关于商事和合同立法的差异和矛盾给网络交易统一发展带来了障碍,为了解决国内立法在网络空间的局限性和面临的困境,在国际规则层面上,网络空间电子商务和合同统一立法具有重要意义。网络交易具有开放性、全球性,各国关于电子商务的政策和立法精神也应是互通包容的,在全球化基础上建立统一的国际电子商务规则更有利于解决网络交易中出现的新问题。

从 20 世纪 80 年代开始,联合国国际贸易法委员会[①]一直致力于电子商务法的制定和发展,并通过了一系列的示范法和统一规则。1984 年,联合国国际贸易法委员会提出《自动数据处理的法律问题》的报告,报告建议重视有关计算机记录和系统的法律要求,由此拉开了电子商务国际立法的序幕,经过不断发展和完善,相对完备的电子商务国际规则已经初步创建。早期的互联网和计算机技术发展水平比较有限,因此最初电子商务国际立法主要是关于电子数据交换(EDI)规则的创建。20 世纪 90 年代初期,主要的规则有《联合国行政商业运输电子数据交换规则》、《电子数据交换处理统一规则(UNCID)》、《电子数据及贸易数据通讯有关手段法律方面的统一规则草案》等。伴随互联网商业化和社会化全面发展以及网络技术不断进步,现有的国际电子商务规则已不能满足电子商务迅速发展的需要,国际组织开始加快制订电子商务法律指南和指导性交易规则。1996 年,联合国贸易法委员会在 EDI 规则的基础上通过了《电子商务示范法》,2001 年又通过了《电子签名示范法》,这是两部最重要也是最有影响的示范法。"这两部

[①] 联合国国际贸易法委员会是联合国专门机构之一,其主要工作是负责国际贸易法的协调和统一。

示范法是姊妹篇,后者遵循了前者的精神和原则,包括采用的术语都力求与前者保持一致,后者对前者关于电子签名的原则规定作了进一步的延伸和细化,并有所发展。两部示范法不仅向各国立法机关就如何消除传统法律制度造成的障碍提供了普遍接受的规则范本,促进了电子商务全球协调发展的法律环境的创建,而且也为电子商务的当事人订立合同提供了范本,便利其确定权利义务并解决电子交易中所遇到的法律问题。"①

　　1996 年的《电子商务示范法》是"为了解决因数据电文的使用而引起的法律在形式方面的问题"②。2001 年的《电子签名示范法》是为弥补《电子商务示范法》有关电子签名规定过于简单的缺陷,对电子签名的法律制度作了专门系统的规定。该法解决了关于电子签名的定义、适用范围、要求、签名人和其他有关人员的行为等问题,是对《电子商务示范法》的完善和有益补充。"鉴于示范法仅仅是推荐各国立法采纳的规范性文件,不具有直接的国际法效力,因此,并不能真正解决网络空间合同方面面临的冲击。"③为了解决"国际合同中使用电子通信的法律效力不确定性所产生的种种问题,消除对国际合同使用电子通信的障碍,包括消除现有国际贸易法文书在执行上可能产生的障碍和加强国际合同的法律确

---

① Guide to Enactment of the UNCITRAL Model Law on Electronic Commerce, the EDI Law Review, Vol. 4,1997, p. 113. 参见贺琼琼著:《网络空间统一合同立法与我国网络交易的立法及实践》,法律出版社 2013 年版,第 37—38 页。

② Devan Daggett, the Fear of the Unknown: the Need to Provide Special Procedural Protections in International Electronic Commerce, Loy. L. Rev. , Vol. 50,2004, p. 307. 我国学者张楚认为,"电子商务作为交易形式法,它是实体法中的程式性规范,主要解决交易的形式问题。"参见张楚著:《电子商务法初论》,中国政法大学出版社 2000 年版,第 34 页。

③ 贺琼琼:《网络空间统一合同立法与我国网络交易的立法及实践》,法律出版社 2013 年版,第 40 页。

定性和商业上的可预见性"①,联合国国际贸易法委员会决定制定关于电子合同统一的国际法律文件,并于 2005 年通过了《国际合同使用电子通信公约》。《公约》坚持了《电子商务示范法》所确立的各项原则,而且继承并改进了《电子商务示范法》和《电子签名示范法》的某些具体法律规则。示范法毕竟是在电子交易发展初期通过的,很多规则还不完善。《公约》不仅包括程式性规则,还增加了实体性规则,有着诸多创新和发展。"这些实体性规则的规定,无疑有助于协调各国相关的实体法规则,对促进网络空间合同法的统一具有非常重要的意义"。②"《公约》为国际电子订约制定了统一的规则,提升了使用电子手段订立的合同的法律确定性,有利于推动电子商务的发展。"③《公约》一旦生效,就成为电子商务领域第一个具有普遍约束力的国际规则,不仅对各缔约国产生普遍拘束力,而且对非缔约国电子商务规则的制定和发展也带来诸多启示和深远影响。

3. 我国关于电子商务规则的创建和完善

和发达国家相比,我国电子商务起步较晚。我国电子商务相关立法也严重滞后并且相当薄弱,存在大量空白和不足。从 2000 年开始,我国关于电子签名立法的要求开始出现,电子签名、电子证据、电子合同方面的立法缺失已经严重阻碍我国电子商务的发展,成为亟需解决的首要问题。在电子商务发展较快的海南省、广东省和上海市先后进行了地区性的电子商务立法,如广东的《数字

---

① 联合国国际贸易法委员会:《国际合同使用电子通信公约》,http://www.china.com.cn/law/flfg/txt/2006-08/08/content_7057321.htm(访问日期:2013 年 12 月 20 日)。

② 贺琼琼:《网络空间统一合同法与我国网络交易的立法及实践》,法律出版社 2013 年版,第 226 页。

③ 刘颖、何其生:《〈国际合同使用电子通信公约〉对我国电子商务立法的启示》,载《暨南学报》(哲学社会科学版)2009 年第 4 期。

签名条例》、上海的《电子认证条例》，但这些地方立法发挥的作用极为有限，并且地方性规则之间也缺少必要的协调和配合。为了进一步规范电子商务活动，解决我国电子商务发展面临的一些关键性问题，协调地区性立法之间的冲突，2005 年，我国《电子签名法》正式施行。该法解决了电子签名的法律效力、具体行为规则、安全保障措施、认证机构的法律地位等多个方面的问题，"实现了我国电子签名的合法化、电子交易的规范化和电子商务的法制化，为我国电子商务立法的电子化和现代化以及解决网络社会的法律问题奠定了坚实的基础。"①然而，《电子签名法》出台时不可能考虑到未来电商企业的商业模式，也只是解决了部分电子商务问题。电子商务发展进程中出现的问题涉及各个方面，仅有一部电子商务单行法律不可能涵摄所有的电子商务问题，因此还需要制定详细的实施细则和建立必要的配套制度（包括行政法规、部门规章、地方法规和规章乃至行业性规范），必要的时候还需要其他相关法律予以配合，以形成完备系统的电子商务规则体系。继《电子签名法》之后，2005 年，信息产业部颁布了《电子认证服务管理办法》；2007 年 3 月 6 日，商务部出台了《关于网上交易的指导意见（暂行）》；2010 年 7 月 1 日，国家工商行政管理总局的《网络商品交易及有关服务行为管理暂行办法》正式施行；2012 年，新修订的《刑事诉讼法》和《民事诉讼法》正式将"电子数据"规定为法定证据种类之一，电子证据在诉讼中取得了合法地位。此外，我国还有大量关于电子商务的地方性法规和发展规划，如国务院办公厅出台的《关于加快电子商务发展的若干意见》；国家发改委、国务院信息办发布的《电子商务发展"十一五"规划》；工信部发布的《电子商务"十二五"发展规划》等。

---

① 高富平主编：《电子合同与电子签名法研究报告》，清华大学出版社 2005 年版，第183 页。

近年来,我国电子商务活动出现了前所未有的迅猛发展。据有关数据显示,2008 年起我国网上零售市场的成交量以超过 40% 的速度增长。截至 2011 年 12 月底,我国网上消费用户达到 1.94 亿人,网络消费使用率提高到 37.8%。2012 年,我国电子商务交易额约 8 万亿元,同比增长 30.8%。由于我国网民众多,网络交易主体的数量极为庞大,电子商务交易额持续不断地快速增长,网络交易引发的纠纷也日趋增加和愈发复杂。据中国电子商务研究中心统计显示,2012 年全国电子商务的投诉共 93600 件,其中网络购物投诉占 55.40%,这些纠纷不仅局限于单纯违约或侵权,而是遍及网络交易涉及的各个环节和所有主体。我国网络交易纠纷高发、复杂的状况暴露了我国电子商务实践中仍然面临诸多困难和问题。鉴于此,2011 年和 2012 年,有多位全国人大代表提议称,我国需要尽快启动制定一部专门、统一、系统的《中华人民共和国电子商务法》,以解决已有电子商务规则效力不高、内容不全、体系不清等突出问题。"目前我国电子商务领域仅有的法律是电子签名法,这部法律解决了电子签名的合法有效问题。但未能与全流程电子商务有效衔接,并未解决电子商务交易环节的重大问题。另外,电子商务'新模式'和市场监管'老机制'之间存在的矛盾日益突显,特别是在 C2C 领域,交易主体真实性、假冒伪劣商品、消费者权益保护、知识产权保护、个人信息安全等问题比较突出。在相关部门出台的政策法规和电子商务市场主体制定的'网规'基础上,规范市场、加强监管还迫切需要制定电子商务的基本法律。"[1] 2013 年 12 月 27 日,全国人大召开电子商务法起草组会议,这标志着我国电子商务统一立法工作正式启动。

(二)网络攻击行为和我国网络安全规则

网络的全球性、虚拟性、开放性和技术性等特征使得网络中的

---

① 李万祥:《电子商务法立法正式启动》,载《经济日报》2014 年 01 月 06 日第 10 版。

信息和信息系统极易受到攻击和破坏,网络攻击成为网络空间最具有代表性的问题。网络攻击随着网络技术的发展和网络工具的普及而出现,并不断发展和升级。大量事实表明,网络攻击的复杂性行为具有强大的"蝴蝶效应",严重危及网络空间的安全和秩序,已经成为网络社会最具破坏性的因素和面临的最严峻问题。2013年,中国共产党第十八届三中全会强调,"坚持积极利用、科学发展、依法管理、确保安全的方针,加大依法管理网络力度,加快完善互联网管理领导体制,确保国家网络和信息安全。"[1]

1. 网络攻击行为及其"蝴蝶效应"

网络攻击行为,是指"利用信息科学技术,基于网络环境实施的侵入计算机信息系统或对计算机信息系统进行外部攻击,危害计算机信息系统安全的违法行为"[2]。网络作为通讯工具或交流平台,是网络攻击行为发生的场域,网络空间的规模决定了网络攻击行为危害性的程度和范围。网络攻击是危害计算机信息系统安全的行为,攻击的对象是计算机信息系统。计算机信息系统安全是一个综合性的整体概念,"不仅关涉到个人利益、团体利益、隐私权和财产权的安全,更涉及整个国家的生命线和国土安全。"[3]互联网已经在各个层面把个人、团体和国家的利益紧密结合在一起,网络安全与国家长治久安息息相关。

我国网民的规模居世界之首,网络已经嵌入社会生活的各个领域,同时网络技术仍呈现快速发展态势,网络攻击行为的危害深度和广度必然会随着网络的不断普及和技术的进步更新而继续蔓延、加深和升级。"近十年来,随着互联网和计算机、手机使用的进

① 徐汉明:《网络安全立法　完善网络安全的顶层制度设计》,载《法制日报》2014 年05 月14 日第09 版。

② 于志刚著:《传统犯罪的网络异化研究》,中国监察出版社2010 年版,第13 页。

③ 荆龙、童海超:《网络安全立法:国家定位和路径选择——中国网络安全法制建设研讨会综述》,载《人民法院报》2014 年07 月30 日第05 版。

一步普及,网络安全威胁从有关机构和专家的视线中延伸到普通的网络用户、IT 用户。如今,类似蠕虫、网络钓鱼、分布式拒绝攻击等新的网络攻击手段防不胜防,各种安全漏洞层出不穷。"[①]"网络安全典型的表现形式包括:通过网络窃取信息、破坏网络上信息、非授权网络访问和网络服务破坏等。随着网络应用增加,网络安全问题又增加了许多新的变种,其中包括对基础设施的攻击,比如网络中的核心服务器以及路由器、交换机等设备都存在不同程度的安全问题;还有网络应用造成的安全威胁,例如对网络服务的使用不当、不安全的用户账号和口令以及管理上的安全问题。"[②]最近几年,黑客们开始攻击 P2P 网贷平台来实行诈骗,能够在极短时间内骗取巨额贷款。2010 年 6 月,国务院新闻办发表的《中国互联网状况白皮书》强调,中国法律禁止任何形式的网络黑客行为,我国受到黑客攻击、网络病毒等违法犯罪活动的威胁日益严重。根据不完全统计,"2009 年中国被境外控制的计算机 IP 地址达 100 多万个;被黑客篡改的网站达 4.2 万个;被"飞客"蠕虫网络病毒感染的计算机每月达 1800 万台,约占全球感染主机数量的30％。"[③]根据我国互联网网络信息中心的统计数据,"我国仅在2009 年上半年就有 1.95 亿网民在上网时遇到过病毒和木马的攻击,1.1 亿网民遇到过账号或密码被盗的问题。"[④]2009 年 7 月,中国气象局国家卫星气象中心网站受到黑客攻击。2010 年,我国最知名的搜索引擎百度受到最严重的黑客攻击。网络攻击行为的危

[①] 范传贵、杨茂林:《网络安全事件不断　个人信息保护立法紧迫》,载《法制日报》2014 年 04 月 11 日第 04 版。

[②] 范传贵、杨茂林:《网络安全事件不断　个人信息保护立法紧迫》,载《法制日报》2014 年 04 月 11 日第 04 版。

[③] 国务院新闻办公室:《中国互联网状况白皮书》,http://news. xinhuanet. com/2010-06/08/c_12195221. htm(访问日期:2012 年 12 月 20 日)。

[④] 中国互联网网络信息中心:《第 24 次中国互联网络发展状况统计报告》,http://www. cnnic. net. cn/hlwfzyj/hlwxzbg/hlwtjbg/(访问日期:2012 年 12 月 20 日)。

害性后果巨大,倍增效应极其明显。如 2009 年的"5·19 断网事件"中,仅四名破坏者的攻击行为就引起全国范围的网络故障。有的网络攻击行为大规模、频繁爆发,带来的经济损失和社会秩序的混乱更是难以估量。1998 年 4 月 26 日,CIH 病毒爆发,直到 2004 年,每年的 4 月 26 日 CIH 病毒都会大规模爆发,自动攻击计算机信息系统,2004 年之后仍不时爆发,只不过范围较小。大量的网络攻击事件表明,网络攻击行为具有"无边界性、突发性、蔓延性和隐蔽性等新特点"[1],其危害结果具有强大的"蝴蝶效应",可以无限巨量展开,难以准确定量和预测,已经给网络社会信息安全和发展带来了严重危害和威胁。因此,抑制网络攻击和严厉打击具有严重社会危害性的网络攻击行为是亟需迫切解决的问题。

2. 我国网络安全规则体系的构建和基本框架

总体上看,我国现有网络安全保护规则制定较早。最早一部关于计算机安全保护的规则是 1994 年颁布的,1997 年以后,我国陆续颁布了大量的网络安全保护法规、规章等,但是这些规则已经制定很长时间,严重落后于时代的发展和社会的实际需要。与此同时,安全问题又有了新的变化,利用高新计算机通信技术手段从事危害网络安全的行为不断变化、表现形式多种多样,更加难以预料。进入大数据时代,我国网络安全规则面临诸多问题和更为严峻挑战:一是,网络安全立法理念落后;二是,大量网络安全规则严重滞后,而且存在诸多立法空白;三是,网络安全规则之间存在着矛盾、冲突的现象;四是,网络安全规则体系极为薄弱,缺乏整体性、科学性、合理性。"破解大数据时代我国网络安全立法难题,其根本路径在于,构建与中国特色社会主义法律体系相融合、相衔接、相照应的网络安全法律制度基本框架,加快推进网络安全'四化'建设,即:规范化、制度化、体系化、法律化,形成具有中国特色

---

① 黄俊夫:《网络攻击与网络安全分析》,载《舰船科学技术》2007 年第 1 期。

的网络安全法律体系。"①也就是说,网络安全是一个体系,健康、有序、和谐的网络环境需要构建科学、健全的网络安全结构体系。网络安全结构体系中有三个最重要的保障力量:网络安全技术、网络安全管理和网络安全法律。因此,网络安全规则是集技术规则、管理规则和法律规则为一体的综合规则群。

（1）网络安全技术规则

网络空间是通过计算机硬件、互联网技术和通信协议等联结在一起的产物,网络空间的规则必然受到网络技术的制约。因此,网络安全首先是一个技术问题,技术是网络安全最基本的保障。网络安全技术包括数据加密技术②、网络安全协议③、防火墙技术④等。"它类似于一种调教和干预,看似不如法律的威严和权威,也不如国家暴力机关的强制和力量,却能有规则、有目的、有计划地监视、控制和调整。因此,象征网络空间极度开放和自由度的巨量信息流,看似是肆无忌惮地横冲直撞,无迹可寻,事实上在其途经的每一节点、每一子网网关都时刻受到各种技术的监控和审

---

① 徐汉明《网络安全立法　完善网络安全的顶层制度设计》,载《法制日报》2014 年 05 月 14 日第 09 版。

② 密码技术通过采用数学方法对原始信息进行变换或编码,使得加密后在网络上公开传输的内容对于非法接受者来说成为无意义的文字。参见张楚主编:《网络法学》,高等教育出版社 2003 年版,第 103 页。

③ "所谓协议,就是信息变换、传输、处理、存储、认证、加密等过程的一组约定的规则。"网络协议,是计算机之间通信需要而共同遵守的一定的规则,TCP/IP 协议作为因特网上所有主机间的共同协议,被作为一种必须遵守的规则被肯定和应用。参见张楚主编:《网络法学》,高等教育出版社 2003 年版,第 104 页。

④ 防火墙技术是指设置在两个或多个网络之间的安全阻隔,用于保证本地网络资源的安全,通常是包含软件部分和硬件部分的一个系统或多个系统的组合,可被认为是一种访问控制机制。当因特网从校园进入社会,应用于商业领域时,建立这种逻辑意义上的专用网络不仅是安全保密的需要,也是生存的需要。防火墙技术就产生于这种环境之中。参见张楚主编:《网络法学》,高等教育出版社 2003 年版,第 105 页。

查。"①从自然属性看,网络攻击行为是一种高技术行为,使用各种网络安全技术可以保护网络信息系统、网络信息资源,以防止网络攻击行为的破坏,保障网络的畅通和安全运行。

网络安全技术规则主要以技术标准和行业规范的形式存在。网络安全技术规则的特点是:第一,非官方性,互联网企业掌握着部分规则制定权,如我国电信运营商为保障网络数据的安全传输,制定了信息安全管理办法;第二,自律性,技术规则"调整的是网络构建行为——网络基础关系,并以行业的共识和自律为基础"②;第三,平等性,平等性体现在网络技术规则的适用范围较广泛,具有开放性、普遍性,并且保持价值中立。因此,"网络技术规范本身是网络构成中不可缺少的一部分,甚至是灵魂。如果没有统一的规则,遍及全球、无所不包的网络,将是不可思议的。舍此,它只能成为一盘散沙(或称信息孤岛),绝不会形成全球化的虚拟社区。"③网络安全技术规则固然重要,由于网络空间规模的扩大化和复杂性特征,仅仅依靠技术手段和行业规范对网络攻击行为进行防范是远远不够的,技术手段只能解决某个方面的问题,而不可能长远、全面地规范和保障网络安全,行业规范也有其不足和局限性。事实上,网络安全技术规则已经难以维持网络空间的良好秩序,在面对不断变异、次数频繁的网络攻击行为时,技术往往显得力量薄弱,诸多政府机构和大型商业网站都屡屡被攻破,普通用户对于网络攻击更是无力对抗。正如桑斯坦所言:"我们可以想象政府从网络中淡出,而网站'拥有者'必须运用自己的科技能力来排除他人的入侵,在这样的体系中,亚马逊网站只好自行经营网页,

---

① 张果、董慧:《自由和整合,现实的重构——网络空间中的秩序与活力探究》,载《自然辩证法研究》2009 年第 11 期。
② 张楚:《关于网络法基本问题的阐释》,载《法律科学》2003 年第 6 期。
③ 张楚:《关于网络法基本问题的阐释》,载《法律科学》2003 年第 6 期。

但除非亚马逊的拥有者能运用科技来维护他们的财产权,否则将很难防止外来的侵害。"①届时,就如同霍布斯所描述的"人与人之间的战争状态"。"对网络应用层面的社会化行为的调整就不是纯技术规范所能奏效的了。要从根本上对网络空间进行治理,保护网络安全,保障网络用户的合法权益,还是要依靠政府管制,甚至可以说,没有政府管制,就没有网络。"②国家创建和改进网络安全法律规则,政府及其相关部门制定相应的网络安全管理规则,并与一定的网络安全技术规则相结合,三方合力、共同保障网络空间的安全和秩序是我们规制的理想目标。

(2) 网络安全法律规则

在预防和阻止网络有害攻击上网络安全技术规则发挥了很大的作用,但是技术规则仍然不能取代法律的作用。仅仅依靠技术规则并不能建立起网络安全结构体系,单纯技术的力量也没有能力避免或消除网络攻击的威胁,对这些方面的规制仍需要靠法律规则来实现。法律规则是保障网络安全的强制性规范,还是实施各种网络安全措施的基本依据和强有力的后盾。"在网络上,强迫人们只依赖技术来防卫自己,其实不具有太大意义,因为民法和刑法的重大价值就是为了要保障人民享有财产权。自我保护的想象世界并不存在于我们的真实世界中。网站拥有者和其他任何东西的拥有者一样,自政府管制中获利,没有政府管制,他们绝不可能是拥有者。"③

1994 年的《计算机信息系统安全保护条例》④是我国最早关于

---

① [美]凯斯·R. 桑斯坦:《网络共和国——网络社会中的民主问题》,黄维明译,上海人民出版社 2003 年版,第 96 页。

② 张小罗:《网络媒体政府管制的正当性研究》,载《政治与法律》2009 年第 12 期。

③ [美]凯斯·R. 桑斯坦:《网络共和国——网络社会中的民主问题》,黄维明译,上海人民出版社 2003 年版,第 96 页。

④ 《条例》第七条规定:"任何组织或者个人,不得利用计算机信息系统从事危害国家利益、集体利益和公民合法利益的活动,不得危害计算机信息系统的安全。"

计算机信息系统安全的行政法规,但这一规则的内容比较抽象和简单,仅仅是一个原则性规定,没有明确网络攻击和破坏行为的具体表现。1997年的《计算机信息网络国际联网安全保护管理办法》是我国第一部全面调整互联网络安全的部门规章,其第六条详细列举了四类危害计算机信息网络安全的行为,并且对保护用户的通信自由和通信秘密作出明确规定,这一规则不仅对我国互联网的初步发展起到了重要的保障作用,而且为后续有关网络安全的法规、规章的出台起到了重要的指导作用。此后,包括公安部、金融部门等各个部门也纷纷制定了大量关于计算机信息系统安全的规章和规范性文件,如公安部颁布的《计算机病毒防治管理办法》、公安部和中国人民银行发布的《金融机构计算机信息系统安全保护工作暂行规定》等。各地也出台了一些地方性规则,如《辽宁省计算机信息系统安全管理条例》、《山东省计算机信息系统安全管理办法》等。2000年,全国人民代表大会常务委员会制定《关于维护互联网安全的决定》,这是我国第一部关于互联网安全的法律,从法律层面对互联网安全问题进行了全面部署。

　　由于网络攻击行为导致极其严重的危害性后果,立法机关有必要将其纳入到刑事规则的调整范围。1949年的刑法典中没有关于计算机犯罪的规定,随着计算机网络技术的出现和网络领域攻击行为的危害性达到一定程度,立法机关开始着手解决网络攻击行为入罪的问题。1997年刑法修订时,公安部向立法机关建议增设八种网络犯罪行为,最终刑法典只规定两种,即增加了第二百八十五条和第二百八十六条。新刑法典将侵入国家重要的特定领域计算机信息系统的行为界定为非法侵入计算机系统罪,并将针对上述三个特定领域的计算机信息系统实施的攻击行为界定为破坏计算机信息系统罪,这是我国首次对网络侵入和攻击行为加以入罪化。绝大部分计算机信息系统都有自己的安全系统和授权范围,他人未经许可是无权访问的,非法侵入计算机信息系统罪对于计算机信息系统的限制比较严格,对网络攻击行为的评价范围极为有限,针对国家和政府其他部门、商务部门和用户个人的计算机信息系统的攻击行为都没有被认定为犯罪,从而导致实践中仍有大量的网络攻击行为得不到有效规制,比如非法侵入某金融机构的计算机信息系统,即使行为人没有删除、修改或破坏行为,但是非法入侵和窃取的行为,都会带来严重影响和间接危害后果。破坏计算机信息系统罪对故意制作、传播计算机病毒等破坏性程序的犯罪,规定其直接侵害对象为"影响计算机系统正常运行",这一规则的适用范围也过于狭窄,实践中,很多网络攻击行为对计算机信息系统造成了损害,但是后果并没有达到极为严重的程度,如在系统中植入病毒,计算机系统的运行可能不会中止或瘫痪,但其处理的数据可能被更改、删除或受到干扰,也给网络安全系统造成一定的危害,这种攻击行为就不能认定为破坏计算机信息系统罪。原因在于,这一时期网络攻击行为刚刚出现,其危害性后果和多样性表现还不十分明显,因此立法机关对网络攻击行为入罪的态度比较谨慎,1997 年刑法典仅仅制裁了两种网络攻击行为,不仅如此,在刑事司法实践中,也只有极为有限的网络攻击行为被认定为犯罪。"从 1997 年到 2005 年,全国公安机关共查处针对计算机信息系统实施的违法犯罪案件 11512 起,但是,由于非法侵入计算机信息系统罪和破坏计算机信息系统罪的难以适用,导致经法院审理判决的非法侵入计算机信息系统罪案件为 0 起,破坏计算机信息系统的案件仅 14 起,其他全都降格为行政处罚。由于此类案件长期得不到有效查处,导致网络违法犯罪'黑数'较大,实际发案数远远大于公安机关受理数。"[①]2000 年的《关于维护互联网安全的决定》不但规定了广义的计算机犯罪范围,而且扩大了计算机犯罪

---

① 郭高中:《公安部官员详解网络犯罪:黑客从破坏转向趋利》,http://news. sina. com. cn/c/2006-04-06/14368632111s. shtml(访问日期:2013 年 12 月 28 日)。

的适用范围,将直接侵害对象规定为"攻击计算机系统及通信网络,致使计算机系统及通信网络遭受损害",另外《决定》还增加了一种犯罪行为,即"违反国家规定,擅自中断计算机网络或者通信服务,造成计算机网络或者通信系统不能正常运行"的行为。可以说,《决定》是"我国至今关于计算机犯罪最有针对性的专门立法,它进一步明确了对利用互联网犯罪予以惩罚的刑法适用问题,也被人们称之为网络刑法"①,但《决定》的不足是只列举了利用互联网实施的犯罪行为,没有增加新的罪名或刑罚。实践证明,仅有1997年刑法典中两种计算机犯罪无法适应新形式网络犯罪的实际情况,主要原因是:"第一,1997年修订刑法时,立法机关没有预计到当今的网络犯罪,现有刑法规定无法适用于新网络犯罪行为;第二,不同环节的网络犯罪是上下家关系,不符合共同犯罪、未完成形态犯罪的构成条件,即使其中某一环节的行为可以定罪,如对盗取他人虚拟财产牟利的按照盗窃罪处理。也不能对上下环节的其他行为如故意制作、出售专用于网络犯罪的计算机程序、密码等行为按照刑法总则中的犯罪形态规定给予刑罚处罚;第三,经济领域的网络犯罪向地下产业方向发展,各环节网络犯罪行为已经相互独立,社会危害性差别大,不宜按照一种犯罪处理,应当根据各自危害性程度单独定罪处罚。"②随着计算机技术的进一步发展,网络信息安全不断面临新的挑战,网络环境下的各种攻击行为层出不穷,行为种类也不断翻新,由于我国网络犯罪立法对网络攻击行为危害性的评价不足,近年来刑法学界和司法实务界一直呼吁对网络犯罪规则进行修改,在这一背景和要求之下,2009年,全国人民代表大会常务委员会通过《刑法修正案(七)》。《修正案(七)》

---

① 刘樱:《网络信息安全与计算机犯罪问题探讨》,载《重庆交通学院学报》(社会科学版)2004年第2期。

② 皮勇:《我国网络犯罪刑法立法研究——兼论我国刑法修正案(七)中的网络犯罪立法》,载《河北法学》2009年第6期。

第七条和第九条分别针对互联网个人隐私和窃取他人信息做了补充和修正，增设了三个新的罪名，非法获取计算机数据罪扩大了受刑法保护的计算机信息系统的范围；增设非法控制计算机信息系统罪，本罪主要目的是打击网络上十分严重的使用木马程序、计算机病毒控制数量很大的计算机信息系统进行牟利的行为。网络安全专家指出，"新的《刑法》修正案对当前主要的网络攻击明确定性为犯罪行为，这意味着木马产业链的所作所为已经触犯了《刑法》，可以取证调查，利用技术手段追踪犯罪嫌疑人，对于网络暗黑势力将起到极大的震慑作用，特别是修正案增加了对制作和提供侵入、攻击程序、工具的人，也同样追究刑事责任，这是以前从来没有过的。"①此外，我国还出台了一些相关的司法解释，如《关于办理危害计算机信息系统安全刑事案件应用法律若干问题的解释》。

综上分析，网络空间出现的各种问题多数是新问题，如 2010年我国发生的"3Q 大战"，而且这些问题又是动态的、不断变化发展、难以预测的，这就要求网络规则顺应情势的发展和现实问题的需求，不断更新和改进。

第三节　问题的建构

组织对问题作出反应，组织的外部环境和内部结构变化导致了问题的出现，但是问题的出现并非完全由外部环境或者内部结构的变化所引发。某个问题的存在还需要通过社会来建构，也就是说，如果问题被认定存在，则问题就存在。因此，"任何规则变化的理论都包括问题确认（problem recognition）的理论。这种理论

---

① 《专家解读刑法修正案：打击黑客盗号有法可依》，http://tech. qq. com/a/20090303/000096. htm（访问日期：2012 年 12 月 20 日）。

源于这样的观察,正如在多数社会建构的例子中,某个问题的确认并不具有任意性。某个问题的宣布必须被赋予可信性,并且这种可信性的协商经常需要一些显然的真实性。组织复杂性、制度环境以及外部冲击是这种真实性的潜在基础,但它们并不能起决定作用。"①问题确认包括两个核心部分:组织注意力的自动调节和规则制定者对问题的"需要"。

一、组织注意力的自动调节

组织能够自动调节其自身的注意力。在某个工作领域内,如果现有的状况和表现能够令人满意,问题就不易出现或被察觉;当这种现有状况和满意表现逐渐失效,在降至某个关键点的时候,组织注意力就被导向与此相关的这个领域,那些过去没有引起组织关注的问题就获得了注意力,并且注意力一直持续,直到工作现状和表现到达某个"分离点(Cut-off)",这个点要高于"刺激点(Turn-on)"。因而,问题解决过程就引起规则的变化呈不连续的波动。"当问题被惯例或者对惯例的预期所关注时,就会产生(相对较长的)速度较慢的变化时期。但变化率较高的时期内也会存在一些问题解决的情节。这些模式尤其受'分离点'和'刺激点'(通常称为渴望水平或者目标)的影响。由于这些自动调节装置本身受到与经验相关的修改能力的影响,外部问题流转化成组织确认的问题的过程易抑制问题发生率的不规则变动。当存在有许多问题时,问题确认的标准就会被提高。当问题稀少时,则标准就会降低。"②

从美国网络规则的产生和变化历程可以看出,问题确认是受

---

① [美]詹姆斯·马奇、马丁·舒尔茨、周雪光:《规则的动态演变——成文组织规则的变化》,童根生译,上海人民出版社2005年版,第59页。
② [美]詹姆斯·马奇、马丁·舒尔茨、周雪光:《规则的动态演变——成文组织规则的变化》,童根生译,上海人民出版社2005年版,第59页。

组织注意力自动调节影响而由外部问题转化成为组织关注的问题的过程。在罗纳德·里根执政(1981年—1988年)时期和乔治·H.布什(1989年—1992年)执政时期,受国际和国内政治、经济等环境因素的影响,互联网的发展和网络规则的创建并不是时任政府关注的首要问题。里根政府致力于复苏经济和对抗社会主义阵营,布什政府的注意力集中在海湾战争,这些国际安全因素大量存在,成为美国面临的主要问题,也极大限制了美国网络规则的创建。因此,在这两位总统执政期间,诞生的网络规则数量很有限,十年期间共计出台了七部法律(法案)和一个指导性文件①。尽管这一时期网络规则的数量不多,在当时美国国内环境下的表现尚且令人满意,取得了良好的监管效果。原因在于,八十年代初,美国互联网还处于较早的萌芽时期,只是部分民用化,其对社会政治、经济、文化等方面的影响也十分有限。因此,政府对网络干预很少,出台的网络规则以引导发展为主、实行零散的监管,并未制定系统化、明确的规则,网络法案数量也相对较少。可见,在这一阶段,关乎今后互联网发展的问题并没有引起政治组织的主要关注。到了比尔·克林顿执政时期(1993年—2000年),"冷战终止、前苏联解体、海湾战争结束,使得美国面临的国际安全环境发生了重大变化。美国从此不再是面临一个具有明确敌人的国家,在此期间迅速成为了世界第一超级大国。相对宽松的国际环境为美国政治经济以及互联网产业的发展提供了良好的大环境,在很大程度上消除了阻碍信息技术和互联网发展扩张的障碍,互联网开始向世界范围扩散,真正意义上的国际互联网逐步形成。"②克林顿政府执政后,由于国际环境的缓和,组织的注意力由国际安全问题

---

① 这些网络规则。
② 杨小舟:《在自由与控制之间——美国互联网监管的新趋势及对我国的启示》,南京师范大学硕士学位论文,2012年。

自动调节到国内发展问题,为此政府实行了一系列整改措施:解决高失业率、重视科学教育、发展国际贸易等,美国的经济开始复苏和改善,良好的国内经济环境客观上为互联网的快速发展奠定了物质基础。克林顿政府一直支持发展信息产业,特别致力于因特网的改进和普及。1994 年,美国实现互联网商业化,互联网商业化成为美国政府注意力自动调节的"刺激点"。此后克林顿政府注意力就被自动导向与互联网产业发展规则创建相关的这个领域,同时也表明早期出台的零星的网络法案和政府对互联网的零散管理措施渐渐失效,美国国内既有的网络规则状况已经不能令政府满意,于是先前未被组织注意的关于互联网发展的问题就获得了美国国会和政府的主要关注,并且这种关注一直持续。美国政府开始出台一系列政策性指导文件为互联网的发展铺路搭桥。1993 年 9 月,克林顿政府提出 NII 战略(National Information Infrastructure Agenda of Action),即"国家信息基础设施行动计划",该战略提出建设一个"信息高速公路",它标志着美国信息化建设工程的开始。1994 年,政府提出 GII 计划(Global Information Infrastructure:Agenda for Cooperation),即"全球信息基础设施计划",该计划致力于促进各国信息基础设施的发展和鼓励国家之间的合作,以推动全球信息产业发展。"克林顿政府把信息技术产业尤其是互联网的发展作为了恢复美国经济、推动美国经济再次腾飞的利器"[①],"并没有将其单纯看成是计算机行业或电信行业等一两个行业的事,而是将'国家信息基础设施'作为美国未来新型社会资本的核心,把研究和建设'信息高速公路'作为美国科技战略的关键部分和国家最优先的任务。冷战结束以后,在诸如'星球大战'等冷战背景的大型科研项目停顿之时,克林

---

① 杨小舟:《在自由与控制之间——美国互联网监管的新趋势及对我国的启示》,南京师范大学硕士学位论文,2012 年。

顿政府选择建设'信息高速公路'作为刺激国内经济发展、增加就业机会、保持和夺回美国在重大关键技术领域一度削弱的国际领先地位,从而增强美国经济竞争实力的重大战略部署。"①除了宏观性的互联网发展战略计划,美国还出台了大量更为细致、全面的网络规则以促进和规范互联网产业的发展,通过了一些具有重要意义的网络立法,也制定了大量对互联网监督管理的措施。而且在此基础上,组织的注意力自动调节为关注更为细致的网络问题,从推动电子商务的发展、注重保护互联网上的版权问题,到保护未成年人、对互联网内容监管、加强网络安全等方面,都做出了一定的规范,从而保障了互联网产业的全面、健康发展。综上分析,我们可以发现,这一时期美国面临的互联网问题较多,网络规则的变化也呈现不连续波动。

二、规则制定者对问题的需要

另一种问题确认的模式是由于规则制定者对问题的"需要"而不是问题的"供应"。在缺少问题供应的情况下,规则制定者可能容易将细小问题放大为严重困难;新的组织管理者可能会比先前的管理者更能从不同或者新的角度去看待遗留的问题;有经验的规则制定者更可能注意到那些发生新变化的问题。"某个注意力行动者的存在,可能影响问题确认的门槛。在问题供应较低的时候增加问题确认,而在供应高的时候减少这种确认。寻求注意问题的个体和群体会将那些问题导向这样一些领域,在这些领域中,与其他问题之间的注意力竞争相对较弱,并且规则集在这里相对

---

① 王喜文、江道辉:《美国"信息高速公路"战略 20 年述评(一)》,http://intl. ce. cn/specials/zxxx/201309/16/t20130916_1508249. shtml(访问日期:2014 年 5 月 30 日)。

不太发达。"①我国对互联网管理大致可以分为三个时期。每个时期网络规则的产生和演变都是组织面对某些特定问题作出的反应,同时这些特定问题又都是规则制定者(主要指我国网络管理部门)根据"需要"而确认的结果。

(一) Web1.0 时代的"问题"需要

Web1.0 时代,信息单向传递,网络用户仅仅是信息的被动接受者,网民只能通过互联网浏览器在网页上读取外界信息。因此,这一时期,我国互联网管理面临的主要问题是:防止境外敌对势力、黑客利用互联网对我国进行各方面的渗透和攻击,问题确认的出发点主要是解决互联网安全和国家安全之间的关系。可以观察到,在 web1.0 时期我国网络管理部门制定了一系列关于维护网络安全和确保国家安全的规则。

1996 年,国务院出台《信息网络国际联网管理暂行规定》②。1998 年,我国组建了信息产业部,由其负责和制定信息技术和信息产业的规划、政策和法规,信息产业部这一新的管理者的成立会对问题的确认产生影响;1998 年,我国启动了国家防火墙工程来事先过滤有害国家安全的信息。2000 年,全国人大常委会出台《关于维护互联网安全的决定》。为了贯彻和实施《关于维护互联网安全的决定》的各项要求,2002 年,我国启动第一次网络专项整治行动。中共中央办公厅和国务院办公厅联合下发了《加强互联网信息安全的通知》,《通知》称,"网上斗争形势十分严峻,存在大量反动、迷信、黄色内容,确保网络安全,事关政治稳定和国家安全。"③此次整治的目标是"互联网有害信息",即境外敌对势力、恐

---

① [美]詹姆斯·马奇、马丁·舒尔茨、周雪光:《规则的动态演变——成文组织规则的变化》,童根生译,上海人民出版社 2005 年版,第 59—60 页。

② [美]詹姆斯·马奇、马丁·舒尔茨、周雪光:《规则的动态演变——成文组织规则的变化》,童根生译,上海人民出版社 2005 年版,第 59—60 页。

③ 刘俊、徐颢哲:《网络"整治"背后的权力机构　互联网管理 20 年变迁》,http://www.infzm.com/content/99098(访问日期:2014 年 10 月 30 日)。

怖势力、邪教组织三股势力对互联网的渗透。4月30日,公安部、教育部、国家安全部、信息产业部、文化部、国家工商行政管理局、国务院新闻办公室、国家保密局等部门联合发布《互联网有害信息专项清理整顿工作方案》,一场全国范围内的网络专项整治行动正式开始。在整治行动中,各个网络管理部门的行动主题不一致,主要内容是对违法网站的打击和整治"网吧"行动。2004年7月16日,中央宣传部、公安部、中央对外宣传办公室、最高人民法院、最高人民检察院、信息产业部等十四个部门联合发布《关于依法开展打击淫秽色情网站专项行动有关工作的通知》。这一时期,网吧是我国网民最重要的上网场所,根据中国互联网络信息中心的调查,网吧是我国网民的第二大上网场所。2002年7月1日到9月1日,由文化部、公安部、信息产业部、国家工商行政管理总局联合开展全国范围的网吧等互联网上网服务营业场所专项治理行动。2002年9月29日,国务院总理朱镕基签发中华人民共和国国务院第363号令,公布《互联网上网服务营业场所管理条例》,《条例》于2002年11月15日起施行。

(二) Web2.0时代的"问题"需要

2005年,互联网进入Web2.0时代。从web1.0到web2.0,模式上从单纯的被动"阅读"向主动"记录"和"共同构建"发展,网民不仅浏览信息也能够发表信息。Web2.0时代以BBS、博客、SNS社区、问答、百科为主,网络用户同时具备信息生产者、传播者和消费者的身份。在这一时期,我国网络管理部门确认的问题仍然主要是打击网络的"黄赌毒",打击"黄赌毒"成为这一阶段我国网络整治行动的核心目标。

2005年3月,信息产业部颁布《非经营性互联网信息服务备案管理办法》,《办法》规定非经营性互联网信息服务提供者应当保证所提供的信息内容合法。2006年,全国互联网网站管理工作协调小组,简称"互联网协调小组"成立,小组由中央宣传部负责指挥,成员包括信息产业部等十五个部委和军队代表。"互联网协调小组"的成立直接影响各个网络管理部门对问题的确认——网络整治行动开始常态化。网络整治行动常态化包括建立常态化的互联网协调机制,自中央小组成立后我国各省、市、区和县都纷纷成立了"互联网协调小组"。这一时期,我国网络整治行动的重点是多元意见表达的网络场所,如对高校 BBS 强制实名制。2007 年 7 月 19 日,为进一步贯彻执行《关于依法开展打击淫秽色情网站专项行动有关工作的通知》,信息产业部颁发了《关于做好互联网网站实名管理工作的通告》,《通告》提出,严查 BBS 域名备案、专项备案、服务器和网站,并强制要求所有论坛必须备案。我国高校 BBS 异常活跃,著名的有"水木清华"、"我爱南开"、"白云黄鹤"等,"其参与主力是在校大学生,他们年龄结构单一,热爱新知,议论能力强,业余时间多,爱扎堆,好串联,以校园事件为中心,关注社会变化。在另一个层面,他们社会阅历浅,观念尚未定型,看问题简单,行事相对冲动。发生在这里的信息流动或偶然事件,很容易被放大。因此成为监管者眼中的重地,也就不足为奇了。"[①]

(三)"社交媒体"时代的"问题"需要

"社交媒体"时代,即"微信息社交网络时代"。随着移动互联网技术快速发展,到了微博、微信时代,信息变得更加难以控制。"微时代"我国网络管理部门确认的问题重心开始向掌控话语权倾斜。

2011 年 5 月,国家互联网信息办公室(简称"国信办")在北京成立,国信办的成立直接影响问题确认——网络整治行动的发起和协调。国信办主要负责指导协调和督促有关部门加强互联网信息内容管理,这意味着"互联网协调小组"不再只是一个临时机构。

---

① 李永刚著:《我们的防火墙　网络时代的表达与监管》,广西师范大学出版社 2009 年版,第 95 页。

国信办初期的负责人主要来自国新办、工信部、公安部,其组成人员也表明我国开展网络整治行动的坚决态度。"2012 年 9 月,国信办相关负责人在一次各地网信办负责人参加的大会上称,社交网络的快速发展给互联网带来机遇,同时也对开展舆论引导、规范网络传播秩序带来了新挑战,要自觉把互联网宣传引导管理工作重点向社交网络延伸。"[①]国信办成立后,我国网络整治的力度比以往更强。2013 年,国信办发起了整治假新闻、"标题党"等行为的专项行动。2012 年"两会"期间,一条"军车进京"的微博引发了一场重点打击网络谣言的斗争,六人因传播军车进京谣言被拘留。为了迎接十八大,北京各大门户网站大力清理网上恶性政治类谣言和有害信息,一个月内,全国各地共清理 21 万条网络谣言,关闭网站 42 个。2013 年 5 月,国信办再次发起打击网络谣言的行动,此次行动演进为全国性的打谣专项整治行动。各地公安部门开展集中行动,打击网络造谣、传谣等违法犯罪行为,8 月,网络红人"秦火火"、"立二拆四"等人因涉嫌犯罪被依法刑拘,也有多名大 V 账号被封。2013 年 9 月 9 日,最高人民法院、最高人民检察院发布《关于办理利用信息网络实施诽谤等刑事案件适用法律若干问题的解释》,这一解释厘清了网络言论自由的法律边界,为惩治利用网络实施诽谤等犯罪提供了明确的法律依据,有力地规制了网络谣言的制造、发布和传播,在一定程度上刹住了网络谣言。

从 web1.0 到"微时代",我国网络管理者根据网络发展"需要"不断调整打击和整治行动的目标,信息产业部、互联网协调小组、国家互联网信息办公室这些行动者的成立也直接影响问题的确认。国外学者也对我国网络规则制定者对问题"需要"进行了相关研究。哈佛大学加里金教授认为,中国网络审查制度的目的是

[①] 刘俊、徐颢哲:《网络"整治"背后的权力机构　互联网管理 20 年变迁》,http://www.infzm.com/content/99098(访问日期: 2014 年 10 月 30 日)。

降低群体行为的可能性。"只要群体性运动确定或可能发生,他们就会及时删除社交联络。只要不发生群体性事件,社交媒体就是获取对中国政府和官员的意见的良好渠道。"①他认为,我国政府利用社交媒体作为掌控和行使权力的最佳手段,我国网络审查制度并没有禁止和限制网民对政府、官员和政策的质疑和批评,审查的目的是限制可能引发突发性、大规模群体行为的网络信息传播。"如果网上发帖数量大增,且内容与可能引发群体行为(如地面抗议)的事件有关,那么审查就会到来。此外,我们还考察了每个事件中的情绪,发现在这些事件中,政府对支持和批评的观点一概删除。这表明中国政府相信,压制有可能引发群体行为的帖子比压制批评对维持统治更加重要。"②

① Gary King, Jennifer Pan, Margaret E. Roberts, How Censorship in China Allows Government Criticism but Silences Collective Expression, American Political Science Review, Vol. 5, 2013.

② Gary King, Jennifer Pan, Margaret E. Roberts, How Censorship in China Allows Government Criticism but Silences Collective Expression, American Political Science Review, Vol. 5, 2013.

第三章 网络规则创建和演变的生态结构

　　根据新制度主义视角,规则的生态结构也是构成规则动态演变的源泉。规则的生态结构,即规则之间的相互连接性。规则之间彼此连接并充斥于某个区域,会使这个区域变得庞杂:某个特定规则与一些规则相对较为接近,而与其他规则相对较为疏远;规则之间的关联可以分为功能性互倚、程序性互倚和时间性三种类型;规则在一定范围内相互关联,规则彼此之间争夺组织注意力,引导组织注意力的分配。"针对规则变化机会的注意力被某个问题的一些信号所启动,之后,当新问题被创建或发现并且当注意力能力和问题相匹配时,这些注意力就通过规则体系而移动。某个时间在某个规则内的变化影响随后时期那个规则以及其他规则的稳定性。结果,每个问题都引起变动不居的注意力,这种情况由于其他地方对注意力起伏不定的要求以及组织结构内传播的障碍而加剧。"①规则这种生态关联性极为重要,它意味着组织规则的演变应当被看作是彼此联结的规则群共同演进的过程,而个别规则并不能推导出这种演变过程。因此,我们必须从规则自身的这种生态情境中来理解特定网络规则的产生和变化活动的规律性。本

①[美]詹姆斯·马奇、马丁·舒尔茨、周雪光:《规则的动态演变——成文组织规则的变化》,童根生译,上海人民出版社2005年版,第53—54页。

章探讨的是网络规则的生态结构。某个网络规则内的问题及其变化情境是其他网络规则内问题和变化的模式，这种情境被个别规则之间相互关联的方式以及规则机构的管理注意力向问题方向流动的方式所结构化。

第一节 网络规则密度和问题吸纳

一、网络规则产生率的密度依赖

（一）规则产生率的密度依赖及其理论假设

规则的产生率受到该规则领域中规则密度的强烈影响。"规则密度是指在某个确定时期在一定组织规则区域内规则的数量。规则密度随着时间的推移而发生改变，通常是随着组织存续时间增加和规模扩大而升高。"[1]"我们试图探寻新规则年产生数量（产生率）在怎样的程度上依赖组织规则群中已经存在的规则数量。"[2]规则产生率存在两种情况：规则产生率的密度正依赖意味着，当某个区域内现存的规则数量较多，该区域规则群的成长要比那些已有规则数量较少的区域内规则的增长更加快速；相反，规则产生率的密度负依赖意味着，当在某个区域内现存的规则数量较少的时候，该区域规则群的成长要比那些已有规则数量较大的区域内规则的成长更为快速，规则产生率的密度负依赖意味着，当规则数目增加时，规则群成长速度将变得缓慢，但是规则群的数量并不会下降。

---

[1] Blau, P. M., a Formal Theory of Differentiation in Organizations, American Sociological Review, Vol. 35, 1970, pp. 201 - 218.

[2] Schulz, Limits to Bureaucratic Growth: the Density Dependence of Organizational Rule Births, Administrative Science Quarterly, Vol. 43, 1998, p. 845.

　　相应的也存在两种不同的理论假设。科层制衍生理论的前提假设认为,规则培育了规则,现有规则能够产生新的规则,规则产生速度会随着规则密度而提高。也即,现有规则带来了新的问题,新的问题导致了新规则的创建,这是一个不断衍生的过程,因而规则数量呈现指数式增长。这种解释认为,规则内部的自我衍生演变会带来规则无限制的增加,并且对这种衍生性的限制因素也很小,很可能来自外部,技术或文化的变迁①或者公众对科层形式的不满②都可能会限制规则爆炸式增长。另一种观点认为,规则和问题之间的关系是规则"吸纳"问题。如果组织现存规则能够顺利解决问题,问题就会被现有规则所吸收,即便规则对问题的解决很肤浅和有限,也可以吸收问题,此时,问题对新规则的创建作用并不有效(在同一规则制定机构范围内),规则将不会产生变动而相对稳定,已有规则会被继续使用,采用一种惯例的方式来解决新问题。最后,规则制定者对规则区域的吸引力也会影响问题的产生和创建。当某个规则区域内密度提高时,规则制定者对这个区域的注意力就会下降,问题会流向其他领域,并且在其他领域内得到发现或创建。而且规则之间存在着竞争关系,已有规则和潜在的新规则之间相互竞争,随着某个特定区域内规则密度增大,规则之间的竞争会更加剧烈,新规则产生的机会也相对降低,规则产生率由于组织区域内规则数量而降低,规则通过这种竞争和调节机制可能产生密度负依赖的后果。

(二) 我国和美国网络规则产生率的密度依赖分析

1. 我国网络规则产生率的密度依赖性

　　我国网络规则包括不同位阶的法律文件,具体而言,包括专门

---

① Crozier, M., the Bureaucratic Phenomenon, University of Chicago Press, 1964, p. 294.

② Meyer, M, W., Limits to Bureaucratic Growth, W. De Gruyter, 1985, p. 195.

规范互联网关系的法律、行政法规和具有行政效力的规范性文件、部门规章和部门规范性文件以及司法解释和司法性文件,还有大量的地方性法规和地方规章。据不完全统计,截至 2012 年底,我国现行有效的网络规则共有 172 件(不含地方性法规)。图一显示了我国网络立法的整体趋势是"直接对互联网进行规定的法律法规 1994 年仅 1 件、1995 年 3 件、1996 年 5 件、1997 年 5 件、1998 年 4 件、1999 年 4 件、2000 年 17 件、2001 年 13 件、2002 年 11 件、2003 年 3 件、2004 年 13 件、2005 年 17 件、2006 年 8 件、2007 年 12 件、2008 年 5 件、2009 年 19 件、2010 年 22 件、2011 年 4 件、2012 年 3 件、2013 年 3 件。"[1]可见,从 1994 年到 2012 年,我国网络规则整体上呈现不连续的波动,有的年份规则增长趋于平稳,而有的年份规则增长较快,还有的年份呈负增长。

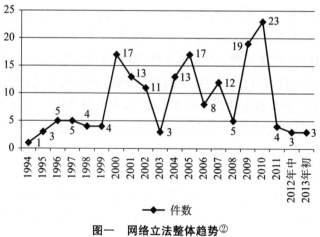

图一　网络立法整体趋势[2]

① 于志刚:《中国网络法律体系的现状分析和未来建构》,载《辽宁大学学报》(哲学社会科学版)2013 年第 4 期。
② 于志刚:《中国网络法律体系的现状分析和未来建构》,载《辽宁大学学报》(哲学社会科学版)2013 年第 4 期。

　　图二显示了我国网络立法的个体趋势是,"分类而言,专门性的法律 2000 年 1 件、2005 年 1 件、2012 年 1 件。相关性的法律 1995 年 1 件、1997 年 1 件、1999 年 1 件、2001 年 1 件、2006 年 1 件、2007 年 1 件、2010 年 2 件、2011 年 1 件、2012 年 2 件。此外,行政法规共 10 件,1994 年 1 件、1996 年 1 件、1997 年 1 件、2000 年 1 件、2001 年 1 件、2002 年 3 件、2006 年 1 件、2009 年 1 件。司法解释 18 件,1995 年 1 件、1998 年 1 件、2000 年 2 件、2001 年 2 件、2004 年 2 件、2005 年 3 件、2007 年 2 件、2009 年 1 件、2010 年 2 件、2011 年 1 件、2013 年 1 件。部门规章共 40 件,1996 年 2 件、1997 年 2 件、1998 年 2 件、2000 年 2 件、2001 年 2 件、2002 年 3 件、2003 年 1 件、2004 年 5 件、2005 年 5 件、2006 年 2 件、2007 年 1 件、2008 年 2 件、2009 年 5 件、2010 年 4 件、2011 年 1 件、2012 年 1 件。其他规范性文件共 90 件,其中 1995 年 1 件、1996 年 2 件、1997 年 1 件、1998 年 1 件、1999 年 3 件、2000 年 11 件、2001 年 7 件、2002 年 5 件、2003 年 2 件、2004 年 6 件、2005 年 8 件、2006 年 4 件、2007 年 8 件、2008 年 3 件、2009 年 12 件、2010 年 14 件、2011 年 1 件、2012 年 1 件。"①图二显示出,这十几年来,我国各种网络规范性文件变化趋势基本一致,没有明显差别。部门规章和其他规范性文件由于立法主体的分散性和多元化,变化趋势相对于法律、行政法规和司法解释较为明显。

　　如图一、二所示,无论是我国网络法律规则集群,还是法律规则子群,规则产生速度并没有随规则密度增大而持续提高,规则数目没有呈指数式增长。从 1994 年到 1999 年,网络法律规则增长处于平缓阶段,规则数目没有发生明显变化,2000 年是我国网络

---

① 于志刚:《中国网络法律体系的现状分析和未来建构》,载《辽宁大学学报》(哲学社会科学版)2013 年第 4 期。

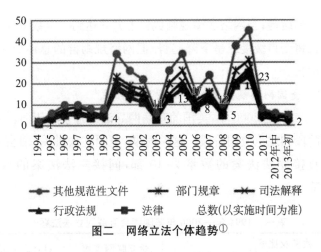

图例：
- ━●━ 其他规范性文件
- ━✳━ 部门规章
- ━✕━ 司法解释
- ━▲━ 行政法规
- ━■━ 法律
- 总数(以实施时间为准)

图二　网络立法个体趋势①

立法的集中爆发期,各种规范性文件数量都明显增多,2000 年以后,网络规则产生率开始逐年下降,2003 年下降到最低水平;2004年,网络规则生产再一次集中爆发;2005 年,网络规则仍继续保持增长趋势;而 2006 年,网络规则产生则再次出现负增长;2007 年,网络规则产生又呈现正向增长趋势;2008 年,网络规则数量又大幅减少,呈负增长;2009 年,网络规则数量第三次集中爆发;2010年,网络规则产生数量达到历史最高水平;2011 年,网络规则产生速度骤降;2012 年和 2013 年,网络规则产生率没有发生明显变化,网络规则增长再次处于平缓阶段。从上述规则变化的趋势我们可以观察到,我国网络法律规则产生率大体上呈现出密度负依赖的特性,即当在某个区域内(既包括网络规则集群也包括各规则子群)网络规则数量较少的时候,网络规则群的成长比那些规则数量较大的区域更为快速;相反,当某个区域内已有网络规则数量较多的时候,网络规则群的成长要比那些规则数量较少的区域内的

---

① 于志刚:《中国网络法律体系的现状分析和未来建构》,载《辽宁大学学报》(哲学社会科学版)2013 年第 4 期。

成长更加缓慢;当网络法律规则数目上升并达到一定数量时,规则的成长将变得缓慢或呈下降趋势,但网络规则群的总体数量仍在继续增长。

2. 美国网络规则产生率的密度依赖性

1994 年至 2006 年,美国的互联网立法经过了认识阶段、快速发展阶段和规范应用阶段。这一时期,美国立法机关(国会)对互联网直接立法法案的数量为 10 部,间接立法法案的数量为157 部。

表一　1994 年—2006 年美国国会互联网立法法案①

年 ＼ 数量及比率	总法案数量	对互联网直接立法法案数量	对互联网间接立法法案数量
1994	1	0	1
1995	0	0	0
1996	3	1	2
1997	4	0	4
1998	18	3	15
1999	15	1	14
2000	21	1	20
2001	12	2	10
2002	25	2	23
2003	12	0	12
2004	14	1	10
2005	14	0	14
2006	27	0	27
所有年份	167	10	157

① 张瑞:《美国历年互联网法案研究(1994—2006)》,载《图书与情报》2008 年第 2 期。

从表一可以看出,这一时段,美国立法机关对互联网直接立法的情况并不多见,而且单独立法的时间也比较集中,主要是在1998年到2002年,互联网单独立法的产生率变化不明显,大多数网络规则都是间接立法。在互联网发展早期,1994年到1998年,美国网络规则产生速度较快,规则数量持续增长,呈现指数式上升趋势;从1999年以后到2003年,互联网发展到一定时期,美国网络规则数目持续上升已经达到一定数量时,网络规则变化开始呈现出不连续波动,规则的成长有时呈增加趋势,有时呈下降趋势;从2003年到2006年,美国网络规则再次呈现快速增长趋势。总体上来看,美国互联网立法法案产生率呈现密度负依赖的趋势,互联网间接立法法案产生率也呈现密度负依赖的趋势。以美国网络安全规则群的演变过程为例,2001年的"9·11"事件之后,美国国会陆续出台了包括《爱国者法案》、《国土安全法》等大量关于网络安全的法案,特别是2002年是网络安全规则的集中爆发期。"包括上述法律在内,美国有超过50部联邦法律直接或间接与网络安全有关。美国国会一直关注网络安全的立法,但自2002年以来,除了通过一些对已有法律的修正案,并没有通过任何重要的网络安全立法。"[1]可见,美国网络安全规则的产生率大体上呈现密度负依赖。

通过以上分析我们可以得出初步的结论:我国和美国网络规则产生率大体上都呈现密度负依赖的倾向。这意味着,随着某个特定区域内网络规则数目的上升,新问题可能遭遇大量现存规则而得到解决,新规则产生的机会就被减少,规则和问题之间是规则吸纳了问题;另一方面,由于问题遭遇到大量现存规则而得以解决,规则所在区域对组织的吸引力就下降,问题可能在其他区域得

---

[1] 刘金瑞:《美国网络安全立法近期进展及对我国的启示》,载《暨南学报》2014年第2期。

以发现。

二、网络规则的产生和问题吸纳

(一) 问题重现率和对问题发掘者的吸引力

通过对我国和美国网络规则产生率密度依赖性的分析,我们得出:规则和问题之间是规则吸纳了问题,同时,二者之间关系也会受到其他因素的影响而变得复杂化。

一种情况是,某些问题可能会反复出现,并且不同的问题拥有不同的重现率,某类问题可能比其他问题发生更为频繁。特殊问题被吸纳的比例依赖于它们的重现率,由于重复出现的问题吸引了组织更多的注意力,因此它们被规则吸纳的速度比稀有问题更迅速。"相对于那些并不频繁发生的重现问题而言,这种通过重现频率而进行的排序以一种更为可信和迅速的方式将重现问题从问题空间中移除。仍然没有被规则吸纳的剩余问题组逐渐由罕有发生的问题组成。可以这样设想,某个区域内规则数目的缩减为新规则提供了新机会。在缺少新问题进入区域的情况下,有助于组织规则注意力及其产生的问题供应是已有规则密度的负函数。相反,规则废止减轻了新规则所承受的竞争性压力。与此同时,随着废止数目的增加并因而导致规则密度下降,这个区域对问题发掘者的吸引力也攀升。因而,组织规则产生率被预期会随着某个群内废止数目的上升而提高。"[1]

网络信息安全是各国网络规则创建中最为关注的问题。网络信息安全按照保护对象不同可以分为国家安全和个人安全[2]。我国网络安全规则群分为国家安全规则群和个人安全规则群两个子

---

[1] [美]詹姆斯·马奇、马丁·舒尔茨、周雪光:《规则的动态演变——成文组织规则的变化》,童根生译,上海人民出版社 2005 年版,第 61—62 页。

[2] 国家安全也包括社会公共安全。个人安全包括网民个人信息安全和互联网企业信息安全。

群。网络空间中危害国家安全的问题较为突出,包括网络赌博、网络色情、网络谣言、针对国家网络系统的攻击行为等,这些问题不断重复出现,并随着网络技术的深入发展不断呈现出新的样态,也吸引了组织更多注意力,相对于网络空间中个人安全问题,这些影响到国家安全或公共安全的问题出现更为频繁,被大量现存网络规则吸纳的速度也更迅速。另一方面,近年来,我国关于保护国家信息安全的规则产生数量较多并持续增加,但当网络国家安全规则区域内规则密度提高达到一定程度时,问题由于被规则吸收而问题的供应减少了,作为问题发掘者目标的这个区域的吸引力就下降了,并且问题会在网络个人安全规则区域内得到发现或创建。由此可见,国家安全规则群和个人安全规则群的规则密度不一致,对组织注意力的影响也并不一致,组织规则注意力及其产生的问题供应是已有规则密度的负函数。

从 1994 年至今,我国通过的一系列网络安全规则多数以保护国家信息安全为出发点,并通过将危害国家信息安全行为入刑的方式来强调组织注意力的高度重视。"美国犯罪学家埃德温·H.萨瑟兰就开始分析和研究才智和现代技术工具的结合产生犯罪的可能性。他建议,犯罪学家应将他们的注意力从传统犯罪转向利用技术和才智实施的犯罪。到如今,其预言已被证实。"[1]譬如,针对黑客攻击和入侵问题。1997 年,新修订的刑法典仅仅增设了两种危害国家计算机信息系统安全的犯罪,而对危害个人信息安全的行为没有被刑法规则所吸收。直到 2009 年,《刑法修正案(七)》才对通过互联网窃取他人信息、侵犯个人隐私的犯罪做了补充和修正。网络赌博危害社会安全,严重扰乱社会秩序,也引起组织高度关注和重视,为此,2006 年的《刑法修正案(六)》增加了开设赌场罪,将在网络空间设立赌博网站的行为认定为开设赌场罪,网络

---

① 姜涛:《论网络赌博罪的认定及其立法建构》,载《河北法学》2006 年第 5 期。

赌博问题被吸纳到刑法规则中。2010 年 8 月 31 日,最高法院、最高检察院和公安部共同发布了《关于办理网络赌博犯罪案件适用法律若干问题的意见》。网络色情问题也不断重复出现,一直是我国政府对互联网规制的重点。早在 1995 年,公安部就颁布了《关于严厉打击利用计算机技术制作、贩卖、传播淫秽物品违法犯罪活动的通知》。1996 年,公安部发布了《关于加强信息网络国际联网信息安全管理的通知》①。1996 年国务院发布、1997 年修正了《计算机信息网络国际联网管理暂行规定》②。2000 年,全国人民代表大会常务委员会通过《关于维护互联网安全的决定》③。中央有关部门也制定了一些部门规章,如 2003 年的《互联网等信息网络传播视听节目管理办法》④、《互联网文化管理暂行规定》⑤。还有 2004 年,"两高"出台了《关于办理利用互联网、移动通讯终端、声讯台制作、复制、出版、贩卖、传播淫秽电子信息刑事案件具体应用法律若干问题的解释》。2010 年,"两高"重新颁布司法解释。可见,网络淫秽色情物品一直是我国政府重点打击的对象。还有网络谣言是最近几年政府关注的焦点问题。2011 年起,网络造谣事件接连发生,如"郭美美炫富"事件、诋毁雷锋事件、"7·23"动车天价赔偿事件、"抢盐风波"等,公安部门开始集中打击网络谣言违法犯罪。2013 年,"秦火火"、"立二拆四"等一些"网络大谣"因涉嫌犯罪被警方刑事拘留,引起社会广泛关注。随即 2013 年 9 月 9 日,关于办理利用信息网络实施诽谤等刑事案件的司法解释正式出台,该《解释》将网络谣言进一步纳入刑法规则轨道。2014 年,共青团中央向全国政协十二届二次会议提交提案,"提案建议,尽

---

① 《关于加强信息网络国际联网信息安全管理的通知》
② 《关于加强信息网络国际联网信息安全管理的通知》
③ 《关于加强信息网络国际联网信息安全管理的通知》
④ 《关于加强信息网络国际联网信息安全管理的通知》
⑤ 《关于加强信息网络国际联网信息安全管理的通知》

快研究制定国家网络信息安全法，并以此作为上位法依据，制定针对青少年的网络使用、信息安全等法律法规。顺应互联网新应用、新技术的发展，对现有的法律法规和部门规章及时进行补充和修订。"①综上所述，由于危害国家或公共安全的网络事件和问题反复出现，从而吸引了组织更多的注意力，因此，它们被规则吸纳的速度比稀有问题更迅速。

"相对于那些并不频繁发生的重现问题而言，这种通过重现频率而进行的排序以一种更为可信和迅速的方式将重现问题从问题空间中移除。仍然没有被规则吸纳的剩余问题组逐渐由罕有发生的问题组成。"②譬如，我国对网络空间中个人信息保护问题一直未被规则所吸纳或者被规则吸纳的速度极为缓慢。我国目前尚未制定《个人信息保护法》，现有网络法律法规中对个人信息保护的规则也相对较少。国外学者认为，"中国的法律系统在自由言论权利中并不是口头上说说而已。权力要求通常要比保护隐私的需要更占优势。"③我国有学者指出，原因在于"在网络时代之前，我们所探讨的信息领域的安全的表达，可能更多的考虑的是国家的安全，换句话说，因为资源或者说是各种各样信息的来源发布方式、传播方式，更多的是由点到多点传播，所以使得信息的表达、传播，还有信息的传递过程，本身是具有天然的规模性和汇聚性，网络出现以后出现了交互，使得每个个体成为信息的生产者、拥有者，每个个体开始发现自己的价值和传播的仅仅作为信息的受众而言发生了改变，在这种情况下出现了对于个人的信息权利的发现和再发现过程，这样对人们原来没有注意或者没有引起足够注意的信

---

① 朱磊：《加快制定网络信息安全法》，载《法制日报》2014 年 03 月 10 日第 07 版。
② ［美］詹姆斯·马奇、马丁·舒尔茨、周雪光：《规则的动态演变——成文组织规则的变化》，童根生译，上海人民出版社 2005 年版，第 61—62 页。
③ ［美］曼纽尔·卡斯特：《网络社会——跨文化的视角》，周凯译，社会科学文献出版社 2009 年版，第 121 页。

息权利,在今天网络时代出现了充分的重视,由于这样的重视使得原来我们社会里面占主体的,由国家的安全或者是国家对于信息资源的垄断和控制在今天被大大削弱,由于网络的出现被大大削弱,形成各种各样的信息主体,充分的展现出来,在这个过程当中,国家的安全和个人的隐私保护,在信息社会里都是非常重要的权利。因为本身来讲,每个国家的安全稳定和持续有效的发展,是保证本国公民的各种合法权益的基础。在这种情况下,必须要考虑保护国家的安全。与此同时,我们也确实需要考虑到的是正在日益增长的用户的,或者是每个公民的自身的信息权利,它的重要性和它的价值,以及他在这个社会当中被认可的程度,正在逐步提升。这是和原来不同的地方。这并不是说在国家安全和个人隐私之间孰轻孰重的问题,这两个应该是要统筹考虑,从国家层面上再做顶层设计,换句话说,要确定中国进入到网络社会这样一个时候,应该建立一个什么样的合适的机制、体制,去保障国家的安全,保障公民的合法的权益,我们在国家安全方面通常探讨的比较多一些,但是今天我们谈到个人隐私保护的时候,已经可以注意到,个人的信息实际上是构成了一个国家整体安全的重要组成部分。所以应该成为我们在进行相关的立法、技术保护、安全保障的时候,统筹研究的一个共同的组成部分。"①因此,我们预期在我国网络安全规则群这个区域内,个人信息安全规则数目的缩减②为新规则创建提供了新机会。同时,网络环境下个人隐私和信息安全问题开始引起组织注意力的较大关注③。从2006年开始,"人肉搜

① 李欲晓:《互联网治理与法律研究中心主任李欲晓谈网络主权保护》,http://www.fangtan.people.com.cn/n/2013/0705/c147550-22097762.html(访问日期:2013年12月18日)。
② 在网络安全规则群这个区域内,个人信息安全规则绝对数量没有发生变化,相对于网络国家安全规则数量的增加来说,个人信息安全规则数量是相对缩减。
③ 网络国家安全问题已从问题空间中被部分移除。

索"事件不断发生,网络隐私权保护问题也开始在一定程度上吸引立法者的注意力。2009年,《刑法修正案(七)》对擅自侵入互联网窃取他人信息的行为规定为犯罪,但"人肉搜索"问题至今没有被刑法规则所吸纳。"由于广泛存在着政府、企事业单位等主体通过网络或者其他形式采集并形成个人电子信息的实践,近年来有关个人电子信息被贩卖、滥用进而侵害公民权利的案件时有发生。"①如何对个人网络信息安全保护的问题再次出现,并引起组织持续关注。2010年,国务院新闻办公室发表《中国互联网状况白皮书》提出,我国要大力加强网络个人隐私保护。"保护互联网上的个人隐私关系到人们对互联网的安全感和信心。中国政府积极推动健全相关立法和互联网企业服务规范,不断完善公民网上个人隐私保护体系。"②2012年"两会"期间有代表提出,对个人信息保护的规定仅限制在刑事领域还远远不够,我国迫切需要制定一部全面、统一、明确的关于信息安全的基本法。2012年12月,全国人大颁布了《关于加强网络信息保护的决定》,这是我国第一个关于网络个人信息保护的立法文件。《决定》的出台及时回应了现实发展的需要,保护个人网络信息已经成为一项基本的社会共识。"③2013年,"两会"代表委员们对网络信息安全立法的呼声仍旧没有停止,呼吁尽快制定《个人信息保护法》,提出我国目前缺少一部对个人信息保护的专门法律,现有的网络信息保护法律法规中没有对网络数据和个人信息作出明确的定义与区分,对发送垃圾邮件、垃圾短信等侵害公民合法权益的行为也没有作出明确的处罚规定。2013年,"棱镜门"事件重新引起各国

---

① 余荣华:《北京破获特大贩卖个人信息案——网上"夫妻店",倒卖上千万条公民信息》,载《人民日报》2011年09月23日第11版。

② 《中国互联网状况白皮书》,www. http://news. xinhuanet. com/politics/2010-06/08/c_12195221. htm(访问日期:2013年6月30日)。

③ 曹林:《网络立法需要寻求基本共识》,载《中国青年报》2012年12月24日第01版。

和组织的高度注意,该事件带来的问题就是个人数据和信息的保护问题以及个人隐私的保护问题。2013 年,国务院发布了《国务院关于促进信息消费扩大内需的若干意见》,尽管这些只是对个人信息保护立法的提案和意见,距离法律规则产生还有一段时间,也反映了组织注意力向这个方向迈出重要的一步。

(二) 规则和问题之间的距离

规则密度负依赖意味着规则和问题之间是规则吸纳了问题。规则密度也会受到规则和问题之间距离的影响。我们可以预测,如果两个规则群之间呈现功能性或程序性互倚,这两个规则群就是相近关系,并且某些规则子群会在其他临近子群内发现问题。当规则区域丛形成紧密的生态共同体时,每个共同体内的规则密度会影响共同体内不同区域内的规则产生,可能存在的是,如果规则群在功能和程序上相对独立,则密度效应可能会被限制在各自群体内。

我国的网络法律规则可以被视为一个规则生态共同体。由于我国没有统一的网络基本法,网络成文规则散见于各个法律、法规、规章、司法解释和指导性文件中,从而构成一个网络规则生态群,或者网络规则共同体。我国网络规则共同体按照法律规则"是否因网络而产生或为之专用标准"①,可以分为网络法特有制度和非网络法特有制度两类规则子群。这两个规则子群功能上相互依附,相连并且互补。非网络法特有制度是指非网络法,即只是在对其他行业立法中提及到互联网规则的法律,并非专为解决网络问题而设置的法律规范。它们"产生于网络之前,或者虽产生于网络之后,与网络问题无直接关系,但却间接约束人们网络行为的规范"②。非网络法特有制度既包括公法规则,也包括私法规则。据

---

① 张楚主编:《网络法学》,高等教育出版社 2003 年版,第 15 页。
② 张楚主编:《网络法学》,高等教育出版社 2003 年版,第 5 页。

不完全统计,非网络法数量共计 11 部,具体包括:1997 年的《刑法典》和《刑法修正案(七)》中关于网络犯罪及其刑事责任的规则;《侵权责任法》中关于网络侵权及其民事责任的规则;《著作权法》对信息网络传播权的规则;《未成年人保护法》中关于未成年人网络保护的规则;《人民警察法》中规定了公安机关负责保护计算机信息系统安全;《刑事诉讼法》和《民事诉讼法》中关于电子数据的规则;还有《预防未成年人犯罪法》、《治安管理处罚法》、《涉外民事关系法律使用法》中和互联网有关的规则。网络法特有制度,"即通常所谓的网络法,它以社会化的网络应用关系为对象。"①据不完全统计,从 1994 年计算机第一次引入我国开始,截止到 2012 年12 月 31 日,网络法特有制度包括:三部互联网专门法律②,国务院发布的关于互联网管理的行政法规十件,国务院各部委、直属机构制定的关于互联网管理的部门规章四十多件,还包括大量的指导性文件、示范法和司法解释。按规则公布或实施时间顺序排列,最早是 1994 年出台的《中华人民共和国计算机信息系统安全保护条例》;1996 年通过了《中国计算机互联网国际联网管理办法》、《计算机信息网络国际联网出入口信道管理办法》、《计算机信息网络国际联网安全保护管理办法》;1997 年修正了 1996 年的《中国计算机互联网国际联网管理办法》和《计算机信息网络国际联网安全保护管理办法》;1998 年通过了《〈计算机信息网络国际联网管理暂行规定〉实施办法》、《计算机信息系统保密管理暂行规定》;2000 年创建的网络规则较多,有《计算机信息网络国际联网保密管理规定》、《互联网电子公告服务管理规定》、《互联网信息服务管理办法》、《互联网站从事登载新闻业务管理暂行规定》、《互联网上网服务营业场所管理办法》、《电信条例》、《全国人民代表大会常务

① 张楚主编:《网络法学》,高等教育出版社 2003 年版,第 5 页。
② 这里"法律"是指由全国人民代表大会及其常委会通过的法律规范。

委员会关于维护互联网安全的决定》；2001 年颁布了《互联网上网服务营业场所管理条例》；2005 年颁布《互联网新闻信息服务管理规定》和《电子认证服务管理办法》；2006 年的《互联网电子邮件服务管理办法》、《信息网络传播权保护条例》和《互联网站管理协调工作方案》；2009 年的《通信网络安全防护管理办法》；2010 年的《中国互联网状况白皮书》和《关于开展信息安全等级保护专项监督检查工作的通知》；2011 年的《信息安全技术个人信息保护指南》（草案）、《规范互联网信息服务市场秩序若干规定》；2012 年公布了《信息安全技术公共及商用服务信息系统个人信息保护指南》①和《全国人大常委会关于加强网络信息保护的决定》，国务院法制办正在修订《互联网信息服务管理办法》；2013 年国务院发布《国务院关于促进信息消费扩大内需的若干意见》，此外还有"两高"公布的《关于办理利用互联网、移动通讯终端、声讯台制作、复制、出版、贩卖、传播淫秽电子信息刑事案件具体应用法律若干问题的解释》、《关于办理利用信息网络实施诽谤等刑事案件的司法解释》等。

对我国网络法律规则两个规则子群进行密度分析，我们可以发现，非网络法规则群有这样几个特点：规则位阶较高，规则距离问题较远（更多是原则性规定）；规则比较分散，规则之间联系松散，涉及各个部门法领域；规则数量不多，规则密度较小；规则产生速度较缓慢。尽管如此，非网络法的创建也吸纳了一部分问题，如果问题数目相对固定（或者被控制），我们预期非网络法规则的数目会降低网络法特有规则的产生率，同时我们也观察到，非网络法规则群和问题之间距离较大，规则的产生率较低，规则群数量相对稳定。这是由于现实社会中的很多法律规则经过改进和完善，仍

①　2011 年和 2012 年的"指南"都属于指导性文件，不具有强制约束力，是推荐给行业选择适用的"示范法"。

可以规制网络行为,这样大量网络空间中的问题,如网络犯罪、网络侵权、网络著作权保护、未成年人网络保护、电子数据等都被非网络法规则所吸收。接下来,未被现有非网络法规则吸纳的问题流入某个领域,问题会导致网络规则在其他领域内得到创建,即产生网络法特有制度。我国尚未对网络信息安全的含义作出明确界定,也没有出台单行法律,虽然我国已制定了一系列关于网络信息安全的规则,但是还有很多问题仍未被现有规则所吸收,还需要将有关网络信息安全的基本问题作出统一规定,因此,我国还需要创建网络信息安全的基本法,为网络空间的规制提供专门的法律依据。我们可以看到,在网络法特有规则这一区域,网络法特有规则和问题之间距离较近,但其位阶较低,大多数规则表现为行政法规和部门规章;规则的产生和变动速度较快,规则数量增长迅速,规则密度较大,规则产生速度和数量远远大于非网络法特有规则;网络法特有规则产生率受到非网络法特有规则密度的影响。

譬如,我国对网络环境下知识产权保护规则经过了如下演变过程。2001年10月,全国人大常委会对我国《著作权法》作出修正,明确规定了"信息网络传播权",这只是《著作权法》为网络时代版权保护"占了一个坑",《著作权法》第十条仅规定了信息网络传播权的概念,关于这项权利的具体表现内容和相关保护措施,还需要由国务院制定详细的规则。2010年,《著作权法》进行了第二次修订。未被现有著作权法(修正后的《著作权法》)吸纳的问题将流入某个特定领域,这些问题会导致关于信息网络传播权的规则在网络法特有领域内得到创建,即产生信息网络传播权的特有制度。具体包括:2003年最高人民法院修正的《关于审理涉及计算机网络著作权纠纷案件适用法律若干问题的解释》,2005年国家版权局和信息产业部联合发布的《互联网著作权行政保护办法》,2006年施行的《信息网络传播权保护条例》,"条例基本上对网络环境下的基本原则、权利属性、权利限制、权利行使、法律责任,作出了相对全面的规定,应该说从法律层面上来讲,我们对数字网络环境下的技术发展状况是做出了反应的。"[1]还有 2013 年《国务院关于修改〈信息网络传播权保护条例〉的决定》。2011 年,国家新闻出版总署正式宣布启动《著作权法》的第三次修订,国家新闻出版广电总局政策法规司司长说:"也是基于这套制度[2]仍不太成熟,在《著作权法》第三次修法过程中,成为了修法的主要内容。"2014 年,国务院法制办已将《著作权法》修订草案向全社会各界公布,寻求多方意见,备受关注的《著作权法》第三次修订将尽快提交全国人大。从上述演变过程可以看到,我国网络知识产权保护规则的两个规则群,即《著作权法》及其修正案中关于信息网络传播权的规则和关于信息网络传播权特有制度中的规则之间呈现功能性互倚,规则密度之间相互影响。

第二节　注意力分配和问题确认

"规则被学习、问题解决、讨论、冲突、讨价还价以及决策的相对有意识的过程所改变。这些过程需要激活成员和程序,并在这些问题中投入精力。当决策者的注意力集中在规则或某个特定规则区域时,规则变化的可能性就增加。因而,我们期望发现,某个区域内的规则变化率与被分配至那个区域内的注意力呈正相关关

---

① 王峰:《著作权法进行第三次修订　补全信息网络法制短板》,http://news. sina. com. cn/c/2014-09-26/022030915911. shtml(访问日期:2014 年 9 月 30 日)。
② 这套制度具体特指《信息网络传播权保护条例》及其修正案。参见王峰:《著作权法进行第三次修订　补全信息网络法制短板》,http://news. sina. com. cn/c/2014-09-26/022030915911. shtml(访问日期:2014 年 9 月 30 日)。

系。"①受注意力分配理论的影响,某个规则的变化将会提高其他规则变化的可能性,也有足够的证据表明某个规则的变化将会降低其他规则变化的可能性。

一、注意力的扩散和竞争效应

在注意力结构的作用下,注意力分配过程由两个主要生态现象所塑造,即注意力的扩散和注意力的竞争。有充足的理论和事实表明,某个规则的变化将会提高其他规则变化的可能性,也有足够的证据表明某个规则的变化将会降低其他规则变化的可能性。

(一) 注意力的扩散效应

"第一种生态现象是问题确认和注意力的扩散,以及一个体系内某个部分的注意力扩展到其他部分的方式。这种扩散,或者倍增(Multipier)效应导致某个规则的变化会提高另一个规则变化的可能性。政治和组织的关注可能会促使规则提早发生变化。这种关注可能扩散至整个区域。当决策者看到某个特定规则或规则区域内的问题时,邻近规则变化的可能性就会提高。"②"稍微有些类似的观点在不同的时期内应用于注意力分配的影响。然而,这两种情况存在区别。尽管注意力的扩散可以被设想为发生在不同时间,因而,在前一时期内的注意力可能刺激随后时期内的关注,在不同时间内对稀缺注意力资源竞争的影响更成问题。因此,我们认为关于不同时间内注意力的扩散效应(相对于竞争效应)要比关于不同领域内的注意力扩散效应更为强大。如果存在先前的注意

---

① [美]詹姆斯·马奇、马丁·舒尔茨、周雪光:《规则的动态演变——成文组织规则的变化》,童根生译,上海人民出版社 2005 年版,第 63 页。
② [美]詹姆斯·马奇、马丁·舒尔茨、周雪光:《规则的动态演变——成文组织规则的变化》,童根生译,上海人民出版社 2005 年版,第 63 页。

力分配对当前规则变化的影响,则我们预期这种影响将是正向的。"①

1. 不同领域内的注意力扩散效应

"在某一特定时期内,问题确认会从某个特定规则传播至随后的同一规则或者同一时期的相邻规则。组织注意力并非严格局限于特定规则,结果,一旦组织注意力被激活,它就可能引起邻近规则领域内的变化,而并非距离更远的领域内的变化。组织内不同场合之间的界限限制了注意力的流动。界限的可渗透性依赖于外部冲击的强度以及问题的持久性,也依赖于构成某个组织结构间连接的相互重叠的特性。"②

不同领域内的注意力扩散效应以美国网络规则——《国家信息基础设施行动计划》为例。美国历届政府一向重视网络空间战略。1993 年,克林顿政府通过了《国家信息基础设施行动计划》(NII),"NII"提出了建立"信息高速公路"、发展网络经济的国家战略。这一网络规则确立了美国宏观性的互联网发展计划,这一规则的出台可能导致与美国网络经济相关的各个领域的规则发生变化。我们可以看到,在这一阶段,美国国会和政府陆续出台的一系列与互联网相关的规则和政策通常都是为了促进网络经济发展而推出的优惠措施。首先,在电子通讯方面,1996 年,克林顿总统签署了《电信法》。1996 年《电信法》的指导思想和核心目标是打破媒体间的壁垒和垄断,放宽对电信、电话和广播电视行业的限制,互联网产业向各个领域全面开放,实现行业之间公平竞争,促进媒介之间的融合。"该法是将近 62 年来第一个大幅修正 1934 年美

---

① [美]詹姆斯·马奇、马丁·舒尔茨、周雪光:《规则的动态演变——成文组织规则的变化》,童根生译,上海人民出版社 2005 年版,第 65 页。

② [美]詹姆斯·马奇、马丁·舒尔茨、周雪光:《规则的动态演变——成文组织规则的变化》,童根生译,上海人民出版社 2005 年版,第 63 页。

国通讯法的美国电信相关法令。一般认为,修改后的新法律具有三个方面的特点:打破媒体间的壁垒,允许各不同媒体市场的相互渗透;放宽媒介所有制限制,促进竞争;以法的形式规范节目内容,限制色情和暴力等低俗内容的传播。"[1]其次,在税收方面,1998年2月,克林顿总统签署了《互联网税收特权法案》[2];1998年出台了《国际网络免税法》[3]。还有在电子商务、互联网版权保护方面都制定了一系列的规则,如1998年,国会通过《数字千年版权法》;1999年,国会通过《反域名称抢注消费者保护法》、《统一电子交易法》;2000年出台了《防止数字化侵权及强化版权补偿法》等,从而保障和促进了互联网产业的健康发展。可以说,这些规则适应了美国互联网产业发展的实际需要,符合当时美国国内经济和社会发展的现实要求,是美国宏观性网络经济规则在各个相邻领域的反应,同时也反映了不同领域内的组织注意力的扩散效应。

2. 不同时期的注意力扩散效应

不同时期的注意力扩散效应可能要比不同领域的注意力扩散效应更为明显。美国网络安全的战略框架充分体现了不同时期组织注意力的扩散效应。

随着美国的经济、社会各个方面和国家安全对互联网系统和信息基础设施的逐渐依赖以及"9·11事件"后来自恐怖主义的威胁,美国政府的注意力开始集中关注对关键基础设施信息系统的保护,并逐步制定出一系列重要的确保网络信息安全的战略措施,两个最核心的战略性规则是《网络空间安全国家战略》和《网络空

---

① 郭庆光:《二十一世纪美国广播电视事业新构图——〈1996年电信法〉的意义与问题》,载《国际新闻界》1996年第6期。
② 该法案规定:"在未来6年内禁止美国联邦政府及各州政府征收电子商业交易税以及禁止政府对互联网服务业的不合理收税。"
③ 该法案规定:"在未来6年内禁止美国联邦政府及各州政府征收电子商业交易税以及禁止政府对互联网服务业的不合理收税。"

间国际战略》。2003年2月,乔治·布什总统发布《网络空间安全国家战略》,这一规则标志着美国正式将网络空间安全由"政策"和"计划"上升到"战略"高度,提出了美国确保网络空间安全的战略目标、指导方针①等。2010年5月,奥巴马政府公布《国家安全战略》。"这份文件对其前任布什总统2006年出台的《国家安全战略》既有继承,也有修正。这个战略多次提到了网络空间安全的重要性及如何从战略上应对网络安全威胁,提到了美国将同盟友和其他全球合作伙伴在应对网络安全威胁及网络犯罪治理方面加强合作。"②2011年5月,奥巴马政府公布《网络空间国际战略》,提出了制定网络空间政策依据的原则和战略重点,从该战略可以看出,美国意图确立其在网络空间的主导地位,利用其技术优势和国家各种资源来掌控网络空间规则的制定权;7月,美国国防部发布《网络空间行动战略》,其目的也是维护和确保美国在网络空间的利益。2014年,奥巴马总统公布了《网络安全框架》。奥巴马政府的网络空间安全战略具有继承性和延续性。"在小布什政府后期,美国已经开始探索建立在网络空间的霸权,具有标志性意义的'奥林匹克计划'和'棱镜计划'正是在这一时期开始执行。奥巴马上台后继承了上述项目并加大投入。此外,小布什政府在任期结束

---

① 三大战略目标是:防止美国关键基础设施遭受网络攻击;减少美国的网络攻击所针对的漏洞;确实遭受网络攻击时,将损害及恢复时间降至最低。六项指导方针是:促进全国性合作;保护隐私及公民自由;发挥法律和市场的作用;明确义务和责任;确保战略弹性;制订长期的计划。参见 the White House, National Strategy to Secure cyberspace, https://www. us-cert. gov/reading_room/cyberspace_strategy. pdf. (访问日期:2014年10月10日)。

② 三大战略目标是:防止美国关键基础设施遭受网络攻击;减少美国的网络攻击所针对的漏洞;确实遭受网络攻击时,将损害及恢复时间降至最低。六项指导方针是:促进全国性合作;保护隐私及公民自由;发挥法律和市场的作用;明确义务和责任;确保战略弹性;制订长期的计划。参见 the White House, National Strategy to Secure cyberspace, https://www. us-cert. gov/reading_room/cyberspace_strategy. pdf. (访问日期:2014年10月10日)。

之前,曾委托分别来自民主党和共和党的两位众议员牵头美国战略与国际中心(CSIS)制订《致第 44 届总统网络安全报告》。该报告建议,在小布什时期网络安全战略基础之上建立一个包括外交、情报、军事、经济的综合性网络安全战略。奥巴马对此照单全收,其后来发布的多项网络空间战略都源自此报告的思想。"[①]"从克林顿政府到奥巴马政府的网络安全政策战略的演进,可以发现在网络安全应对策略上,美国政府基本经历了从国内到国际,从政策到立法,从被动应对到主动防御、再到国际威慑的阶段,这显示了美国网络安全策略逐渐走向全面和成熟,也体现了其争夺网络空间主导权的深层次战略意图。"[②]

　　通过上述分析,我们发现:美国网络安全战略的演进过程和主要内容充分反映了不同时期美国政府注意力的扩散效应。这一扩散效应主要表现为:美国政府始终以网络空间安全和关键信息基础设施的保护为重心,重点围绕三个方面规则的制定和完善,即政府和私营部门之间的互利合作问题、网络信息的监控和安全问题以及个人隐私和言论自由保护问题,而这三个方面也是美国政府和立法机关对网络空间进行全面规制的重点内容。

(二) 注意力的竞争效应

　　第二种生态现象是对注意力的竞争,以及体系内某一部分的注意力转移(或者取代了)其他部分的注意力。"在很大程度上,源于有限理性/满意基础的组织决策理论就是注意力分配的理论。它们认为组织决策中的一个基本因素是稀缺的注意力资源在不同问题之间的分配方式。如果注意力在一个组织中是取之不尽的资源,则注意力生产和扩散的过程将使关注充斥于规则。然而,那并

---

① 鲁传颖:《奥巴马政府网络空间战略面临的挑战及其调整》,载《现代国际关系》2014
　年第 5 期。
② 刘金瑞:《美国网络安全立法近期进展及对我国的启示》,载《暨南学报》2014 年第 2
　期。

不是我们所观察到的现象。更为切实的现象是，注意力受决策者利用它们来关注规则的可获得性的限制。规则变化经常需要动员、协商以及共识因素。即使当规则变化没有显著不一致的时候，规则也需要稀少的注意力和精力。如果已知注意力稀缺，则针对规则制定的注意将减少其他活动方面可获得的注意。规则制定机构的议程中与规则相关的事项将组织的注意力导向规则体系，因而提高了规则体系经历变化的可能性。另一方面，与规则无关的事项将组织注意力从规则体系上转移开，因而降低了规则的修订率。由于注意力的有限性，对注意力的竞争在决定给予任何特定规则变化机会的注意力方面也是一个重要的因素。处理规则事务的组织体系在某个时间只能容纳有限数目的规则问题。结果，自觉的注意力分配以及操纵就是规则动态演变的因素，正如不带有刻意意图的结构化注意力的稳定组织过程一样。"①

　　"在某个特定规则机构的早期阶段，注意力被动员以关注规则。规则得以创建及修订。然而，同一水平的注意力并不能无限期地维持；当其他问题吸引组织的注意力，以及当由关注某一特定规则组所带来的明显的组织和政治回报下降的时候，投入修订那组规则的精力就减少。结果，与某个规则相关的组织学习呈现不连续的过程。当注意力集中在某个问题域时，学习才会发生。当注意力转移或者变得稀缺，学习的比率就会下降。"②"在一个特定的注意力领域内，我们可以感受到注意力竞争的影响。换言之，对注意力的竞争发生在拥有共同决策者以及共同普遍问题的规则内。因而，某个规则的变化似乎可能降低其他规则变化的可能性。特别是当导致规则变化的政治性和程序性压力基本上是象征性的

①　[美]詹姆斯·马奇、马丁·舒尔茨、周雪光：《规则的动态演变——成文组织规则的变化》，童根生译，上海人民出版社 2005 年版，第 63—64 页。

②　[美]詹姆斯·马奇、马丁·舒尔茨、周雪光：《规则的动态演变——成文组织规则的变化》，童根生译，上海人民出版社 2005 年版，第 64 页。

时候,对某个规则所采取的行动倾向于取代在另一个规则上的行动。"①同时,我们也要考虑组织决策集中化的效应。"在高度集中化的组织结构内,规则制定的权威也得以集中。因此,我们预期注意力竞争的影响将更为明显。另一方面,在高度分权的结构内,规则制定的责任也呈现分散化,我们预期不同领域间的规则制定活动会更为分离,并且注意力竞争的影响也更微弱。"②

　　规则制定机构的注意力是有限的,因此在网络规则制定过程中的一个基本考量因素就是稀缺的注意力资源如何在不同问题之间分配。从我国现有互联网基础立法现状和立法需求的紧迫性出发,并全面考虑利用现有的立法资源,我国提出了网络立法的基本原则之一——优先性原则。对此,有专家建议,我国首先应加快制定网络安全和社会管理方面的法律,安全是网络社会法治化、秩序化的表现,也是网络行为主体参与网络活动的必要前提,因此,网络立法应充分考虑并坚持安全第一的原则,而且网络安全立法在我国网络法制化进程中起步也最早。2003 年的《国家信息化领导小组关于加强信息安全保障工作的意见》是我国第一次从国家层面提出加强网络信息安全保障。2006 年,我国提出了加强保护基础信息和重要信息系统的"国家信息安全战略"。2012 年,国务院公布了"初步形成国家信息安全保障体系"的战略目标。2013 年,党的十八届三中全会提出了"加大依法管理、确保国家网络和信息安全"的方针。在各项网络安全战略和方针的指导下,构建网络安全法律制度是我国网络立法的首要问题。具体包括:首先,在 2000 年全国人大《关于维护互联网安全决定》的基础上,明确规定

---

① 〔美〕詹姆斯·马奇、马丁·舒尔茨、周雪光:《规则的动态演变——成文组织规则的变化》,童根生译,上海人民出版社 2005 年版,第 65 页。

② 〔美〕詹姆斯·马奇、马丁·舒尔茨、周雪光:《规则的动态演变——成文组织规则的变化》,童根生译,上海人民出版社 2005 年版,第 65 页。

各种网络非法行为和侵权行为及其法律责任,建立权力责任、权利义务相统一的网络安全规则体系①。"有效维护互联网安全是我国互联网管理的重要范畴,在互联网立法中确立和贯彻保障互联网安全原则,是保护国家利益、公共利益的必然要求,也是维护互联网应用过程中相关个人、法人和其他组织的利益的客观要求。"②其次,研究制定《互联网服务监管办法》,加快互联网社会管理方面的立法③。目前我国在互联网社会管理方面仍存在较为突出的问题,网络服务质量监管体系、服务标准体系和诚信评价体系等制度尚不健全,从而导致网络不正当竞争现象严重,弱势群体的合法权益难以得到保障,这方面也是立法者优先考虑的重点。第三,加快促进互联网产业发展的立法④。我国当前存在很多不利于互联网产业发展的情况,互联网产业发展立法严重滞后于实践的突出问题,因此,保障互联网产业的良性、持续发展也是我国现有立法的迫切需要。第四,加快制定《电子商务法》⑤。我国在电子商务信用管理方面立法严重缺失,电子交易的配套制度也极不完善。在优先制定网络安全和社会管理规则的基础上,我国还应加快完善互联网权利保障立法。"从立法资源稀缺和立法周期较长的角度考虑,单独制定专门的民事、刑事和知识产权法律法规的立法成本较高,通过对现有民事、刑事和知识产权立法的修订、完善,增加、补充与互联网应用相关的特殊条款、特殊规则,可以更有效地明确互联网环境下的权利保护和救济规则,实现个人权利充

① 网络安全体系包括:健全互联网安全监管体制,明确界定互联网安全监管部门的权力、责任;强化对互联网运行的全过程记录制度,完善互联网安全预警和保障机制,建立"多位一体"的安全防护体系;完善互联网安全技术标准体系;健全民事责任、行政责任、刑事责任互为补充、彼此协调的法律责任体系。
② 张平:《互联网法律规制的若干问题探讨》,载《知识产权》2012年第8期。
③ 张平:《互联网法律规制的若干问题探讨》,载《知识产权》2012年第8期。
④ 张平:《互联网法律规制的若干问题探讨》,载《知识产权》2012年第8期。
⑤ 张平:《互联网法律规制的若干问题探讨》,载《知识产权》2012年第8期。

分保障和互联网产业健康、可持续发展的平衡。"①通过以上分析，我们可以看到，在我国立法机构有限注意力的限制下，共同决策者在互联网领域安全与社会管理立法方面比在互联网权利保障立法上可能会投入更多的精力，这可能是政治性压力导致的，也是注意力竞争的影响。就某个特定规则制定机构而言，注意力竞争效应也明显存在，譬如我国最高立法机关在立法过程中要优先制定基础性、相对稳定、条件已经成熟和现实迫切需要的法律，早日出台《网络信息安全法》《个人信息保护法》《电子商务法》等法律。在一个特定的注意力领域内，我们也可以感受到注意力竞争的影响，在存在共同普遍问题的规则范围内，如关于权利保护的网络规则域中，个人权利保护与企业权利保护之间，个人隐私权和财产权之间都可能存在注意力竞争效应。

从美国网络安全立法变动趋势看，美国早期网络立法关注保护企业和个人安全，后来立法又转向侧重于维护国家安全和社会安全，近期立法又显现出谋取互联网国际规则控制权的态势。在"9·11事件"之前，美国重点关注在企业和个人安全层面的立法，这方面的网络安全规则数量众多，包括电子商务、个人隐私、版权保护等方面的法律②。"9·11事件"后，美国网络立法转向国家安全层面，加快制定出一系列确保国家安全的法案③，2001年之后网络安全立法的主要内容都是关于提高国家防御恐怖袭击的能力，扩大政府对互联网的监控权，以及通过网络服务提供商间接对用户信息监视的权力，目的都是围绕保护美国国家安全和信息安全；同时，美国也积极推动社会安全层面网络规则的创建④，网络法案

---

① 张平：《互联网法律规制的若干问题探讨》，载《知识产权》2012年第8期。
② 张平：《互联网法律规制的若干问题探讨》，载《知识产权》2012年第8期。
③ 2001年《爱国者法》、2002年《国土安全法》、2002年《联邦信息安全管理法》。
④ 如2010年，美国审议了《网络安全法案》、《网络安全加强法案》。

主要规定,"网络安全的人才发展、计划和职权、网络安全知识培养、公私合作,旨在加强网络安全的研究与发展,推进网络安全技术标准制定,它们的主要目的就是为了保护网络的技术性安全。"①近些年,美国通过的一系列网络安全立法②凸显其积极谋取对网络空间国际规则制定权的主导和控制。"基于网络空间的国家利益,美国国际立法活动目前仍限于单方行为,并未形成多边协议或国际公约。可见,美国的政策与立法的规律是随着技术与社会的发展不断调整战略方向。从防御政策到攻防政策,再到进攻政策。从企业个人立法,到国家社会立法,再到国际立法。"③综上所述,美国网络安全规则的变动趋势意味着,组织同一水平的注意力并不能无限期地维持,当其他问题吸引组织的注意力,以及当由关注某一特定规则组所带来的明显的组织和政治回报下降的时候,投入创建那组规则的精力就减少。也就是说,在美国网络安全这一特定的注意力领域内,可以观察到:企业和个人安全规则、国家和社会安全规则以及国际立法规则之间注意力竞争的影响。

二、网络规则的距离和问题确认

问题确认在规则群内的传播并非随意。有关问题确认传播的观点假定在规则内存在着距离和边界这样一种生态结构。这种生态结构决定传播的模式,对问题产生和确认的扩散产生了广泛的影响。当然,在多数组织内,这种结构并非固定不变。相反,它能够随着时间的推移而发生变化。"譬如,当组织扩张到新的活动领域时,问题领域周遭的边界以及它们之间的距离可以发生变化。规则制定团体也能发生变化。在对规则群体进行的时间序列分析

---

① 谢君泽:《数据安全呼唤法治保护》,载《人民法院报》2014 年 06 月 11 日第 08 版。
② 如 2010 年《国际网络空间与网络安全合作法》、《国际网络犯罪报告与合作法》。
③ 谢君泽:《政策立法与网络空间的战略形成》,http://law. china. cn/features/2014-09/25/content_7260780. htm(访问日期:2014 年 10 月 10 日)。

中,这种变化必须得到考虑。在可能的规则变化之间存在的认知性和程序性互倚网络拥有这样一种结构,这种结构使我们有可能论及规则间的'距离'。问题确认的扩散可能更容易在'相邻(Neighboring)'的规则变化机会中发生。"①

(一) 规则间的功能性互倚

"规则间距离最为显著的维度是功能性互倚。规则通过执行某一规则影响执行另一规则的方式而相互连接。在规则的操作中,功能性互倚以例行的形式得以呈现。"②密尔说:"法律的每个条款,必须在准确而富有远见地洞察到它对所有其他条款的效果的情况下制定,凡制定法律必须能和以前存在的法律构成首尾一贯的整体。"③"在研究法律体系建构之前,先须了解法规体系是一个研究法律和法律间关系的概念,同一的规范领域内不同的法律彼此之间,每每存有若干的关系,可能是普通特别关系,目的手段关系,补充关系等,将同一规范领域内的相关法律加以汇整,并利用一个架构的概念,将所有现行有关网络的法律汇整、组织起来,并加以体系化。现行的网络法相关法律整体,也可以利用这种规范架构的概念予以体系化,形成网络法体系的构建。这也是国内网络法体系整体构建研究的目标。"④

国内最常见的一种观点是,网络法体系包括网络公法和网络私法。网络公法的目的是维护网络空间的正常秩序,主要包括对侵犯网络权利的行为进行制裁和管理的法律规则。"只要涉及到网上公权力的行驶或者控制的法律规范都是属于网络公法,网络

---

① 〔美〕詹姆斯·马奇、马丁·舒尔茨、周雪光:《规则的动态演变——成文组织规则的变化》,童根生译,上海人民出版社 2005 年版,第 66—67 页。
② 〔美〕詹姆斯·马奇、马丁·舒尔茨、周雪光:《规则的动态演变——成文组织规则的变化》,童根生译,上海人民出版社 2005 年版,第 67 页。
③ 〔英〕密尔:《代议制政府》,汪瑄译,商务印书馆出版社 1982 年版,第 76 页。
④ 周庆山:《论网络法律体系的整体建构》,载《河北法学》2014 年第 8 期。

公法体现了国家意志,同样是由国家强制力为后盾保证实施。"①
网络公法具体可以分为:网络宪法规则、网络行政法规则②、网络
刑法规则③、网络诉讼法规则④、网络经济法规则、网络社会保障法
规则⑤、网络环境保护法规则等分支体系。网络私法的目的是维
护网络空间各类主体的权利,以调整网络用户个人和网络企业的
权利义务关系为核心。网络私法规则涉及网络私权利的关系,主
要包括:网络民法规则⑥、网络合同法规则⑦、网络商法规则⑧、网
络知识产权法规则⑨。平均而言,网络公法规则之间比其中任何
一种与网络私法规则的联系都更为紧密,并且网络私法规则之间
也比任何一种与大多数网络公法规则的联系更为紧密,也即在网
络公法和网络私法规则各自领域内,规则之间的关联是功能性
互倚。

　　另一种观点是,"根据互联网法律关系的特征,互联网基础立
法可以从权力责任规范体系、权利义务规范体系的角度主要划分
为监管法和保护法。此外,从互联网技术和产业发展对互联网立
法的影响以及从互联网立法的特有立法原则出发,有必要将促进

---

① 夏燕:《理念与体系——法理学视野下的网络法律》,载《法制与社会》2007 年第 12
　 期。
② 网络行政法规则可以分为:电子政务、网络税收、网络许可等一系列法律规范。
③ 网络刑法主要是打击网络犯罪行为,如网络欺诈、网络盗窃、网络赌博、网上侵犯知
　 识产权、网上色情、网上洗钱等形形色色的网络犯罪活动。
④ 网络诉讼法主要包括:网上仲裁、网上法院、网上公证等法律规范。
⑤ 网络社会保障法规则主要包括:网络社会保险、网络社会救济、网络社会福利、网络
　 优待抚恤法规等法律规范。
⑥ 这里的网络民法规则剔除了网络合同法规。
⑦ 网络合同法规则主要包括:电子商务、电子证据等。
⑧ 网络商法规则包括:网上企业、网上银行、网上保险、网上股票、网上公司、网上信托
　 投资、网上证券法律规则等。
⑨ 网络知识产权法规则主要包括:网络著作权、网络商标权、网络专利权法律规则及
　 其邻接的知识产权法规。

产业发展作为互联网立法的重要组成部分。"①根据这一标准,我国网络规则可以分为互联网监管规则、互联网促进规则和互联网保护规则。监管规则包括互联网安全立法、互联网服务立法和互联网基础设施与基础资源立法;促进规则包括互联网产业发展政策、纲领性文件和电子商务规则;保护规则包括刑事、民事、知识产权和行业竞争方面的法律规则。监管法、促进法和保护法内部各规则彼此间功能性互倚。我国还有学者将电子商务法律规则进一步划分为,"电子商务程式性规则及实体性规则,其中程式关系涉及交易形式的法律关系,后者涉及交易内容法律关系。"②这两个规则域之间关系也属于功能性互倚。

从更宽泛意义上,网络技术规则与网络法律规则,或网络自律规则与网络他律规则,彼此之间都是功能性互倚。因此,组织在制定网络规则时应该遵循的原则是:两种规范相互协调、促进,他律与自律相结合。"使网络上的两种规范,即网络技术规范与网络法律规范,相互促进,协调发展,真正使其造福于人类社会。而对于那些从本质上可能违背技术规范特征的网络法律制度,要采取慎之又慎的态度。因为,一方面,违背网络基本技术规范的制度难以实施,或者成本极高,另一方面,它可能割裂、肢解网络,阻碍网络使用价值的实现,进而妨碍社会的进步。在以制定法规范网络基本行为的同时,法律对并不违反法定原则的网络社区自律性规范予以认可,将会促进网络秩序的建立。从实施者角度看,这一方面赋予了网络服务商一定的自治性权力,同时也向他们提出了更高的要求。其实,他律与自律相结合原则,是网络规范的双重属性(即技术规范的自律性和法律规范的他律性)在网络社区秩序中的

---

① 张平:《互联网法律规制的若干问题探讨》,载《知识产权》2012 年第 8 期。
② 张楚:《电子商务法初论》,中国政法大学出版社 2000 年版,第 34 页。

一种天然表现。"①

总之,规则之间功能性互倚意味着,规则通过执行某一规则影响执行另一规则的方式而相互连接。根据这一观点,组织在创建网络规则时要考虑到规则之间的功能性互倚这一生态关联。

(二) 规则间的程序性互倚

规则间距离的第二个维度是程序性互倚。"规则行动者、问题领域以及组织反应围绕着规则簇(Cluster)而被组织起来。当规则被分割成簇或者域,并且每个域被委托给一个特定的注意力代理人负责时,它就产生了程序性互倚。在这种程序性互倚中,注意力并非给予一个单一规则,而是特定规则所存在的那个域。创建或改变某个规则的过程会影响创建和改变另一个与之相关的过程。规则通过共享改变它们的共同程序而得以相互连接,或者通过分享同一规则代理人而相互连接。"②

我国网络交易规则形成一个规则簇,由众多相互关联的规则构成。按照时间序列,1999 年的《合同法》规定了电子合同,虽然"只有寥寥几个条文短短 200 多字涉及电子合同,但由于该法是我国首部涉及电子商务的法律,填补了我国电子合同立法的空白,所以其被认为是世界上首先确认电子合同效力的合同法,成为我国电子商务立法的里程碑,对于我国电子商务发展有着重要的意义。"③2004 年,我国出台了《电子签名法》,这一法律确认了电子签名的法律效力,加快了我国电子商务的法制进程,为我国电子交易的规范化和现代化以及解决网络空间的交易问题奠定了坚实的基础,有利于我国网络交易的发展。为了保证《电子签名法》的顺利

---

① 张楚主编:《网络法学》,高等教育出版社 2003 年版,第 13—14 页。
② [美]詹姆斯·马奇、马丁·舒尔茨、周雪光:《规则的动态演变——成文组织规则的变化》,童根生译,上海人民出版社 2005 年版,第 67 页。
③ 薛虹:《网络时代的知识产权法》,法律出版社 2000 年版,第 484 页。

实施,与其相配套,2005 年,信息产业部颁布了《电子认证服务管理办法》①。2005 年 1 月 8 日,国务院办公厅发布了《关于加快电子商务发展的若干意见》②,《意见》提出：要大力推动电子商务立法,认真贯彻实施《电子签名法》。2005 年 10 月 26 日,中国人民银行发布了《电子支付指引(第一号)》。2006 年,我国颁布的"第十一个五年规划"指出,大力发展电子商务是网络时代我国面临的一个重要使命,还提出要适应电子商务发展的实际要求,及时制定新的法律法规、完善已有法律制度,并进一步加强各项法律法规的贯彻和执行,为电子商务发展营造一个安全、有序、健康、良好的法制环境。这是我国第一次将电子商务问题上升到国家发展战略和任务的高度。为了贯彻国务院《关于加快电子商务发展的若干意见》的精神,帮助和鼓励网络交易主体积极踊跃参与网络交易,指导和规范网络交易行为,防范网络交易风险,确保网络交易安全,2007 年 3 月 6 日,商务部发布了《关于网上交易的指导意见(暂行)》,这是第一部由我国政府部门发布的指导网上交易开展的政策性指导文件,也是推动和引导我国电子商务健康、快速发展的具体举措之一。2007 年 12 月 17 日,商务部公布了《关于促进电子商务规范发展的意见》。2009 年 5 月 1 日,中国国际经济贸易仲裁委员会颁布的《网上仲裁规则》正式施行,该规则专门用于处理电子商务纠纷。2010 年 7 月 1 日,国家工商行政管理总局制定的

---

① 薛虹:《网络时代的知识产权法》,法律出版社 2000 年版,第 484 页。

② 《意见》具体内容包括：抓紧研究电子交易、信用管理、安全认证、在线支付、税收、市场准入、隐私权保护、信息资源管理等方面的法律法规问题,尽快提出制订相关法律法规的意见；根据电子商务健康有序发展的要求,抓紧研究并及时修订相关法律法规；加快制订在网上开展相关业务的管理办法；推动网络仲裁、网络公证等法律服务与保障体系建设；打击电子商务领域的非法经营以及危害国家安全、损害人民群众切身利益的违法犯罪活动,保障电子商务的正常秩序。参见国务院办公厅:《关于加快电子商务发展的若干意见》,www. gov. cn/gongbao/content/2005/content_63341. htm. (访问日期：2012 年 12 月 10 日)。

《网络商品交易及有关服务行为管理暂行办法》正式施行，这是我国首部针对电子商务网络购物行业制定的规范。2011年，商务部发布的《第三方电子商务交易平台服务规范》对电子商务交易平台的经营活动进行规范和引导。关于电子商务的地方性规则有：2009年3月1日，上海市开始实施《上海市促进电子商务发展规定》。根据《加快电子商务发展的若干意见》和商务部《"十二五"电子商务发展指导意见》，2012年3月26日，浙江省人民政府发布《关于进一步加快电子商务发展的若干意见》。2013年，江西省发布《关于进一步加快电子商务发展的若干意见》。2014年，河南省、福建省、陕西省人民政府也陆续发布《关于进一步加快电子商务发展的若干意见》。由此，我们可以观察到，在我国电子商务规则簇中，不同位阶的电子商务规则之间属于一种程序性互倚，注意力并非给予一个单一规则，而是特定规则所存在的那个域；创建或改变某个规则的过程会影响创建和改变另一个与之相关的过程。今天的互联网不仅仅是通讯的工具，它已经嵌入社会生活各个领域，表现为以互联网信息服务为代表的互联网服务行业快速迅猛发展。我国互联网信息服务规则主要由各个主管部门制定的互联网信息服务管理规则组成，从而构成一个规则簇[①]，规则通过分享同一规则代理人（国务院）而相互连接。

　　我们也观察到，自美国政府提出确立"网络空间国际战略"这一问题后，组织注意力就对这一问题持续关注。奥巴马政府公布《网络空间国际战略》这一宏观性网络规则以后，在美国112届国会上提出了若干项关于网络安全主要综合性立法建议，包括《网络安全法案》、《确保IT安全法案》、众议院共和党工作组提出的综合

---

① 王建：《电子商务法规政策的新发展》，http://www.lawtime.cn/info/shangwu/dzswfg/20081119468.html（访问日期：2013年6月30日）。

性建议,促成了众议院的五个专门性法案①以及奥巴马政府向国会递交的综合性网络安全立法建议②等。"虽然这些综合性立法建议具体对策多有不同,但都关注了以下四个问题:网络安全人事授权和项目、网络安全研究和发展、修改《联邦信息安全管理法》以及网络安全信息共享。还都关注了下述四个问题:国土安全部保护联邦网络系统的授权;私营关键基础设施的保护,包括公私部门之间的合作以及对私营关键基础设施的管制;减少供应链的漏洞;提高公众的网络安全意识。此外,部分法案和白宫建议还关注了数据泄露通知和惩治网络犯罪的问题。由此,美国近期网络安全立法一共关注十个问题,但其中最为重要的两个问题是'保护私有关键基础设施'与'促进网络安全信息共享',原因在于关注其他问题基本都是为了配合解决前面两个问题。"③可见,美国关于"网络空间国际战略"的规则域已经初步形成。

(三) 规则间的时间性

规则间距离的第三个维度是时间性。"规则变化通过时间而得以相互关联。某个时期在某个规则域内的问题确认会延续到随后时期。通过这种机制,我们预期某个时期的注意力和随后时期的注意力之间存在着正向联系。另外,某个时间某个域内问题的

---

① 其中除了有关国土安全部网络安全职能的 2011 年《促进和增强网络安全和信息共享效力法案》之外,有四个法案获得众议院的通过,但并未被纳入到参议院的议程中,包括 2011 年《网络安全强化法案》(H. R. 2096,有关网络安全的科研和技术标准,作为 H. R. 756 议案在第 113 届国会再次提出)、2011 年《网络情报共享和保护法案》(H. R. 3523,作为 H. R. 624 议案在第 113 届国会再次提出)、2012 年《推进美国网络信息和技术研究及发展法案》(H. R. 3834)以及 2012 年《联邦信息安全修改法案》(H. R. 4257,有关《联邦信息安全管理法》的修改)。

② 该综合性立法建议包括 7 个部分:关于计算机安全执法的条款,数据泄露的通知,国土安全部的权力和信息共享,所覆盖的关键基础设施的网络安全监管框架,联邦信息安全政策的协调,有关网络安全职位的人事授权,禁止限制数据中心的选址。

③ 刘金瑞:《美国网络安全立法近期进展及对我国的启示》,载《暨南学报》2014 年第 2 期。

解决可能降低随后时期同一领域内问题确认的可能性。这种情形的发生,可能是由于问题空间的缩小,也可能是由于在规则制定机构方面存在着有限的注意力范围。"①

　　譬如我国关于网吧管理规则的演变。关于规范网吧问题的各个规则通过时间得以相互关联。1998 年 12 月,公安部发布《关于规范"网吧"经营行为　加强安全管理的通知》。2001 年 4 月 3 日,公安部、信息产业部、文化部、国家工商行政管理局联合颁布了《互联网上网服务营业场所管理办法》;同日,国务院发布了《国务院办公厅关于进一步加强互联网上网服务营业场所管理的通知》。中共中央办公厅随即发出《关于在互联网经营单位以及社区、学校、图书馆、宾馆等提供上网服务场所尽快安装安全管理软件的通知》。2002 年,信息产业部发布《关于网吧等互联网上网服务营业场所管理工作交接有关问题的通知》。2002 年 3 月 9 日,中共中央办公厅、国务院办公厅发出《关于进一步加强互联网新闻宣传和信息内容安全管理工作的意见》。4 月 30 日,八个部委联合下发《互联网有害信息专项清理整顿工作方案》。从 2002 年 5 月 10 日开始,连续发布《关于加强网络文化市场管理的通知》、《关于开展"网吧"等互联上网服务营业场所专项治理的通知》。2002 年 8 月 14 日,国务院通过《互联网上网服务营业场所管理条例》,11 月 15 日正式施行,《互联网上网服务营业场所管理办法》同时废止。2002 年 11 月 19 日,文化部颁布了《互联网上网服务营业场所计算机经营管理系统技术规范》。2004 年,中共中央办公厅、国务院办公厅发出《关于进一步加强互联网管理工作的意见》,随后信息产业部发布了《贯彻落实中共中央办公厅、国务院办公厅关于进一步加强互联网管理工作的意见的指导意见》。2005 年 12 月 13

---

① [美]詹姆斯·马奇、马丁·舒尔茨、周雪光:《规则的动态演变——成文组织规则的变化》,童根生译,上海人民出版社 2005 年版,第 67 页。

日,公安部颁布了《网吧安全管理软件检测规范》和《互联网安全保护技术措施规定》。2006 年 7 月 6 日,文化部出台了《网吧专用计算机应用标准》。从上述部门规章和指导性文件出台的时间可以发现,我国网吧治理规则的变化是通过时间而得以相互关联的。从 1998 年开始,组织对网吧治理问题首次确认,此后对网吧治理的关注一直延续到 2006 年。通过这种机制,我们可以预期某个时期的注意力和随后时期的注意力之间存在着正向联系。

以美国网络隐私权保护规则的变化为例。由于网络隐私侵权的日益猖獗,美国对网络隐私权的保护采用两种模式并行,一种是交给市场或通过行业自律手段解决,另一种是通过立法机关制定一些相关的法案以适用于某些特定情况下的网络隐私侵权。网络隐私权保护规则包括:1974 年的《隐私权法》和 1980 年的《隐私权保护法》。1986 年,制定了《计算机欺诈与滥用法》和《电子通信隐私权法》,《电子通信隐私权法》是对《窃听法》的修正,把《窃听法》的保护范围扩大到数字通讯领域。1988 年制定了《计算机查找与隐私保护法》。1998 年通过了《儿童在线隐私保护法》,联邦贸易委员会(FTC)根据该法又制定了《儿童网上隐私保护规则》。还有 2003 年的《反垃圾邮件法》和 2012 年的《互联网隐私保护法》。我们发现,某个时间某个域内问题的解决可能降低随后时期同一领域内问题确认的可能性。这种情形的发生,可能是由于问题空间的缩小而导致。

第四章 网络规则生成和演进的内在机制

　　制度主义通常认为,制度是通过学习来积累历史经验的。基于惯例的学习过程使过去经验的积累能够以规则的形式存储下来。也就是说,"规则不仅记录了历史而且反应了组织内的学习行为。组织及其环境由于拥有规则而获得了能力,并且能力变化会影响规则体系的发展过程。尤其可能的是,问题的产生和扩散受到经验所引发的能力增强的影响。当组织积累了与特定问题和程序相关的经验时,它们就减少了对新程序的需求。当规则制定者积累与特定规则相关的经验时,它们增强了制定规则的能力。"①

　　制度理论认为,年龄产生稳定性,即存续时间对组织结构的持续性有正向影响。持续理论(persistence theories)认为,组织规则存在时间越长,它们就越排斥变化。"年龄提供持续性涉及了两种主要机制。第一种是带有价值理念的规则的注入,组织参与者将价值注入规则,而且这些价值随后会阻碍变化。规则存在的时间越久,它与组织利益者的价值观念就越有联系。它逐渐变得'自然'和'想当然'。持久性将规则由人类选择的目标转变为未需验

---

① [美]詹姆斯·马奇、马丁·舒尔茨、周雪光:《规则的动态演变——成文组织规则的变化》,童根生译,上海人民出版社 2005 年版,第 54 页。

证的环境客体。"①如我国网络规则的创建者存在注重网络技术规则发展、轻视网络法治化的价值理念，并且这种价值观念根深蒂固，从而导致我国网络法律规则严重滞后和缺乏。"第二种机制是规则使用者和规则对与规则和能力扩展相关经验的适应。规则在某个组织内存续时间越久，与之相关的经验就积累越多，从而产生了规则改进以及规则使用技能的提高。规则改进以及使用它们能力的增强（特定规则的知识）减少了修订的动机。规则是组织生活的技术，并且如其他技术一样，通过能力障碍（competency traps）而变得稳定化。大多数组织内的活动都建立在惯例的基础上。很多时候，通过使用、改进现有规则，或者制定规则的例外，问题才得以抑制。结果，与特定规则群的经验就得到积累。在规则和规则使用者的相互影响下，自信和能力都得到了增长。"②例如，2000 年 12 月，全国人大常委会通过的《关于维护互联网安全的决定》是我国最高立法机关首次对危害网络安全的行为进行法律规制，12 年之后，规则制定机关才再度立法，通过了《关于加强网络信息保护的决定》。本章主要分析组织的学习过程对网络规则动态演变的影响。组织基于惯例而学习，并在学习过程中获得了某种能力，这种能力又是作为关于规则经验的结果。主要有两种类型的能力：第一种是在现有规则内部不断增强的工作技能；第二种是在制定或改变规则方面不断增强的技能。

---

① ［美］詹姆斯·马奇、马丁·舒尔茨、周雪光：《规则的动态演变——成文组织规则的变化》，童根生译，上海人民出版社 2005 年版，第 68 页。

② ［美］詹姆斯·马奇、马丁·舒尔茨、周雪光：《规则的动态演变——成文组织规则的变化》，童根生译，上海人民出版社 2005 年版，第 68 页。

第一节　网络规则内活动能力

第一种能力表现为组织学习在规则内工作,也就是组织在规则内活动能力的增强。这种能力增强的过程可以按照两种学习的时间依赖过程而得到描述。第一种是组织内学习的过程;第二种是在组织环境内学习的过程。"随着时间的推移,这两种过程的组合使影响规则创建和修订的因素产生了逐步的变化。学习增强了能力,并且能力导致越来越少的新规则以及旧规则的修订活动。"[①]"网络法制订和公布后,必须保持一定的稳定性和连续性。一旦法律制度设定了一种权利与义务的方案,就应当尽可能地避免对该制度进行不断的修改和破坏。但是当业已确定的法律同一些易变的、迫切的社会发展力量相冲突时,法律就必须对这种稳定政策付出代价。信息立法要保持相对的稳定性,否则将有损于法律的严肃性和权威性。"[②]当和网络有关的争议出现,组织首先应适用现有的规则予以解决,如果既有规则能够解决纠纷,就无须创建新的网络规则;如果既有规则无法直接适用或者适用会带来诸多问题,还可以借助于解释的方法,如果情况需要,还可以对规则进行补充和扩展。如一些利用网络而实施的犯罪或者称为传统犯罪的网络化,可以直接适用我国刑法的相关规则或者借助于司法解释,无须创建新的网络规则。

一、组织内学习的过程

第一种是组织内学习的过程。"组织变得更善于处理它们所

---

① [美]詹姆斯・马奇、马丁・舒尔茨、周雪光:《规则的动态演变——成文组织规则的变化》,童根生译,上海人民出版社 2005 年版,第 70 页。

② 周庆山:《论网络法律体系的整体建构》,载《河北法学》2014 年第 8 期。

从事的业务。随着时间的推移,组织搜集了更多的关于现有规则
的经验,从而变得更有能力采用(或围绕)它们进行工作。这种扩
展的经验以及因此而发生的教训可以被编码进入两处位置——规
则内和成员内。"①解译是处理网络空间所提供的价值选择的一种
方法,它是一种用不同文本表达同一含义的方法。特赖布提出:
"我们必须采用保留宪法原始价值的解释方法。在处理网络空间
的案件时,法官必须扮演解译者的角色。不同的解释方法会产生
不同的解释文本,但总的目的是寻找一种可以在不同的技术时代
仍保留宪法实质意义的解释方法。"②"这就是保留精确性的解译,
说起来就像是对过去存在的一种表达。在解译中,解译者隐藏了
创造性,并假装出某种程度的礼貌、尊重和顺从。"③当组织规则被
解译时,在此之前所习得的经验和教训就被编入新规则版本。由
于每种新解译都增加了自上次解释之后习得的新经验,因而,"编
入新规则版本的知识就建立在更多经验的基础上,并因而可能更
具全面性以及更为精确,从而会减少再次变化规则的需要。经验
的编码有类似的影响。某个规则在组织内存续时间越久,规则遵
守者就越可能对其具有自信,并且就越有可能获取使用规则的技
巧。当他们获得关于特定规则的经验时,组织内的成员不仅将规
则从受人类选择影响的对象转变为他们世界观中一个不需要检验
的对象,而且还提高了处理他们所拥有的规则以及从经验中学习
的技能。"④"他们在解释规则、发展规则的例外以及理解规则的边

① [美]詹姆斯·马奇、马丁·舒尔茨、周雪光:《规则的动态演变——成文组织规则的变化》,童根生译,上海人民出版社2005年版,第69页。
② Lawrence Lessig, Reading the Constitution in Cyberspace, Emory Law Journal, Vol. 45,1996, p. 869.
③ [美]劳伦斯·莱斯格:《代码2.0:网络空间中的法律》,李旭、沈伟伟译,清华大学出版社2009年版,第182页。
④ Levitt, B. , J. G. March, Organizational Learning, Annual Review of Sociology, Vol. 14,1988, pp. 319 - 340.

界和弹性方面积累了能力。"①以下分别讨论这三种能力。

（一）解释规则的能力

1. 解释规则发生的情境

互联网技术飞速发展,已经渗透到社会生活的各个领域,极大地促进了社会各个方面的快速发展。互联网不仅是国家重要的信息基础设施,还是人们信息交流和服务的平台,互联网对人们生活的影响也越来越深刻。然而,随着计算机通信技术的快速发展,网络空间中淫秽色情内容不断泛滥,严重败坏社会风气,危害人们的身心健康,对未成年人成长极为不利,而且容易引发其他违法犯罪行为。为此,我国司法机关开展了打击淫秽色情网站的专项行动。"在专项行动中,各地执法、司法机关遇到了一些普遍性的法律适用问题。为解决这些问题,有效指导和统一各地司法实践,推动专项行动的深入开展,最高人民法院研究室会同最高人民检察院法律政策研究室,及时拟出了司法解释稿,并采取召开座谈会、书面征求意见等形式,广泛征求了全国人大常委会法工委刑法室,最高人民法院刑一庭、刑二庭,最高人民检察院公诉厅,公安部法制局、网络安全监察局,信息产业部法制司、电信管理局,北京市公安局等部门以及部分刑法学专家、教授的意见。在此基础上,数易其稿,经最高人民法院审判委员会 2004 年 9 月 1 日和最高人民检察院检察委员会 2004 年 9 月 2 日分别讨论通过,9 月 5 日正式公布了《关于办理利用互联网、移动通讯终端、声讯台制作、复制、出版、贩卖、传播淫秽电子信息刑事案件具体应用法律若干问题的解释》。"②《解释》的出台为打击网上淫秽电子信息犯罪行为提供了

---

① 〔美〕詹姆斯・马奇、马丁・舒尔茨、周雪光:《规则的动态演变——成文组织规则的变化》,童根生译,上海人民出版社 2005 年版,第 69 页。

② 祝二军:《依法惩治淫秽电子信息犯罪司法解释的理解与适用》,载《人民司法》2004年第 10 期。

法律依据,有效地遏制和惩治了网络淫秽电子信息违法犯罪活动,有利于维护网络空间健康、良好的秩序。

2. 解释规则能力的表现

首先,《解释》规定了淫秽电子信息的含义和种类,明确了淫秽电子信息和淫秽物品之间的关系。1997 年,我国《刑法》第三百六十三条对制作、贩卖、传播淫秽物品罪对"淫秽物品"作出了界定①。根据《刑法》对"淫秽物品"的定义,一般的解释,即按照字面含义解释为淫秽信息与其物质载体相结合的有形物品。由于电子信息技术的发展和互联网的迅速普及,一些不法分子开始使用互联网制作、复制、出版、贩卖、传播淫秽电子信息来获取非法利益,网络上传播的淫秽电子信息并非"原子"的世界,而是"比特"的世界、无形的数据。由于受当时立法情势所限,我国 1997 年刑法并没有规定关于网络淫秽电子信息的犯罪,2004 年的《解释》充分体现了组织解释规则的能力。可以看出,《解释》没有使用刑法中的原有概念,而是使用了"淫秽电子信息"一词,这种提法更符合利用互联网、移动通讯终端、声讯台作为手段实行的犯罪。互联网和电子信息技术不断更新,淫秽物品的表现形式也不断翻新,淫秽电子信息的表现多样化,包括视频文件、音频文件、电子刊物、图片、文章、短信息等非实物化形式,这种不同于传统实物载体的淫秽电子信息能否符合刑法关于淫秽物品的界定?这是《解释》首先要解决的问题。根据刑法关于"淫秽物品"的定义,按照立法原意来理解,淫秽物品的载体不属于判断的法定标准,也就是说,不论淫秽物品的载体形式是有形的,还是电子数据的,只要符合刑法规定的"淫秽性"这一法定标准,就应该认定为淫秽物品。因此,《解释》第九

---

① 祝二军:《依法惩治淫秽电子信息犯罪司法解释的理解与适用》,载《人民司法》2004 年第 10 期。

条第一款①、第二款②规定,淫秽电子信息属于《刑法》第三百六十七条规定的"其他淫秽物品"。"从理论上讲,语音信息也属于电子信息的一种,但是,为了突出淫秽电子信息犯罪的实施途径,《解释》在上述两款的定义中,将电子信息区分为互联网、移动通讯终端电子信息和声讯台语音信息。"③可见,2004年的这一司法解释并没有突破1997年《刑法》第三百六十三条的立法原意,也没有规定新的罪名,只是延伸了"其他淫秽物品"的内容。

其次,《解释》规定了淫秽电子信息犯罪的客观方面。使用电子设备工具实行的网络犯罪行为方式与传统犯罪方式不同,比如行为人通过技术手段合成淫秽电子信息然后上传到网络空间,或者行为人从互联网或者移动通讯终端下载、公布、发送淫秽电子信息。这些行为可以表现为合成、拆分、压缩、下载、上传、发送、公布等,既不同于传统刑法中的五种法定传播方式,又具有非法性特征。为了体现淫秽电子信息犯罪行为方式的非法性特征,《解释》仍然采用了刑法规定的五种行为方式,并结合电子信息的特点对这五种行为作出进一步的解释④。根据《解释》,实践中,行为人合成淫秽电子图片、拆分电影片断、加工淫秽动画等行为都可以被认定为"制作"淫秽电子信息;行为人将淫秽电影、图片下载到自己的移动设备或者计算机等其他存储空间等行为可以被认定为"复

---

① 《解释》第九条第一款规定:"刑法第三百六十七条第一款规定的'其他淫秽物品',包括具体描绘性行为或者露骨宣扬色情的诲淫性的视频文件、音频文件、电子刊物、图片、文章、短信息等互联网、移动通讯终端电子信息和声讯台语音信息。"

② 《解释》第九条第二款规定:"有关人体生理、医学知识的电子信息和声讯台语音信息不是淫秽物品。包含色情内容的有艺术价值的电子文学、艺术作品不视为淫秽物品。"

③ 祝二军:《依法惩治淫秽电子信息犯罪司法解释的理解与适用》,载《人民司法》2004年第10期。

④ 祝二军:《依法惩治淫秽电子信息犯罪司法解释的理解与适用》,载《人民司法》2004年第10期。

制";如果淫秽杂志定期发送淫秽文章,供在线用户订阅的行为就属于"出版"行为;淫秽网站让用户有偿观看或下载淫秽电子信息等属于"贩卖"行为;"传播"行为方式包括发送淫秽视频链接、发送淫秽短信息、在论坛或聊天室张贴淫秽图片和文字等。可以看出,《解释》既没有改变刑法规则的现有规定,又适应了新型淫秽物品犯罪的客观需要,对词义进行了明确的解译和阐释,充分体现了组织解释规则的能力。

第三,《解释》规定了淫秽电子信息犯罪的实施途径和定罪量刑标准。《解释》规定的犯罪实施途径包括三种:利用互联网、使用移动通讯终端,如手机或者通过声讯台。比如,行为人在互联网上传播淫秽图片、文字、视频文件和音频文件等各种电子信息;行为人利用聊天室、论坛或者电子邮件的方式实施犯罪;行为人发送淫秽手机短信、图片、声音、视频、录像等;行为人利用声讯台传播淫秽的语音信息。《解释》包括了通过上述途径实施的淫秽电子信息犯罪。和传统的淫秽物品犯罪相比,淫秽电子信息犯罪带来的危害性后果更加严重,因此,在对其定罪量刑时不宜适用刑法现有关于刑事责任的规定,而应该结合互联网和电子信息虚拟性、技术性、开放性、即时性、迅捷性、放大性等特点确立新的定罪量刑标准。鉴于此因素,《解释》第八条、第一条和第二条作出了具体规定[①]。

3. 解释规则能力的提高

近年来,随着互联网技术的进一步发展,淫秽电子信息犯罪又呈现出一些新特点、新形式。最突出的是利用移动互联网传播淫秽电子信息,这种犯罪行为十分猖獗,其传播更加快捷方便,方式

[①]《解释》将这些淫秽电子信息分别规定了统一的数量标准,即制作、复制、出版、贩卖、传播的淫秽电子信息,实际被点击数达到1万次以上,是追究行为人制作、复制、出版、贩卖、传播牟利罪刑事责任的情形之一。

也更为隐蔽,导致网上淫秽色情泛滥的势头日益增加,手机淫秽网站仍然屡禁不止。原因在于手机淫秽网站、电信业务经营者、互联网信息服务提供者、广告主、广告联盟,包括第三方支付平台形成了一个利益链条,各个主体由于利益的驱使,疏于对信息监管,在一定程度上加速了淫秽电子信息的泛滥。可见,打击淫秽网站的关键在于切断利益链条,而不能仅仅打击淫秽网站利益链的末端。为解决上述问题,有效地打击此类犯罪,为切断利益链条提供明确的法律依据,2010 年 2 月 4 日,"两高"在 2004 年《解释》的基础上联合发布了《关于办理利用互联网、移动通讯终端、声讯台制作、复制、出版、贩卖、传播淫秽电子信息刑事案件具体应用法律若干问题的解释(二)》(以下简称《解释(二)》。法学界和法律实务部门一致认为,此解释的出台有利于切断传播淫秽电子信息的利益链条,解决了实践中的突出问题。

"两高"制定的《解释(二)》对 2004 年《解释》的规则进行了补充和明确,体现了组织解释规则能力的进一步提高。具体表现为:第一,犯罪主体方面,《解释(二)》明确了淫秽电子信息犯罪相关利益主体的刑事责任,包括电信运营商、互联网信息服务提供者,包括广告主、广告联盟、第三方支付平台以及网站的建立者和负责人在传播、制作淫秽信息当中的责任。"2004 年的《解释》也是可以惩治互联网服务商、电信运营商的,但是当时没有明确规定,这次把电信业务运营商和互联网服务商明确提出来了,包括广告主和广告联盟,所以在主体上不能说它扩大,但是非常明确了。2004 年的《解释》实际上也有这方面的内容,但没有这次这么突出、这么明显。"第二,犯罪主观方面,《解释(二)》要求行为人"明知",将"明知"作为定罪的核心和明确标准。第三,犯罪客观方面,《解释(二)》规定了网络淫秽犯罪的新特点和表现方式。比如利用网络空间中不特定人数组成的"群"或者"组",在这个有限的范围传播或制作淫秽电子信息。在 2004 年《解释》制定时还没有出现这种犯罪的新形式,近年来这种形式非常普遍,因此《解释(二)》作出了规定。同时,淫秽电子信息犯罪的手段有了新发展。"2004 年的司法解释主要是针对互联网络,2004 年的司法解释出台以后,对打击互联网的淫秽电子信息发挥了很大的作用,但是这些犯罪分子的手段不断翻新,现在他们利用手机的普及,手机网络和互联网网络的兼容,弄成手机网,所以这次的重点或者说亮点是打击手机网络。"

"总体来说,《解释(二)》的亮点可以用几句话来概括:第一,这个司法解释把握了在互联网时代、手机时代淫秽电子信息犯罪的新特点和新规律;第二,我们抓住了当前广大网民和人民群众非常关心的问题。以前的司法解释出台以后,很长时间没有什么反映,而《解释(二)》刚一出台,马上引起了强烈的社会反响,这说明广大网民、广大家长是非常关注这个问题的;第三,我们国家是互联网大国,也是手机大国,现在正处于快速发展的机遇期,也正处于亟待规范的关键期,在这样一个重要时刻,我们出台这个司法解释,也可以说是适应了我们国家加强管理互联网的需要。"[1]"网络传播淫秽电子信息的犯罪系运用当代科技成果实施的新型犯罪,一时间的司法解释可能不尽全面、缜密,但总比立法空白要好些;随着新的案情不断出现,调整并且完善司法解释则是必不可少的。"[2]《解释(二)》正是我国最高司法机关适应时代发展和应对新形势下打击网络犯罪的客观需要,也是解释规则能力进一步提高的表现。

(二) 扩大规则的适用

"裸聊"是网络时代的新问题,也是网络淫秽色情的一种重要

---

[1] 胡云腾:《淫秽电子信息犯罪司法解释的权威解读》,http://www.legaldaily.com.cn/zbzk/content/2010-02/28/content_2093758.htm? node＝7012(访问日期:2013 年 6 月 30 日)。

[2] 刘文成:《网络传播淫秽电子信息犯罪的治理对策》,载《天津市政法管理干部学院学报》2007 年第 1 期。

表现形式。对于我国现行刑法规则的涵摄范围而言,它是一个相对空白领域。现行刑法规则能否将其纳入打击范围,是组织必须应对和探讨的问题。"2005 年 9 月 15 日,36 岁的家庭主妇张立立(化名)在家中利用计算机通过 ADSL 拨号上网,以 E 话通的方式,用视频与多人共同进行裸聊时,被北京治安支队民警与分局科技信通处民警抓获。张某对聚众传播淫秽物品的违法事实供认不讳。很快,案件被移送到检察机关。此案最后以聚众淫乱罪提起公诉。案件起诉到法院后,检察机关仍没有放弃探讨和研究,法院也认为很难定罪,检察院为此案还专门召开了专家研讨会,经过反复研究,于 2007 年 2 月撤回起诉。"①北京首例"裸聊"案先起诉又撤诉,表明实践中司法机关处理"裸聊"问题面临定性上的困难,"裸聊"还没有明确纳入到刑法规则评价体系中来。然而,在此案撤诉不久,我国又发生了第一起因"裸聊"获罪的案件。"因在网络裸聊,浙江衢州女子被龙游县法院以'传播淫秽物品牟利罪'一审判处有期徒刑六个月,缓刑一年,并处罚金 5000 元。有关方面证实,因网络裸聊而被判刑定罪的,目前国内尚无先例。"②

司法实践对"裸聊"的处理办法不一致,但多数处理办法认定,"裸聊"构成犯罪。"除了秘密的、一对一的裸聊行为以外,其他形式的达到一定危害程度的'裸聊'行为,都会触犯我国刑法规范中的相关罪名,例如聚众淫乱罪、组织淫秽表演罪等。"③这是组织对规则的扩大适用,具体又可以分为几种情形。第一种扩大适用的情形,对于非盈利目的在聊天室集体"裸聊"以传播淫秽物品罪论。根据 2004 年《关于办理利用互联网、移动通讯终端、声讯台制

---

① 陈虹伟:《北京检察机关对首例网上裸聊案撤诉》,http://news. sina. com. cn/c/2007-04-16/094111649114s. shtml(访问日期:2013 年 6 月 30 日)。

② 陈东升:《裸聊获罪第一人出现,罪名为传播淫秽物品牟利罪》,http://news. sohu. com/20080403/n256075113. shtmlh(访问日期:2013 年 6 月 30 日)。

③ 王明辉、唐逸枫:《"裸聊行为"入罪之法理分析》,载《法学》2007 年第 7 期。

作、复制、出版、贩卖、传播淫秽电子信息刑事案件具体应用法律若干问题的解释》的规定,行为人将其身体活动转变成视频图像,通过无形的电子化数据方式传输,接收者看到的是视频文件或音像作品,这种情形符合2004年《解释》中淫秽电子信息的概念和判断标准,因此这种情形的"裸聊"构成传播淫秽物品罪。另一种扩大适用的情形是,如果行为人主观上以盈利为目的,这种情况符合刑法的组织淫秽表演罪的构成要件,对组织者应认定组织淫秽表演罪,对表演者等人则根据《治安管理处罚法》第六十九条之规定处罚。然而,我国现行刑法和司法解释都没有对利用互联网组织淫秽表演行为作出明确规定,对行为人以本罪定罪不仅扩大了规则的适用,而且使得司法实践中认定也较为困难,如表演对象的数目,组织淫秽表演的次数的认定等。第三种扩大适用的情形是,行为人利用聊天室组织"裸聊",对于这种不以盈利为目的的组织行为如何认定,对其扩大适用也存在争议。一种办法是对聊天室的管理者认定为组织淫秽表演罪,将管理行为、管理并参与行为都扩大认定为组织行为,将管理权限的提升扩大认定为一种获利方式;另一种办法是对组织者、多次参与者认定为聚众淫乱罪,因为聊天室的IP地址是固定的,无论是物理空间还是虚拟空间,地点都相对固定且具有同一性,这是一种犯罪地点的扩大适用。

对于上述扩大规则适用的情况,反对的观点提出,"裸聊"行为具有一定的社会危害性,但我国刑法规则中没有相关的罪名对其进行评价和制裁,依照罪刑法定原则,"裸聊"不应当以犯罪论处。"从刑事政策学的角度上说,某些网络裸聊行为具有应受惩罚性,因为其可能侵犯他人的正常情感,从而对于社会安宁造成损害,或者对于未成年人的身心健康存在一种拟制的危险。但是,从刑法解释学的角度来看,我国现行刑法中缺乏对网络裸聊行为的犯罪构成设置,且无法通过合法的解释将其入罪,否则就是对罪刑法定原则的违背和国民预测可能性的牺牲。"①"裸聊"现象引发刑法定性争议的根本原因仍在于网络的虚拟性特征,由于"裸聊"具有不同于一般现实行为的虚拟性特征,才导致了刑法评价上的困难和对刑法规则的扩大适用。"全国首例女子因网络裸聊被定罪量刑,入选由中国法院网、人民网、新华网、央视国际联合推出的 2008 年 4 月法制焦点,入选的理由是'裸聊'作为新型网络违法犯罪,难以定罪击中刑法滞后的软肋。随着社会的发展,犯罪领域还将会出现更多新兴的事物,这要求国家有关部门通过立法和出台司法解释不断地完善刑法,避免在适用时违反'法无明文规定不为罪'的基本原则。"②

(三) 理解规则边界的能力

现实社会中的行为由于网络因素的介入,产生了不同于过去的新的表现形式,也使传统的理论和规则处于难以适用的尴尬境地。网络空间中的行为具有虚实交互的特性,但行为的后果是现实的。由于网络空间中诸多行为难以界定,引发了规则适用过程中的"边界"问题,即网络表达的法律边界。因此,我们必须慎重地区分道德与法律的界限、一般违法与犯罪的界限、合法与非法的界限。我们不应使用法律的手段,特别是刑法的手段去解决道德问题,也不能把一般违法行为都当成犯罪来打击,同时还需要对合法的网络表达予以保护。

1. 网络越轨行为:道德与法律的界限

"裸聊"行为侵害了网络秩序,破坏社会道德风尚,但同时又和个人隐私密切相关。"如果裸聊者之间没有经济往来,绝大多数信息也是秘密的,一般也不会妨害当事人的正常生活,应当认为是公民个人之间的事情。虽然此行为对社会道德构成了冲击,但这种

---

① 高巍:《网络裸聊不宜认定为犯罪——与〈"裸聊行为"入罪之法理分析〉一文商榷》,载《法学》2007 年第 9 期。

② 高巍:《网络裸聊不宜认定为犯罪——与〈"裸聊行为"入罪之法理分析〉一文商榷》,载《法学》2007 年第 9 期。

影响冲击是隐性的,只要不对社会产生现实的危害,则是法无从禁止的事情,应对此给予适度的宽容和理性对待。根据法无禁止即权利的原则,此种行为不构成犯罪,必须在打击'裸聊'可能存在的违法犯罪行为与保护公民隐私权益之间寻求一个平衡点。"[①]比如,以非盈利目的在聊天室集体"裸聊"就属于道德层面的问题。这种行为在极为有限的范围内实施,属于个人生活领域内的活动,具有封闭性、秘密性,对社会造成的不良影响较小,带来的社会危害性也相对较小,因此对于非盈利目的的裸聊参与者,宜由道德加以调整和规范。现实社会中许多有害行为已被刑法规则清晰而明确地界定,但同样的行为一旦发生在网络空间,其在刑法上的界定则会产生争议,从而导致网络越轨问题。

2. 网络有害信息:一般违法与犯罪的界限

"九九情色论坛是由一名 19 岁的福建出境人员在美国创办的网站。创办者与境内十多人通过会员注册、广告、出租网络空间等方式,上传淫秽色情视频文件 6000 多件、图片 10 万多张、淫秽色情文章 2 万多篇,非法获利 20 余万元。在 2004 年公安机关对色情网站进行专项打击时,相关涉案人员相继被捕。翌年 7 月,该案第一被告人邵蓉被依法判处有期徒刑 12 年,史兴华等其余 10 名被告人被分别判处 12 年至 3 年刑期不等的有期徒刑,并处以 5 万至 1 万元不等的罚金。"[②]"2006 年 11 月 22 日,国内最大色情网站案主犯,领导着'情色六月天'等 4 家注册用户高达 62 万人的色情网站的站长陈辉因传播淫秽物品牟利罪被山西太原市中级人民法院一审判处无期徒刑,剥夺政治权利终身。"[③]

---

① 黄政钢:《论"裸聊"现象与警察权的行使》,载《江西公安专科学校学报》2006 第 5 期。
② 卢家银:《网络表达的法律边界》,载《青年记者》2011 年第 1 期。
③ 李国训、黄沙:《网络色情借力 Web2.0 革命浪潮　净化网络遭遇挑战》,http://it.sohu.com/20070303/n248479561.shtml(访问日期:2012 年 12 月 20 日)。

一般认为,网络有害信息包括淫秽信息、色情信息和黄色信息。我国对"色情"一词没有明确的法律定义,"色情"的概念处于刑法的灰色领域,介于违法与犯罪界限的边缘。我国现行刑法对"淫秽物品"的含义作出了明确规定,司法解释又进一步规定了"电子淫秽信息"的种类和判定标准,如果行为人传播的信息不具有"淫秽性",就不能认定为犯罪。但色情的含义要比刑法和司法解释的规定更为宽泛,因此许多网站利用法律上的模糊概念而大肆传播有害的色情信息。什么是具有色情内容的信息? 我国《互联网禁止传播淫秽、色情等不良信息自律规范》认为,整体上没有宣传淫秽,但其中一部分内容有淫秽的性质,对普通人特别是未成年人的身心健康有毒害,缺乏艺术价值和科学价值的文字、图片、音频、视频等信息内容。但由于这个自律公约不具有强制性,不能作为司法裁判的依据,而且定义本身也容易引起争议。我国刑法中没有规定色情罪,色情和淫秽含义也难以区分,二者是包含与被包含的关系,边界模糊。还有学者建议,刑法应该增设传播色情信息危害未成年人罪。此外,关于什么是淫秽色情,在具体实践中,公安机关和司法机关也需要进一步明确规则的边界,提高理解规则边界的能力。公安机关内部也有一个鉴定程序,司法机关也必须把淫秽色情的标准法律化、具体化。有建议指出,色情的认定既要有利于打击网络犯罪,又不要过于扩大规则的边界,违反刑法基本原则,进而影响互联网和文化的全面发展。

3. 网络表达自由:合法与非法的界限

互联网为人类表达提供了一个更广阔的空间。互联网的无国界性、交互性、匿名性、即时性等特征有利于人们表达自由和言论自由的行使,网络在为人们提供言论便利的同时,也极易侵犯他人的名誉权、隐私权等合法权利,扰乱社会公共秩序和危害国家安全。因此,网络不是法外之地,网络空间也没有绝对的自由。那么网络表达自由的限度有多大? 网络表达自由需要法律制度的规制。

国际公约和我国现有法律规则对网络空间表达自由的界限从国家、社会和个人三个层面作出规定,即网络表达既不能危害国家安全,也不能扰乱社会公共秩序,亦不能侵害公民个人的权利和名誉。《公民权利和政治权利公约》^①和我国《宪法》^②等法律性文件对此做出了基本规定。此外,我国大量的互联网法规、规章和司法解释也针对网络表达自由的边界问题作出了具体规定。譬如,2000年9月,国务院颁布的《互联网信息服务管理办法》以列举的方式对网络信息的安全和合法性作出了明确规定;2013年,"两高"《关于办理利用信息网络实施诽谤等刑事案件适用法律若干问题的解释》对网络言论和网络诽谤的边界作出了明确的解释。

在对网络言论自由规制方面,各国也普遍为网络表达制定了法律边界。美国从国家安全的角度出发,提出了"明显而即刻的危险"标准;后来其《计算机安全法》、《电子信息自由法》等互联网法案将国家安全与秘密作为信息自由的例外情况,不予公开;《计算机相关隐私保护法》、《电子传播隐私法》等法案规定网络言论不能侵害其他公民的个人隐私。德国的《多媒体法》对"禁止的言论"和"有害但并非禁止的"内容作出了明确的区分;《联邦个人数据保护法》特别强调对公民个人隐私的保护。瑞典的《国防无线局法案》规定,允许搜集和分析进入本国境内的互联网及其他电子通信数据,包括带有敏感词的国际电话、电子邮件和电传等,目的在于保护国家安全;《瑞典数据库条令》规定,避免不适当的暴露个人资料

---

① 《公民权利和政治权利公约》第十九条规定:"一、人人有权持有主张,不受干涉。二、人人有自由发表意见的权利;此项权利包括寻求、接受和传播各种消息和思想的自由,而不论国界,也不论口头的、书写的、印刷的、采取艺术形式的,或通过他所选择的任何其它的媒介。三、本条第二款所规定的权利的形式带有特殊的义务和责任,因此得受某些限制,但这些限制只应由法律规定并为下列条件所必须:(一)尊重他人的权利或名誉;(二)保障国家安全或公共秩序,或公共卫生或道德。"

② 《中华人民共和国宪法》第五十一条规定:"中华人民共和国公民在行使自由和权利的时候,不得损害国家的、社会的、集体的利益和其他公民的合法的自由和权利。"

以及侵犯个人隐私,目的是为了保护公民权利。还有英国的《R3安全规则》、俄罗斯的《联邦信息、信息化和信息保护法》、澳大利亚的网络分级管理制度和一些国家普遍采用的行业自治规则,都对公民网络言论自由的界限作出了严格区分。

二、组织环境内学习的过程

第二种是组织在环境内学习的过程。"组织规则和实践活动相互纠缠,并且与其他规则和实践活动也相互纠缠;而且随着时间的推移,它们变得更加如此。"[1]这种相互纠缠的过程是网络规则发展过程中的一个显著特征。各国关于互联网的规则呈现共同演变的趋势,并且它们之间的相互关联降低了各自所具有的独立可塑性。与此同时,国际社会环境也与网络规则紧密相连,它们之间也相互形塑。"随着一个组织及其有关的组织能使其规则适合更大的规则机构和预期时,相对于在另一个体系内活动的能力而言,所有与现有体系内活动相关的这种能力得到了增强。这种与现有体系相关的能力的获得降低了任何组织自动变化的能力。变化将会招致与规则体系相联系的人员能力丧失的巨大成本,因而,这种变化将会遭到他们的抵制。"[2]

(一)互联网络引发的全球性问题

互联网具有无国界性,在全球范围内相互连通,任何国家对互联网的规制行为都会产生域外效力。因此,对互联网的规制不仅仅是国内法的问题,还需要各国和国际组织在国际层面上的合作与协调,共同解决网络空间的全球性问题,才能最终确保互联网的秩序和安全,促进互联网的全面发展。"第一,关系到国家信息安

---

[1] [美]詹姆斯·马奇、马丁·舒尔茨、周雪光:《规则的动态演变——成文组织规则的变化》,童根生译,上海人民出版社 2005 年版,第 69 页。

[2] [美]詹姆斯·马奇、马丁·舒尔茨、周雪光:《规则的动态演变——成文组织规则的变化》,童根生译,上海人民出版社 2005 年版,第 69—70 页。

全的互联网公共事务需要各国的平等参与,如互联网关键资源的分配和管理。第二,不同国家间的治理行为有可能相互冲突,引发争议。例如管辖权和内容控制措施的冲突,这类冲突的解决和避免需要国家之间的合作与协商。第三,对于网络犯罪、垃圾邮件等全球问题,有赖于各国之间步调一致的联合整治,才能从根本上控制它们的蔓延趋势。所以说,互联网治理不可能是割裂的和片面的,而必然是处处体现国际协商与合作的治理。"①联合国互联网治理工作组(WGIG)②在 2005 年发布的报告中提出:"互联网治理是政府、私营部门和民间社会根据各自的作用制定和实施旨在规范互联网发展和使用的共同原则、准则、规则、决策程序和方案。"这一定义在突尼斯峰会上的《突尼斯议程》中得以确定。WGIG 报告的第三部分进一步将互联网治理涉及的问题划分为四大领域③,明确了互联网治理问题的外延。可见,互联网的治理,应由各国政府主导,社会各方主体共同参与,在民主协商的基础上,确立透明、高效、互助的原则,建立良好的沟通与合作机制。因此,网络规则的演变也是组织之间在全球化环境下为了解决共同问题而相互沟通、协商合作、不断学习的经验积累过程。

2000 年的"雅虎纳粹物品案"引起组织对互联网司法管辖问题的极度关注。"雅虎公司是在美国境内登记注册,其网站服务器也位于美国境内。雅虎在其网站上展出、拍卖纳粹纪念品并没有违反美国任何法律,但由于该网站在法国境内的计算机上也可以访问,而法国法律禁止一切与纳粹有关物品的展示与交易,因此雅虎被控告到法国巴黎法庭。法庭判决雅虎的行为违法,法官下令

---

① 朱博夫:《互联网治理的国际法研究》,中国政法大学硕士学位论文,2009 年。

② 2003 年,信息社会世界首脑会议(WSIS)在日内瓦阶段的会议上首次提出"互联网治理"的概念,随后成立联合国互联网治理工作组(WGIG)。

③ 2003 年,信息社会世界首脑会议(WSIS)在日内瓦阶段的会议上首次提出"互联网治理"的概念,随后成立联合国互联网治理工作组(WGIG)。

雅虎必须遵守法国法律,不得再行展示任何纳粹物品,并缴纳巨额罚款。雅虎随即在美国北加州地区法院也提起诉讼,美国法院判决确认雅虎展销纳粹物品合法及法国的判决不具有执行效力。"①此案的焦点在于,雅虎公司的同一个网络行为被两个国家的法院同时主张管辖权并适用本国法律作出裁判,引起了网络纠纷解决的地域冲突和执行困难。现实社会中各国以领土为界线来划定管辖权的传统方法,在网络空间显得无能为力,现有的法律规则也没有提出令人满意的解决办法。"网络空间国家主权的限制和管辖的协调是解决问题的关键。"②对国家主权进行干预和协调,势必要通过确立全球治理规则、达成国家之间的合意来实现。由于当前各国互联网技术水平、国家实力等方面的差异导致互联网治理意见分歧较大,短时间内难以形成普遍共识和一般规则,但在某些领域或有限的区域仍可以达成暂时的共识与合作。"如《关于网络犯罪的公约》对刑事领域管辖的约定、《民商事管辖权及判决承认与执行条例》在欧盟成员国范围内的管辖划分,不但化解了现实问题的燃眉之急,还有助于能够被普遍接受的互联网国际管辖原则的逐渐形成。"③这些组织间的规则还为网络全球治理规则的形成积累了经验。

"再如,中文色情网站租用美国的服务器,既可通过跨国限制来逃避中国的追究,又可通过限制美国境内对该网站的访问来规避美方管制。这表明,国际合作还缺乏必要的力度,未能使网络空间在技术与管理上达成协同匹配,带来了网络管理上的种种漏洞和无奈。其实,每个国家在主权范围内很难实现完全有效的网络治理,没有一个国家能够以一国之力、只在一国之内独立达成网络

---

① U. S. District Court for the Northern District of California, San Jose Division, Case No. C 00 - 21275 - JF - RS.

② 李鸿渊:《论网络主权与新的国家安全观》,载《行政与法》2008年第8期。

③ 朱博夫:《互联网治理的国际法研究》,中国政法大学硕士学位论文,2009年。

治理。因此,各国政府即使都已采取了网络监管、加强法治等各种积极举措,也仍需寄希望并致力于加强国际合作求来得真正实现全面有效的网络治理。对此,国际社会开始有了深切的认识:必须加强国际协调与合作,从技术到管理都要积极推进国际对接与国际协同,共同构建一个有利于增强网络治理有效性的网络信任系统。"①

(二) 网络全球治理规则与组织学习

网络规则必然包含全球性的规则,有效的全球治理规则又必然需要各国的协商与合作,需要明确各国在互联网治理规则中的权利和义务。为了使互联网在良好的国际环境中保持稳定并长久发展,组织必须在全球治理规则下不断提高工作技能和学习能力。这一学习过程不可避免地要由组织间行为准则予以完成。

1. 国家之间的关联和网络规则

国家之间的相互关联降低了各自网络规则所具有的独立可塑性。如巴西和葡萄牙签订的《对技术合作基本协定关于电信领域情报交换的补充协定》。该协定包含对互联网电话服务进行治理的内容,还规定了双方就"使用互联网协议提供的电话服务"与"此领域国内法律的制定和适用"等问题的合作。2000 年 7 月,经过两年半的相互磋商,欧盟与美国之间签订了双边协议——《安全港协议》。此协议是关于个人隐私权保护的框架性文件,根据该协议,双方确立了关于个人隐私权保护的"安全港"框架。双方约定,欧盟通过关于个人数据保护、电子通讯数据保护等相关立法,美国通过立法与自律两种手段对欧盟经互联网输入美国的个人数据提供保护。尽管这一协议不是两国正式签署的双边条约,但也反映了两国之间相互协商、共同解决个人数据保护问题的协调意志,框架性协议由十几个文件组成,为两国加强双边数据保护提供了基

---

① 邱霈恩:《网络治理亟待深化国际合作》,载《光明日报》2012 年 06 月 19 日第 02 版。

本指引。近几年,欧盟又制定了一系列计划,重新同美国建立关于数据信任和保护的双边机制。2012年,欧盟开始实行数据保护的改革措施,通过了关于数据传输方面的法规,以确保个人数据在海外传输能得到全面而有效的保护;欧委会提出建议,希望改善和审议安全港计划的功能;并且加强数据保护的实施。"欧盟正在与美国进行的、涉及数据传输和处理的'雨伞谈判',在政策内容和司法合作方面要做出迅速调整。协议对居民的保护应保持在高水平上,应使欧美的居民获得的权力和利益是等同的,包括不居住在美国的欧洲居民。"①此外,欧盟还强调双方在其他方面的支持和合作,如使用现有的双边立法支持和部门协议获取数据、促进隐私标准的国际化等。"美国管理机构应使用法律框架开展监督作为总原则,这些法律框架如双边法律支持、欧美部门协议,具体包括乘客姓名记录(Passenger Name Records,简称 PNR)和恐怖分子财务跟踪项目(Terrorist Finance Tracking Programme,简称 TFTP)。五是对美强调欧洲对其改革过程的关注。美国总统已宣布将对美国的国家安全局活动进行审议,这一举动将使欧盟百姓受益,并要惠及对居住在美国之外的美国和欧盟百姓,并增加透明度和实施更好的监管。六是促进隐私标准的国际化。美国应认同欧洲理事会对个人保护的公约,主要是关于个人数据的自动处理。这类似于2001年对欧盟网络犯罪公约的认同。"②最近几年,以中美关于网络安全工作组、美俄互信建立措施(CBMs)等为代表,美日、美英、中欧、美欧、美印等国家之间的双边合作与协商机制已经开始确立。2013年,英国国家反犯罪局和中国执法部门已经开始商议关于双方共同合作,以打击两国间的网络犯罪。在这

① 李晓玉:《强化网络安全需立法技术并举》,http://it.people.com.cn/n/2014/0428/
c1009-24951126.html(访问日期:2014年9月28日)。

② 李晓玉:《强化网络安全需立法技术并举》,http://it.people.com.cn/n/2014/0428/
c1009-24951126.html(访问日期:2014年9月28日)。

个意义上,关于网络问题治理的双边规则可以看作组织之间共同学习的产物。

2. 全球性规则和学习能力

国际社会环境也与网络规则紧密相连,它们之间也相互形塑。关于网络空间国际行为规则、互联网全球治理机制以及国际法在网络空间如何适用等问题,一些国家和组织做出了积极尝试。全球性互联网治理规则是各国共同学习的鲜明体现。

在联合国专家组的努力下,各国已就《联合国宪章》适用于网络空间达成共识。2003 年 12 月,信息社会世界首脑会议通过了《日内瓦原则宣言》和《日内瓦行动计划》。《日内瓦原则宣言》提出:"国际互联网管理应该是多边、透明且民主的,应获得各国政府、私营部门、民间社会以及国际组织的全面参与。"[①]这是互联网治理问题首次上升到国际层面,在全球范围内进行全面、深入的探讨。《日内瓦行动计划》在《原则宣言》的基础上进一步明确了对各国政府的具体要求。2005 年 11 月,信息社会世界首脑会议又通过了《突尼斯承诺》和《突尼斯议程》。《突尼斯承诺》再次重申了《原则宣言》所确立的信息社会和互联网治理的基本原则。《突尼斯议程》详细规定了未来十年内各国建设信息社会的主要工作和重点内容。这四份重要的国际性文件代表了多数国家对互联网全球治理的普遍要求,对建立互联网全球治理机制和合作实践具有重要的指导意义。"此外,经济合作与发展组织(OECD)作出的有关信息通信技术和互联网治理的若干项指南(Guidelines)也覆盖了互联网治理问题的多个方面,包括网络安全、个人数据保护、滥用网络行为的整治等。这些指南较广泛地得到成员国的采纳,对发达国家之间的互联网治理行为起着相当大的规范作用。"[②]

---

① 《日内瓦原则宣言》第 48 段。
② 朱博夫:《互联网治理的国际法研究》,中国政法大学硕士学位论文,2009 年。

网络空间的全球治理包括"网络空间基础设施、标准、法律、社会文化、经济、发展等多方面内容的一个范畴"①。早期网络全球治理规则主要集中于网络犯罪、知识产权、电子商务、管辖权等问题涌现最多、各国之间分歧相对最小的领域。譬如,欧洲理事会起草的《关于网络犯罪的公约》是世界上第一个专门处理互联网治理相关问题的国际条约。2001 年 11 月 23 日,公约正式向欧洲理事会成员国及非成员国开放签署。2004 年 7 月 1 日,公约开始生效。截至 2008 年 10 月,已有包括大多数欧洲理事会成员国和美国、加拿大、日本、南非在内的四十六个国家签署,其中二十三个国家正式批准生效。公约正文共有四章四十八条,分别从实体法、程序法和管辖权三个方面细致地规定了当事国在打击网络犯罪领域的权利与义务。公约对网络犯罪的罪状、涉及的术语等作出了界定;规定了侦查与审判网络犯罪的程序性规则;规定了引渡、证据采集、联络机制等国际合作事项。这一公约不但能大幅促进打击网络犯罪的国际合作,更关键的是为各国制定网络犯罪治理规则积累了经验,树立了范本。目前,我国关于网络犯罪的刑事规则还存在诸多不足和缺陷,如对网络犯罪的范围限制过于严格,导致实践中很多问题无法可依;对网络犯罪的本质仍存在认识上的不足,罪名和罪行的规定也比较狭窄,因此,我国不但要积极参与国际打击网络犯罪的公约,还要根据公约的精神和要求及时修订和完善本国的刑事立法,通过学习和借鉴国际经验,不断提高和加强我国网络犯罪治理规则的能力。公约为各国提供了一个学习和交流的平台,有利于国家(组织)之间沟通交流、互利合作,建立网络犯罪治理的新规则。"关于网络犯罪的刑事定罪问题,应当在充分尊重各国刑事立法主权的基础上,最大程度开展合作。要积极倡导和

---

① Panayotis A. Yannakogeorgos, Internet Governance and National Security, Strategic Studies Quarterly, Vol. 6, 2012, p. 103.

参与构建应对网络犯罪行为的国际法律框架,在网络犯罪国际条约制定中争取话语权,主动融入网络犯罪国际法律体系,推动建立网络犯罪国际治理秩序。要建立网络犯罪国家间信息交流机制。在国际条约规范下,构建国家间互信互利的网络犯罪信息交流机制,相互借鉴打击网络犯罪的技术与经验,加强国家之间网络犯罪的信息交流,促进网络犯罪信息合作,共同打击网络违法犯罪行为。"[1]"为弥补《网络犯罪公约》的局限,更好的打击网络犯罪,国际社会陆续通过了一系列文件或协议,包括《阿拉伯国家联盟打击信息技术犯罪法律框架》、《英联邦关于计算机和计算机犯罪示范法》、《上海合作组织国际信息安全领域的协议》、《刑事司法与预防犯罪北京宣言》等。中、俄、巴西等国家也在不断寻求以联合国大会的方式解决网络犯罪的方案,希望通过各国不同的诉求,同时尊重各国不同意愿,订立符合各国不同国情的国际协议,有效打击网络犯罪行为。"[2]"另一个例子是 2005 年 4 月签署的《首尔·墨尔本反垃圾邮件多边合作谅解备忘录》。这一谅解备忘录由澳大利亚通信管理局和韩国信息安全署倡议制订,旨在建立各国政府部门间就垃圾邮件整治问题的合作机制,因此它的签署者主要是各国负责互联网治理的政府部门或政府性质的机构,如日本经济产业省和总务省、马来西亚通信与多媒体委员会、新西兰经济发展部等。文件内容包括合作治理的目的、范围、形式等,规定了成员之间信息交换、政策交流、争端解决等制度。这些都是通过国际法手段解决互联网全球性问题的良好开端。"[3]2006 年,中国国家版权局与美国电影协会、商业软件联盟、美国出版商协会、英国出版商

---

① 胡红梅、谢俊:《网络犯罪的国际治理何去何从》,载《科技日报》2014 年 08 月 29 日第 12 版。

② 胡红梅、谢俊:《网络犯罪的国际治理何去何从》,载《科技日报》2014 年 08 月 29 日第 12 版。

③ 朱博夫:《互联网治理的国际法研究》,中国政法大学硕士学位论文,2009 年。

协会共同签署《关于建立网络版权保护协作机制的备忘录》,这一国际规则表明我国和其他国家已经开始合作加强对互联网版权保护,共同打击网络上的盗版和侵权行为。还有国际电信联盟(ITU)召集全球高级专家组推出了《关于网络安全与网络犯罪的全球条约》。2011年9月,中国和俄罗斯联合塔吉克斯坦、乌兹别克斯坦,在吸纳上合组织网络与信息安全成功经验基础上,向联合国大会提交了《信息安全国际行为准则》草案,提出"不利用信息通信技术包括网络实施敌对行动、侵略行径和制造对国际和平与安全的威胁"等十一条行为准则。"2011年11月,在英国伦敦举行的'网络空间国际会议'宣布启动'互联网全球治理的伦敦进程',旨在推动制定网络空间的'行为规范'。2012年10月4日至5日,网络安全问题国际会议在匈牙利布达佩斯召开。中方提出全球网络安全治理的五项基本原则:'网络主权''平衡''和平利用网络''公平发展''国际合作'。目前全球互联网治理的核心是构建网络空间国际秩序,具体表现为网络空间原则和规则的创制。"①"现阶段各国关注的重点有五个:一是如何继续发扬互联网价值,一种观点是要坚持互联网的自由与开放,强调'网络人权',另一种观点则反对绝对的网络自由,强调'线下规则同样适用于线上','线下不能做的事线上也不能做'。二是如何找准政府的位置,也就是说政府到底应不应该、能不能够大包大揽,介入所有的涉网问题,政府、企业和公民各自应该发挥什么作用。三是如何界定联合国的作用,以美为代表的西方国家始终主张现有国际互联网治理模式运行良好,'东西没坏别去修',联合国的介入将会危及互联网的本质。四是如何推进建立信任措施,美欧等国认为彼此战略意图不清容易导致互疑和猜忌,这是网络空间国与国合作的最大障碍,而

---

① 黄仁伟:《全球治理机制变革的新特点和中国参与全球治理的新机遇》,载《当代世界》2013年第2期。

应对核危机和裁军领域的建立信任措施在提升透明度、减少误解和误判方面作用显著。五是如何适用国际法，多数国家都支持现有国际惯例法和联合国宪章等基本原则可以引申到网络空间，但毕竟这个虚拟的人造空间具有许多新特性，具体如何适用仍存在争议。"①

"网络的互联互通，网络空间与现实空间的融合使得世界不仅仅是'平'的，更是多维度、多节点相互交错、立体交叉的，各国网络安全深度关联，荣损相依。网空新规则的缺失和各国确保自身安全与发展的需要，促使政府、企业、组织甚或个人都积极地投身于网络空间的规则探讨、规范制定等各种事务当中。复杂多变的网络环境激发了探讨网空规则的热情。如何制定、制定什么样的国际规则直接关系到每个国家的切身利益。大到互联网资源分配、全球 IT 产业和贸易政策、互联网治理模式、打击网络犯罪和执法合作、网络战规则、国家在网络空间的责任和义务、网络空间行为规范等，小到政府、企业和个人应在网空发挥何种作用等各种问题都将通过规则被界定。不可否认，这个过程必将是漫长且艰辛的，但更多的国家意识到能否参与其中，能否发出自己的声音，能否最大限度地让新规则符合本国价值观和治理理念变得越来越重要。这种参与，既是国家主权在网络空间的体现，又是国家网络实力增长的必然要求。网络空间准则的制定，不可避免地涉及各个国家的根本原则和核心利益，再大的共识也难掩越来越尖锐的分歧和争端。各国真正做到求同求异、摒弃猜忌和真正互信却非易事。新形势新问题不断出现，愈发凸显规则进程的严重滞后。原有的老问题还没有找到有效的应对之策，新技术、新应用和新服务带来的问题又源源而来，新旧问题相互叠加，既增加了各国管理网络空

---

① 唐岚：《网络空间亟须一张秩序之"网"》，载《人民日报》2013 年 07 月 26 日第 23 版。

间的难度,又给国际规则的制定带来了新挑战。"①

第二节　制定和改变网络规则能力

　　组织制定和改变规则的经验也使得它们获得了这方面的能力,结果,组织变得更倾向易于制定和改变规则。"如果规则制定和变化是问题的解决方式,则在制定和改变方面所积累的能力使规则制定和改变成为新问题具有吸引力的解决方法。"②

一、学习制定规则的能力

　　组织在规则制定方面的能力以及参与此种学习活动的倾向有以下几个来源。

(一) 规则制定机构的工作能力

　　规则制定机构的工作技能随着经验增多而得到积累。"随着时间的推移,涉及规则制定方面事务的成员变得更善于此道。他们学习如何识别规则内的问题,如何动员关注这些问题,如何组织针对变化的支持联盟。经验越多,能力就越强。能力越强,视规则变化为必要的自发性就越强。"③

　　譬如,在加强网络信息安全方面,各国规则制定机构的工作能力不断提升,通过了大量的网络安全规则。"美国有关网络信息安全的法律有《信息自由法》、《个人隐私法》、《伪造访问设备和计算机欺骗滥用法》、《计算机安全法》、《电讯法》、《儿童网上保护法》、

---

① 唐岚:《网络空间亟须一张秩序之"网"》,载《人民日报》2013 年 07 月 26 日第 23 版。
② [美]詹姆斯·马奇、马丁·舒尔茨、周雪光:《规则的动态演变——成文组织规则的变化》,童根生译,上海人民出版社 2005 年版,第 70 页。
③ [美]詹姆斯·马奇、马丁·舒尔茨、周雪光:《规则的动态演变——成文组织规则的变化》,童根生译,上海人民出版社 2005 年版,第 70 页。

《公共网络安全法案》、《加密个人通信法案》、《个人通信与消费者保护法案》等。"[1]"英国政府成立了两个专门的网络安全部门——网络安全办公室（Office of Cyber Security）和网络安全行动中心（Cyber Security Operations Centre），前者负责协调政府各部门的网络安全计划，后者的任务是协调政府和民间机构的主要电脑系统的安全保护工作。英国提出了《2010年战略防务与安全评估报告》，并于2011年10月发布了国家安全战略报告，将恐怖主义、网络攻击、涉及英国及其盟国的国家间军事危机、重大事故和自然灾害定为英国面临的四大主要安全威胁。英国的'网络服务供应商协会'（ISPA）制定了行业自律公约，'英国互联网监视基金'旨在制止互联网上违法信息的传播。英国还研究出了高灵敏度的RFC网络电子分级装置，对网上信息进行分级、认定和分类。"[2]"近年来，中国有关部门陆续下发了《国家信息化领导小组关于加强信息安全保障工作的意见》、《国家信息化发展战略》、《国家信息安全战略报告》、《国家'十一五'信息安全专项规划（征求意见稿）》等政策性、指导性文件。"[3]

我们也注意到，网络空间只是演绎某些旧战争的战场。传统法律工具仍然是适用的。"许多法律原则具有变通性，能够适应新社会实践。新技术有时也会引起法律的实质性变革，但这一过程是缓慢的。"[4]2001年11月，瑞士加入欧洲理事会倡导的《网络犯罪公约》。2002年，瑞士根据公约修改了国内相关法律。"瑞士拓宽了与周边邻国共同整治网络犯罪的领域，采取了许多积极举措，其中包括与欧洲多国网络警察互通情报、共享相关信息、跨境联手

---

① ［美］詹姆斯·马奇、马丁·舒尔茨、周雪光：《规则的动态演变——成文组织规则的变化》，童根生译，上海人民出版社2005年版，第70页。

② 张新宝：《论网络信息安全合作的国际规则制定》，载《中州学刊》2013年第10期。

③ 张新宝：《论网络信息安全合作的国际规则制定》，载《中州学刊》2013年第10期。

④ Joseph H. Sommer, Against Cyberlaw, Berkeley Technology Law Journal, 2000.

打击网络犯罪等。"①2003 年,瑞士又签署了《网络犯罪公约》附加议定书,表示大力支持禁止网络上各种形式的种族歧视和仇外宣传。2008 年,瑞士政府开始加强对互联网的监管,并主张批准该公约。瑞士政府认为,瑞士现有法律可以有效追究通过互联网或手机等电子通信网络实施的违法活动,不必制定新法律,联邦政府还建议瑞士议会尽快批准公约。2009 年,为批准《网络犯罪公约》做准备,瑞士联邦政府启动各方之间的咨询和商议;11 月,瑞士完成了对刑法和国际司法互助法中相关条款的修改,并制定了新法规。2010 年,瑞士司法部建议联邦政府批准该公约;6 月,瑞士政府明确表示批准该公约。2011 年,经过多年的酝酿,瑞士议会终于批准通过《网络犯罪公约》,并于 2012 年 1 月 1 日起正式实施。瑞士根据公约的规定,制定了新的法规。2011 年,瑞士新的刑事诉讼法开始生效。"新法旨在惩罚信息欺骗、伪造、窃取和非法进入受保护信息体统以及针对儿童性犯罪和侵权等行为,涵盖互联网和移动通讯两个领域,同时规定刑事调查中应收集和保存电子证据,赋予强力部门快速获得相关信息数据的权利,也要求成员国之间进行密切、快速和有效的合作。据报道,惩罚盗取信息行为是新法的首要任务之一。警方将加大对加密电子邮件和网络电话的监控。另外,新法规定,互联网和移动电话入网服务商有存储客户交往数据的义务,而对为此增加运营成本等因素,新法还在补偿领域做出了相关原则规定。"②

(二) 规则制定者的认识能力

组织从经验中获得的能力,包括识别规则变化活动所带来的附加收益的能力。"有经验的规则制定者承认制定或改变规则的

---

① 赵剑英:《瑞士开展净化网络环境行动》,载《经济日报》2011 年 04 月 25 日第 11 版。
② 宋斌:《瑞士:按国际公约完善网络法规》,载《光明日报》2012 年 12 月 26 日第 08 版。

活动,或者甚至规则讨论本身都可以解决问题。问题一旦被导入规则制定过程,对注意力的需求以及这种过程所要求的时间延迟可能使一些核心成员负担过重,尤其是那些拥有短期权限或任期的成员,因而减少了针对实质性变迁的压力。"①譬如,我们一般都可以观察到这样的现象,即在网络空间内无论何时只要发生大规模的热议或争论,它们多少都可能引起一些规则的制定和变化活动。典型性的情况是,在任何特定的变化发生之前,这些规则制定过程可能耗费几年的时间。这些被采纳的解决方法经常不指向原初问题。但是问题一旦被引入规则制定过程,注意力就被转移,并且非制度化压力也消失了。"在这种意义上,规则制定过程本身,而非规则的内容,成为了问题的解决方法。组织认识到,由于对外界倡导者所提出的问题进行持续关注比较困难,正是在这种意义上,有关规则变化的初始讨论解决了问题。规则制定者认识到了一些'问题短期存在'假设的变体。"②

新科技为人类带来新的活动空间,也催生了新的矛盾和争端,亟需新的法律规范来填补空白。规则制定者逐渐认识到,互联网完全是一个前所未有的新空间,网络空间的社会关系也是全新的,应当适当创制虚拟世界专用的法律规则进行调整。"互联网确实带来了大量新生事物,必须运用新创设的规则才能进行规范。法律规则的陈旧是互联网治理面临的一项重要的风险。"③"如美国在2009年制定了《网络安全法案》。印度也于2000年6月颁布了《信息技术法》。印度并没有'物权法'之类规范有形财产的基本

---

① [美]詹姆斯·马奇、马丁·舒尔茨、周雪光:《规则的动态演变——成文组织规则的变化》,童根生译,上海人民出版社2005年版,第70页。

② [美]詹姆斯·马奇、马丁·舒尔茨、周雪光:《规则的动态演变——成文组织规则的变化》,童根生译,上海人民出版社2005年版,第70—71页。

③ [塞尔维亚]Jovan Kurbalija、[英]Eduardo Gelbstein:《互联网治理》,中国互联网协会译,人民邮电出版社2005年版,第67页。

法,却先制定出一部规范网络世界的基本法。"①相较而言,我国规则制定者的认识和预判能力还需要进一步提高。如有学者所言,"我国尚未形成一个以基本法律为主干,以其他法律、行政法规和地方性法规为补充的专业性法律部门,网络空间的分散式管理模式对宪法基础关系产生影响。"②近几年,我国已有多位立法机关代表纷纷提出,建立一个完备、统一的网络法律体系。与传统各部门法相比,网络法具有一些明显的不同,其在法律关系主体和客体、权利义务的表现和内容、法律责任的构成和认定、法律渊源的范围和种类、法律效力的域外性等方面都具有特殊性,因此,网络的众多特殊性与我国传统的立法模式产生了冲突,二者之间的矛盾导致了我国网络立法严重滞后,"网络法规相互掣肘。我国现有互联网法律法规单向管制色彩较重,在实践中很难做到纵向统筹和横向协调,因此互联网法律监管在实际应用中常常出现交叉冲突的现象。"③有学者指出,"政府还没有足够的能力应对和管理网络内容,无法依靠全面而细致的法律规定来行使公权力进行规制的时候,适当地保留法律空白可以为今后的行政行为进行试错;另一方面,网络立法工作也始终怀抱着'摸着石头过河'的心态,面对日新月异的网络发展态势和网络那令人惊奇的多元化变化方向,盲目立法不仅会破坏网络公共领域原有的开放与自由,更会打乱现有的立法体系。而通过深入挖掘这两方面隐藏的背后,我们可以发现,网络的超前性与立法的滞后性是最终导致我国网络立法

---

① 周庆山:《论网络法律体系的整体建构》,载《河北法学》2014 年第 8 期。
② 杨吉:《论网络的规制架构:基于中国经验》,http://law.zucc.edu.cn/xstd/fileinfo.asp?Id=125(访问日期:2012 年 12 月 30 日)。
③ 何明升:《推进我国网络法制建设的思考》,http://www.npopss-cn.gov.cn/n/2014/0604/c230113-25102457.html(访问日期:2014 年 6 月 4 日)。

始终处于起步阶段的缘由。"①因此,我国规则制定者应从互联网应用的整体出发来认识网络社会关系的本质,遵循有针对性、可操作性、前瞻性的立法原则,科学、合理地构建一个整体的网络法律体系。规则制定者"在立法技术上既要注意法律规定的准确性和可操作性,也要对某些内容不能规定得过于具体,要留有发展的余地。还要具有充分的前瞻性,对信息的发展和可能产生的新问题进行预测,以保证法律发展的连续性。一方面,原有的基本法学理念和许多传统法律规范在信息技术中仍然适用;另一方面,制定新的法律规范应当对原有法律既有创新又有继承,特别是要符合宪法,与原有的法律体系协调一致。这就需要科学严谨地对待这个交叉性问题"②。有专家指出,"推进我国网络法制建设,首先是加快制定上位法,协调权力机构间的关系。互联网发展首先是技术上的,若对信息技术前景及功能模式预判不足,就会导致先发展后治理、以管理代治理和多头管理等困局。因此,解决网络管理的'部门化'倾向,需要建立结构功能明晰的法制体系。现在,我们已经成立中央网络安全和信息化领导小组,并成立了相应的办公室作为日常管理机构。但从法律层面来说,全国人民代表大会应为协调网络管理职责提供根本法律依据,国务院有关部门不仅要制定宏观信息产业发展战略,更要前瞻性地拟定互联网行业标准和技术法规。此外,网络立法还应注重各方的权责平衡和权责明确,以便配套法规相互衔接。"③在十二届人大二次会议上有代表提出建议,"现阶段,我国互联网金融行业亟待解决的主要问题包括:行业准入门槛过低,互联网金融企业数量急剧增多,业务经营实

---

① 秦前红、熊威:《从网络公共领域看网络立法》,http://www.21ccom.net/articles/zgyj/fzyj/article_20140626108437_3.html(访问日期:2014年8月30日)。
② 周庆山:《论网络法律体系的整体建构》,载《河北法学》2014年第8期。
③ 何明升:《推进我国网络法制建设的思考》,http://www.npopss-cn.gov.cn/n/2014/0604/c230113-25102457.html(访问日期:2014年6月4日)。

力、风险管控能力参差不齐；行业监管主体不明确，法律法规监管政策不完善，违法违规现象频发；网络技术安全存在隐患，个人权益保护力度不够等。从法律法规层面上规范发展互联网金融，是实现互联网金融健康发展的基础。目前没有专门针对互联网金融进行规范的法律法规。因此，建议尽快从规制、条例、法律、法规层面对互联网金融的定义、机构形式、业务范围、监督管理和法律责任等方面进行界定管理。"

（三）组织不同部分的能力发展

组织的不同部分在规则范围内活动的能力以及制定规则的能力都可能得到发展。"规则制定者在制定规则方面往往变得比较熟练，规则遵守者往往变得善于使用规则。结果，我们可以推测，规则在稳定的环境中存续的时间越长，使用者（由于他们在规则范围内活动的能力）通过它所能发现的问题就越少，并且所发现的这些问题导致规则变化的可能性就越大（由于规则制定者在制定规则方面的能力）。"[1]

如网络空间中培训黑客技术的行为，对于这类性质的行为适用我国现行刑法规则难以进行统一规制。"2006 年 2 月 21 日，河南许昌'网上黑客学校'主要负责人就因涉嫌利用互联网传授犯罪方法或煽动扰乱社会秩序被依法刑事拘留。"[2]"2007 年 9 月，某检察院以林某某等利用网站传授黑客教程及各种网游、网银木马病毒下载和使用方法的行为涉嫌传授犯罪方法罪向法院提起公诉。"[3]可见，在司法实践中，规则的使用者充分发挥其在规则范围内活动的能力。一致的意见认为，根据我国现有刑法规则，网络空

---

① ［美］詹姆斯·马奇、马丁·舒尔茨、周雪光：《规则的动态演变——成文组织规则的变化》，童根生译，上海人民出版社 2005 年版，第 71 页。

② 王明浩：《河南许昌警方捣毁"网上黑客学校"》，http://www.people.com.cn/GB/paper464/16946/1488486.html（访问日期：2013 年 6 月 19 日）。

③ 于同志：《网络犯罪》，法律出版社 2008 年版，第 71 页。

间中培训黑客技术的行为可以被认定为传授犯罪方法罪。裁判的理由是:"一方面,黑客技术从本质而言属于犯罪方法;另一方面,传播黑客技术的行为符合传授犯罪方法罪的行为要件。"[①]我国现行刑法中的"犯罪方法"主要是指"犯罪的经验、技能以及反侦查、逃避审判的方法,还包括如何进行犯罪预备,如何在犯罪后逃匿、销毁罪证等方法。其只能是直接故意犯罪的方法"[②]。然而,技术本身并不具有任何危害性,技术由社会所选择,被社会所应用,其本质属性是中立的,因而黑客技术是否能被认定为犯罪方法,存在着较大争议。"由于黑客技术在用途上的两面性,导致有些学者反对将黑客技术认定为犯罪方法;既然黑客技术并非只能由于违法和犯罪,而是也能用于正当目的,就不能一概而论,应当区别对待。"[③]有学者提出,"传授黑客技术本身并不违法,只有黑客活动是违法的,黑客学校如果不教唆学生们从事非法活动,那么就不违反任何法律。"[④]因此可以说,司法机关对网络空间中培训黑客技术行为按照传授犯罪方法罪定罪量刑,实际上扩大了刑法规则的适用。事实上,黑客学校还经常为其成员提供具体工具,帮助实施犯罪,而传授犯罪方法和提供犯罪工具这两种行为的性质截然不同,对于后一种情形不宜按照传授犯罪方法罪论处。"因为此类行为中行为人提供的对象性质,已经明显超出了刑法规定的'犯罪方法'可能具有的含义,不能将提供此类黑客程序或者黑客工具的行为解释为传授犯罪方法罪所要求的行为。"[⑤]鉴于此,2009 年,立法

① 常宁:《网上传播黑客技术行为应构成传授犯罪方法罪》,载《河南公安高等专科学校学报》2006 年第 5 期。

② 王作富:《刑法分则实务研究》(中),中国方正出版社 2007 年版,第 1299 页。

③ 王作富、庄劲:《黑客行为与两极化的刑事政策》,载《湖南社会科学》2004 年第 6 期。

④ 一航行、逸飞:《网络双刃剑——谈谈国外的黑客学校》,载《电脑校园》2004 年第 6 期。

⑤ 于志刚:《传统犯罪的网络异化研究》,中国检察出版社 2010 年版,第 151 页。

机关在《刑法修正案（七）》中增设了第九条第三款①。"该条的目的，就是对于提供专门用于侵入、非法控制计算机系统的程序、工具的行为加以约束，以期严厉打击目前黑客培训、病毒制作、病毒加工、病毒贩卖、窃取信息等犯罪行为，切断网络上的灰色产业链。《刑法修正案（七）》扩展了网络犯罪的保护对象，将刑法干预和打击的阶段向上游延伸，进一步严密了法网，增强刑法的威慑力。尤其是将提供非法黑客工具、软件的行为作为犯罪处理，对于网络上曾经一度逍遥法外的黑客学校、黑客网站，可以说是厄运当头，也会对计算机犯罪的产业链产生震慑作用。但是，修正案这一条款的适用范围仅仅是打击提供'犯罪工具'的行为，却无法涵盖黑客培训学校单纯地传授黑客技术的所有培训行为，这是一个立法遗憾，更是导致培训黑客技术行为处于刑法真空之中的真正原因。基于以上分析，现行刑法条文难以有效应对黑客培训学校的挑战，虽然可以通过扩张解释的方法来寻求在最大范围内处理此类问题，但是，要最终解决此类问题，恐怕只能是通过立法完善而非司法变通。"②从刑事立法上看，目前我国刑法规则打击黑客犯罪的注意力侧重于法律后果。1997年刑法典中增加了打击计算机病毒等破坏性程序的罪名。"在《刑法修正案（七）》增加了打击专门用于侵入、非法控制计算机信息系统的'程序'、'工具'的犯罪。但是在网络犯罪爆发式增长和网络犯罪的危害性日益倍增的情况下，刑事立法的打击着力点应当适度前移，应当从打击技术滥用后的制造、传播、提供'成品'的犯罪，前移到打击恶意的'黑客技术'的传播行为。"③即立法者应将传播黑客技术的危害行为加以独立入罪化。

---

① 于志刚：《传统犯罪的网络异化研究》，中国检察出版社2010年版，第151页。

② 于志刚：《传统犯罪的网络异化研究》，中国检察出版社2010年版，第155—156页。

③ 于志刚：《传统犯罪的网络异化研究》，中国检察出版社2010年版，第162—163页。

二、学习改变规则的能力

组织学习的另一个重要方面是改变规则的能力。组织不仅通过建立新规则而进行学习,而且组织通过改变或修订现有规则也获得了学习能力。"在旧规则不适应新经验的时候,这种情况尤其会发生。规则细致化的主要动力是规则吸纳(组织内部或外部)环境中所发生问题的能力的增强。细致化可以包括多种形式。它包括增加详细规定问题合适而有效的解决方法的条文,但是它也包括通过允许更具弹性的解释而扩大规则的范围,因而使它变得更为模糊。"①

规则细致化可以被视为组织学习的一个例子。"组织规则学习组织反应,后者吸纳了环境中出现的问题。"②"尽管并不能保证这种过程会导致任何最优吸纳速度或模式,但规则也逐渐显示了可以提供一个令人满意的问题吸纳水平的特征,并因而提高了它们自身的生存能力。"③"从一个稍微有些不同的角度来看,细致化可以被视为汇聚了组织经验样本的一种形式。每当组织规则被修改时,主管组织规则的制定者就对与规则相关的当前条件进行取样,得出一个有关周围环境的模型,并且相应的调整规则。在细致化过程中,新经验与储藏在规则中的先前经验被合并在一起。从连续的规则变化期内所获得的样本与先前的样本被储存在一起。这种重复发生的调整和扩展的时期上的经验汇聚扩大了样本的规模,并因而提高了规则的可信性。细致化使规则更'适合'稳定的

① [美]詹姆斯·马奇、马丁·舒尔茨、周雪光:《规则的动态演变——成文组织规则的变化》,童根生译,上海人民出版社2005年版,第71页。
② March, J. G., J. P. Olsen, Rediscovering Institutions: Organizational Basis of Politics, New York Free Press, p. 18.
③ [美]詹姆斯·马奇、马丁·舒尔茨、周雪光:《规则的动态演变——成文组织规则的变化》,童根生译,上海人民出版社2005年版,第71页。

环境,但潜在地不太能处理变化的情况。譬如,在一系列的调整之后,有回报的规则可能变得更明确,显得更为公正,易于遵守,更能够防止规避的努力,与其他规则更为协调,以及类似这样的情况。出于同样的原因,这种增强了的特征以及相互连接可能使规则更不能面对变化。在实践中,规则内经验的积累可能更为复杂。"①

(一)德国的"条款法"

各国对互联网立法通常采用两种不同路径:一种做法是把互联网看作是一种新兴媒体,从互联网传播内容的角度进行规制,将互联网适用于媒体法;另一种做法是按照技术层面来规制,因而互联网属于电信法调整范围。在德国也存在这两种观点,并反应在德国互联网立法的历程中。

在互联网发展初期,德国将互联网视为一种新兴媒体而进行了单独立法。1997年,德国颁布了世界上第一部专门性网络成文规则——《信息与通讯服务法》,简称《多媒体法》。《信息与通讯服务法》共十一条,包括三部新法,即《电信服务法》(第一条)、《电信服务数据保护法》(第二条)和《电子签名法》(第三条)。除了上述三部新法之外,该法第四条到第九条还对下列几部法律进行了修订:《刑法典》(第四条)、《违反秩序法》(第五条)、《危害青少年的文字作品传播法》(第六条)、《著作权法》(第七条)、《定价法》(第八条)和《定价条例》(第九条)。第十条规定了行政法规就相关定价的修订权。第十一条规定了有关法律的生效日期。此后,德国对互联网的规制分割为两部分:媒体服务和电信服务,并分别由不同的法律调整。随着互联网的不断发展,电信网、广播电视网与互联网相互交融,将互联网服务人为分割的做法导致了实践中的诸多问题和法律适用上的困难。面对这一新

---

① 〔美〕詹姆斯·马奇、马丁·舒尔茨、周雪光:《规则的动态演变——成文组织规则的变化》,童根生译,上海人民出版社2005年版,第71—72页。

的情势,德国在《信息与通讯服务法》基础上出台了《电子交易统
一法》。该法对与电子交易有关的联邦法律进行了全面修订,包
括一部新法和三部法律的修正案。"经该法的颁行,《电子媒体
法》(Telemedieng-esetz,缩写 TMG)出台,原来分散的有关电子
媒体的规定被整合在这部法律中。《电子媒体法》在德国俗称
'互联网法',是调整互联网法律问题的核心立法之一。《电子媒
体法》对传媒法进行了体系上的重构:'电信服务'和'媒体服务'
统称为'电子媒体'。"①

　　《信息与通讯服务法》、《电子交易统一法》、《电子媒体法》都是
一种"条款法"。在德国法中,条款法(Artikeigesetz)又被形象地
称为"大衣法"(Mantelgesetz),寓意一部条款法就像一件大衣一
样,涵盖了某一既定主题下各种法律的修改内容。由于条款法常
用来围绕某一主题对相关法律进行修订,因此也常被称为"修订
法"(Anderungsgesetze)。"条款法是德国立法的一种,是指对若
干部法律进行修订的法律,它将修订一部法律的条款汇总在一
个'法条'(Artikel)中,以获得更为明晰的概览。条款法可以说
是法中有法。条款法生效后,其中的'条'、'款'、'项'在法律适
用中并不直接援引,所援引的条款仍是其所修订的具体法律中
的条款。条款法通常是围绕某一主题对现有相关立法进行一揽
子修订,所修订的法律并不局限于同一个法律部门,其优点是可
以避免分别修法带来的立法冲突。在德国,可将条款法视为立
法者在某一时期围绕特定立法目的开展立法所取得成果的阶段
性体现。"②

　　《信息与通讯服务法》是德国互联网时代的开创性立法;《电子

---

① 颜晶晶:《传媒视角下的德国互联网立法》,载张平、黄绅嘉主编:《网络法律评论》
　(第15卷),北京大学出版社2013年版,第260—261页。
② 颜晶晶:《传媒视角下的德国互联网立法》,载张平、黄绅嘉主编:《网络法律评论》
　(第15卷),北京大学出版社2013年版,第260—261页。

交易统一法》是德国将国际规则（欧盟《关于统一电子交易的指令》）转化为国内立法的鲜明体现；《电子媒体法》则体现了德国应对媒介融合的时代趋势改变规则的能力和立法努力。"德国立法者显示出了自我否定的勇气以及对于法律概念进行抽象概括的智慧，将电信服务与媒体服务合二为一，统称为电子媒体，并颁布《电子媒体法》，从而翻开了德国传媒法上新的一章。立法上从分到合，折射出的是媒体融合的发展进程。"①

（二）我国信息网络传播权及其修订

我国最早关于网络传播纠纷的案件发生于 1999 年，王蒙、张抗抗等几位作家起诉世纪互联通讯技术有限公司侵犯其著作权。对于在互联网上擅自使用作者作品的行为，当时的著作权法没有规定，法院在此案的判决中提出，"我国著作权法第十条第五项所明确的作品使用方式中，并没有穷尽使用作品的其他方式存在的可能。随着科学技术的发展，新的作品的载体的出现，作品的使用范围得到了扩张。因此，应当认定作品在国际互联网上传播是使用作品的一种方式。"②"王蒙案"对我国网络著作权案件的审判实践具有开创性的重要意义，为其他相似案件的处理作出了指导和先例，此案涉及的问题就是作者对其作品在互联网上传播的权利，即"信息网络传播权"。

在"王蒙案"审理的第二年，2000 年，最高人民法院通过了《关于审理涉及计算机网络著作权纠纷案件法律若干问题的解释》，其中第二条第二款规定："著作权法（这里也是指修改前的著作权法）第十条对著作权各项权利的规定均适用于数字化作品的著作权。将作品通过网络向公众传播，属于著作权法规定的使用作品的方

---

① 颜晶晶：《传媒视角下的德国互联网立法》，载张平、黄绅嘉主编：《网络法律评论》（第 15 卷），北京大学出版社 2013 年版，第 260—261 页。
② 颜晶晶：《传媒视角下的德国互联网立法》，载张平、黄绅嘉主编：《网络法律评论》（第 15 卷），北京大学出版社 2013 年版，第 260—261 页。

式,著作权人享有以该种方式使用或者许可他人使用作品,并由此获得报酬的权利。"2001年,全国人大常委会审议并通过了《中华人民共和国著作权法》修正案,其第九条明确规定了"信息网络传播权",即以有线或者无线方式向公众提供作品,使公众可以在其个人选定的时间和地点获得作品的权利。这是我国《著作权法》自1991年施行以来,为了应对网络时代的新问题而作出的第一次调整和修改,也是我国第一次明确提出"信息网络传播权"的概念,并将其规定为公民依法享有的一项民事权利。2003年,最高人民法院对2000年的《解释》进行了修正。2005年4月30日,国家版权局和信息产业部联合发布了《互联网著作权行政保护办法》,《办法》明确规定了侵犯信息网络传播权的具体行为,为保护权利人的著作权提供了明确的救济方式和法律依据。2006年,经过五年议程的《信息网络传播权保护条例》①公布并施行。2010年,全国人民代表大会常委会对著作权法进行了第二次修正。2011年,新闻出版总署正式宣布启动《著作权法》的第三次修订,此次修改明确了信息网络传播权与播放权的界限。国家新闻出版广电总局一负责人介绍,此次修改主要涉及四个方面。"现行《著作权法》只规定了广播权,而没有播放权这一概念。在实践中有根据播放主体区分的现象,如认为广播电台、电视台行使的是广播权,而网站行使的是信息网络传播权。此次修法,将原来的广播权改为播放权,专指直播、转播,在非交互式的情况下使用;信息网络传播权仅适用于交互式。以后电台、电视台同样可以通过交互式的方式传播技术。对网络的现场直播和转播,则也可以由播放权来控制。"②送审稿还增加了对信息网络服务提供商的法律责任、技术保护措施

---

① 颜晶晶:《传媒视角下的德国互联网立法》,载张平、黄绅嘉主编:《网络法律评论》(第15卷),北京大学出版社2013年版,第260—261页。

② 王峰:《著作权法进行第三次修订　补全信息网络法制短板》,http://news.sina.com.cn/c/2014-09-26/022030915911.shtml.(访问日期:2014年9月30日)。

和权利管理信息。"技术保护措施就是指著作权权利人为了防止侵权，而采取的'有效技术、装置或者部件'。这是因为现行法律存在重大的法律瑕疵，现行法律中没有技术保护措施的任何表述，但是在现行法第 47 条中，却规定了侵犯技术保护措施要承担法律责任。"[1]2013 年，国务院决定对《著作权法实施条例》进行修改[2]。《信息网络传播权保护条例》根据国务院这一决定也作出相应修改，重新公布。

第三节　学习能力积累的途径

在整个网络规则发展史中，组织的学习能力通过许多途径得以积累。

一、规则制定机构的存续时间

国家或组织会建立新的网络规则制定机构而重组自身的方式。他们重新建构关系以及改变规则体系。当网络规则制定机构改变时，规则制定活动受到直接影响，也发生相应变化。新建立的规则机构可能与问题确认和规则制定活动的发生具有相关性。因而，网络规则体系的演变过程受它们机构"重置"的影响。"随着规则机构逐渐成熟，组织在规则制定方面以及在规则内（或围绕规则）的活动变得更有能力。第一种能力的结果，就是它可能产生更多的规则以及规则修订本。第二种能力的结果，是它可能产生更少的规则以及规则修订本。这些能力的发生可能并不平衡，一种

---

[1] 王峰：《著作权法进行第三次修订　补全信息网络法制短板》，http://news. sina. com. cn/c/2014-09-26/022030915911. shtml.（访问日期：2014 年 9 月 30 日）。

[2] 王峰：《著作权法进行第三次修订　补全信息网络法制短板》，http://news. sina. com. cn/c/2014-09-26/022030915911. shtml.（访问日期：2014 年 9 月 30 日）。

趋势可能逐渐居于主导地位。并且由于这种结果,这种趋势被所产生的有差异的能力增强所加固。一般而言,我们预期,随着它们的成长,规则机构与现有程序之间的关系会变得更为契合,从而丧失了改变规则以及改进现有体系内活动技巧的意愿。因而,我们期望,随着规则机构的成熟,规则产生和变化的速度会下降。然而,当环境发生急剧变迁时,这种变迁引发了有关规则制定体系引人瞩目的变化,我们称之为规则机构变迁(Rule regime changes)。对规则机构的这种外部冲击引起了人们对作为一个整体的规则集合的质疑,从而导致新的详细审查以及新解释的引入。因而,当规则机构自身发生变化时,年龄时钟(Age clock)就被重置,并且新手责任的问题被重新引入。"①

　　信息产业部是我国互联网及信息技术的主要监管者。通过我国信息产业部的崛起可以观察到我国网络规则所发生的变动。1993 年底,国务院成立了"国家经济信息化联席会议",其性质是非正式的协调机构。"两年多之后,它被正规化了,并且被重新命名为国务院信息化工作领导小组,担负着制定和实施信息产业中的规划、政策和规则的责任。然而,对于部委间的协调和沟通而言,国务院信息化工作领导小组依然是一个边缘化的工作小组,它缺乏法律地位、财政手段和行政权力来有效地执行法规。"②1998 年,朱镕基总理开始重组国务院的整个官僚机构体系,目的是塑造一个监管型政府。1998 年重组之后,通过合并之前的邮电部、电子工业部以及广播电影电视部里负责网络的部门,国务院经批准成立了一个新的部门,即信息产业部。新成立的信息产业部负责信息和网络监管的职能,是信息技术部门的监管者,其主要目标是

---

① [美]詹姆斯·马奇、马丁·舒尔茨、周雪光:《规则的动态演变——成文组织规则的变化》,童根生译,上海人民出版社 2005 年版,第 73 页。

② [新加坡]郑永年:《技术赋权　中国的互联网、国家与社会》,邱道隆译,东方出版社 2014 年版,第 72 页。

促进互联网产业的快速发展,并进行行政上的管理。作为主要监管主体,其有权审查、批准和颁发互联网服务提供商(ISPs)的运营许可证。我国信息技术基础设施的快速发展以及有关互联网管理规则的大量增加,与这一监管机构的创建和发展紧密联系在一起。2000 年,信息产业部发布《互联网电子公告服务管理规定》和《互联网站从事登载新闻业务管理暂行规定》。2001 年,信息产业部发布《电子信息产业发展基金管理暂行办法》、《互联网出版管理暂行规定》。2002 年发布的《中国互联网络域名管理办法》第 24 号取代了 1997 年国务院信息化工作领导小组发布的《暂行管理办法》。2003 年,信息产业部发布《关于加强我国互联网络域名管理工作的公告》和《关于从事域名注册服务经营者应具备条件法律适用解释的通告》。2004 年发布的《中国互联网络域名管理办法》第 30 号,是 2002 年《管理办法》的修订版,并吸收了《关于加强我国互联网络域名管理工作的公告》中的一些新条款。2005 年,信息产业部发布了多项管理规定:《电子认证服务管理办法》、《互联网 IP 地址备案管理办法》、《非经营性互联网信息服务备案管理办法》、《互联网站管理工作细则》、《互联网著作权行政保护办法》、《互联网新闻信息服务管理规定》。2006 年,信息产业部发布《互联网电子邮件服务管理办法》、《电子信息产品污染控制管理办法》。2007 年,《电子信息产业发展基金管理办法》取代了 2001 年的《暂行管理办法》,还有《互联网视听节目服务管理规定》。2008 年,信息产业部发布《电子信息产业统计工作管理办法》。2008 年以后,信息产业部发布的网络规章数量明显减少,多数属于通知和指导性文件。

二、网络规则的时效性

随着时间的推移,个别规则也会逐渐变得陈旧和过时。在某些历史情境下,一些个别规则会比其他规则陈旧得更快。规则存续时间会影响个别规则变化的速度,而且这种影响独立于规则机构存续时间的影响。当某个规则变得过时时,它也可能通过修订而发生变化。然而,规则变化的效应可以与规则存续时间的效应区分开。主要通过影响组织及其环境对规则的适应,规则存续时间会影响规则与环境之间的适应性。"因而,这种机制就是规则使用者所采用的学习机制。另一方面,主要通过规则对环境及其环境的适合性,规则变化影响了规则的适合性。"①

　　网络规则,和其他组织规则一样,嵌入在各种社会、经济、文化以及技术条件中。在特定历史时期的特殊情境中,网络规则得以创建和改变。在特定历史时点创建的网络规则文本建立在当时合法的条件和经验的基础上。这些条件随着时间的推移而发生情势变更。如果新的条件不同于网络规则创建时所符合的情势,则网络规则可能变得过时。因而,与持续性理论②相反的推论认为,网络规则存在时间越长,它们变得越容易发生改变。网络规则存续时间对其变化拥有正向影响。规则存续时间可以分为两个组成部分。"第一个组成部分是从规则产生到规则最近修订时所经历的时间。第二个组成部分是规则从最近一次修订到当前所经历的时间。第一个组成部分可以被看做是测量由当前规则版本归纳与规则相关的知识的标准,因为它只计算规则产生和规则修订之间所经历的时间。根据第一种推论,最后一次修订时规则的年龄可能与规则变化呈负相关关系,因为最后一次修订时年龄越久,当前规则版本所体现的知识就越多。另一方面,第二种组成部分可以被看作是测量当前规则版本过时性(Obsolescence)的标准,以为它只计算修订以来的时间。根据第二种推论,自最后一次修订以来

---

① 〔美〕詹姆斯·马奇、马丁·舒尔茨、周雪光:《规则的动态演变——成文组织规则的变化》,童根生译,上海人民出版社 2005 年版,第 73 页。

② 在组织理论中,规则的持续性因年龄而增强,规则面对持续变迁变得持久稳固。

的时间可能与规则变化成正相关关系。通过这些解释,所观察到
的任何总体规则年龄和规则变化之间的关系可能正是这两种效应
的结果。"①

1997 年,我国刑法典首次规定了两种涉及网络攻击的犯罪。
2009 年,《刑法修正案(七)》加大了对网络攻击行为的打击力度。
"对相当一部分过去无法通过刑法评价的网络攻击行为加以入罪
化处理,这无疑是我国计算机犯罪立法上的一大进步。然而,目前
刑法在对网络攻击行为的立法评价上依然存在诸多的问题。不可
否认,我国刑法对网络攻击行为的规则仍然存在诸多不足,同时,
考虑到《刑法修正案(七)》刚刚颁布实施,只要不出现集中性、爆发
性的刑法无法评价的网络攻击行为,在短期内难以颁布新的修正
案和设立新的法条对于网络攻击行为进行专门评价。因此,立足
于现行刑法体系,在不违背罪刑法定原则和传统刑法理论的前提
下,重视刑法解释的作用,尤其是利用扩张解释充分发挥现行刑法
规范的潜力,是有效应对网络攻击行为的现实性选择。"②可见,我
国刑法关于网络攻击行为的规则从规则产生到规则最近修订,所
经历的时间是 12 年,最近一次修订时规则存续的时间久,当前规
则版本所体现的知识也较多,规则未来变化的可能性就较小;根据
第二种推论,规则自最后一次修订以来的时间是 5 年,这表明,当
前刑法关于网络攻击行为的规则暂时没有陈旧和过时,因此,未来
几年再次修改和制定新规则的可能性较小。

三、网络规则的可塑性

随着规则的成长,规则也发生相应的变化。规则持续的时间

---

① [美]詹姆斯·马奇、马丁·舒尔茨、周雪光:《规则的动态演变——成文组织规则的
变化》,童根生译,上海人民出版社 2005 年版,第 74 页。
② 于志刚:《传统犯罪的网络异化研究》,中国监察出版社 2010 年版,第 103、108 页。

越久,可能经历的变化就越多。网络规则年龄和网络规则的可塑性并不相同。当确定了某个网络规则在最后一次修订时的年龄时,网络规则内的先前变化是否会影响随后的稳定性? 影响先前变化和随后变化之间关系的因素是什么?

"最显而易见的答案就是,规则通过不断发生的调节过程而可能变得'细致化',它们之前被调整的程度越高,在未来所发生的变化就越少。以这种观点看,规则变化是规则改进的一部分,这种改进使它们更具有处理问题的能力。每种变化都增强了规则的能力。"[①]另外一种情况是,网络规则可能由于变化而更加不稳定,在过去时期内网络规则被修改的次数越多,规则未来变化也就越频繁。"典型的例子是采用技术进行的修补活动。通过克服已知问题或引入预期的布置以完成计划中的改进而设计的技术内的变化,具有引入未曾预料和预期的困难以及改善了的机遇的特征,而这会引起进一步的变化。在平均程度上,新规则或者规则变化可能引入比它们所解决的更多的问题。第二个例子是'重复性动量'。安伯格、凯利以及巴尼特提出了一个组织变迁模型。在这个模型中,变化变得具有惯例性,并且随着变化,组织能力越来越强。在变化方面增强的能力提高了进一步变化的可能性。"[②]网络规则的演变可能存在一个相似的过程。如果网络规则制定者发展了改变某个网络规则的能力,则这种能力可能会由于引入的变化数量而得到增强。结果可能出现先前变化对网络规则随后变化的正向影响。"因而,规则变化的过程可能导致要么是逐步改进的路径,通过这种路径,技术得以提升;要么是一种逐步瓦解的路径,其中每种变化都会引起进一步变化或者甚至引入比它所解决的更多问

---

① 〔美〕詹姆斯·马奇、马丁·舒尔茨、周雪光:《规则的动态演变——成文组织规则的变化》,童根生译,上海人民出版社 2005 年版,第 74 页。

② 〔美〕詹姆斯·马奇、马丁·舒尔茨、周雪光:《规则的动态演变——成文组织规则的变化》,童根生译,上海人民出版社 2005 年版,第 74 页。

题,直到技术崩溃。更为复杂的一种可能性是,由单一变化所引发的改进可能会随着任何特定规则所具有的先前变化的数目而下降,但是对新问题产生而言,单一变化的贡献是稳定性的。因而,当改进的影响大于新问题的影响时,规则会由于它们早期历史中发生的变化而变得稳定,并且当新问题影响更大的时候,由于在他们历史晚期的变化,规则会变得不稳定。"[①]譬如,我国信息网络传播权自 2001 年产生以来,2003 年、2005 年、2006 年、2010 年、2011年、2013 年,组织不断对其修订。类似情况还有,"1994—2007 年间,《统一德国广播电视州际协议》历经九次修订,并在 2007 年 3月第九次修订时更名为《广播电视与电子媒体州际协议》。自此以后,协议在对广播电视予以规范的同时,还纳入了关于'电子媒体'内容的规定,从而取代了之前各联邦州签署的《媒体服务州际协议》。"[②]

四、网络规则密度

在对网络规则生态结构的研究中,根据问题空间的容量分析了网络规则的密度依赖性,从而得出,网络规则的创建吸纳了问题。如果问题数目相对固定(或者被控制),我们发现,先前产生的网络规则数目会降低网络规则的生产率。这意味着,网络规则密度(先前产生减去先前废止)对网络规则产生率的影响将会为负,也即网络规则产生率的密度负依赖。这一观点与规则培育规则的衍生理论形成对比。"类似的,有关能力获得的观点与能力获得的两种观念形成对比。一种观念认为,规则制定的经验提高了制定规则的技能,并从而提高了规则制定能力的效用。先前的规则产

---

① [美]詹姆斯·马奇、马丁·舒尔茨、周雪光:《规则的动态演变——成文组织规则的变化》,童根生译,上海人民出版社 2005 年版,第 75 页。
② 颜晶晶:《传媒视角下的德国互联网立法》,载张平、黄绅嘉主编:《网络法律评论》(第 15 卷),北京大学出版社 2013 年版,第 267 页。

生和废止为规则制定方面都提供了经验,因而,它们将正向影响规则产生率。另一种观念认为,与规则相关的经验提高了使用现有规则的技能,并因而降低了针对新规则的压力。使用现有规则组的能力通过规则的存续而获得,通过规则废止而丧失。使用规则组的能力与现有规则的存在总年数应呈正相关,但是如果控制规则机构年龄,这种能力通过现有规则的数目或密度而得到估计。"[①]

　　问题吸纳和能力获取(或知识积累)之间的联结是全面的关系。我们所提出的问题解决的概念是,"假定存在一个给定的问题空间,问题解决机会的数量与那些未被解决的问题而非与已经解决的问题成比例关系,并且问题空间的扩大——或者由于外部的附加物或者由于先前已解决的问题转变为当前未解决的问题——所导致。学习和不学习的概念通常假定存在一些需要被学习的事物,从每种经验中所获得知识的数量与仍待学习的事物而不是与已经学会的事物成一定比例,并且需要学习的数量或者能被知识的外部附加产物或者先前所获得知识的遗忘所扩大。"[②]

---

① [美]詹姆斯·马奇、马丁·舒尔茨、周雪光:《规则的动态演变——成文组织规则的变化》,童根生译,上海人民出版社 2005 年版,第 75—76 页。
② [美]詹姆斯·马奇、马丁·舒尔茨、周雪光:《规则的动态演变——成文组织规则的变化》,童根生译,上海人民出版社 2005 年版,第 75—76 页。

结论 网络规则演变的规律性

　　网络规则是网络社会秩序生成中的重要内容,网络秩序也突出表现为建立一种成文规则。本书以新制度主义为分析框架研究网络规则的生成和演进过程,试图弥补我国法学研究中的新制度主义缺位。相对于解释某个特定网络规则文本存在的原因,本研究试图去解释作为网络规则历史的文本中的变化特性以及影响这些特性的过程,其重点在于网络规则产生和变化的发生动因,而不是这些变化的具体内容。

　　本书的基本观点是:网络成文规则是通过解决问题、规则生态结构、组织学习这三个具体过程及其相互之间的互动得以形成的。当网络规则被创建、修改或废止时,它就记载了组织面对内部和外部压力所做出的反应。外部环境改变而引发的问题、与规则相关的直接经验及其后果、组织内部结构和资源变化都会影响规则的变化。因此,网络规则体系既是外部环境的产物,也是其自身内在过程的产物。基于此,本研究通过文献分析、案例研究、文本比较等方法得出如下结论:

　　一、网络规则是问题解决方法的历史积累。环境变迁带来了问题,网络规则对内部和外部问题作出反应,也产生变化。当问题得以解决,作为解决方法的规则可能继续存续,组织不断面临新的问题。因此,网络规则不仅是组织对当前环境问题的适应,也是历史遗留下来的规则集合。在第二章的研究中主要有三方面的创新：一是，网络规则产生与特定的历史事件有关。在某些情境下，个别事件会直接导致网络规则的创建。二是，大多数国家的既有规则仍然可以适用解决网络社会中的某个问题时，网络规则就不被要求创建。这一点显示了外部法则和网络规则之间的负相关性。国家法律制度、政治环境对网络规则的产生和演变有直接、重要的影响。由于受到各国政府参与程度和国家法律传统的影响，网络规则具有鲜明的国家民族特色。三是，网络社会内部结构的变化也会引起网络规则的创建。网络社会规模扩大带来网络规则范围的扩展，网络技术的复杂性带来网络规则变化较大，不稳定。这意味着网络社会结构和网络规则的演变具有正相关。

二、网络规则处于一个生态情境中，特定网络规则的变化会引起其他网络规则随即的变化。第三章分析归纳出两个关于网络规则的生态效应：第一，网络规则群随着时间的推移而不断扩大。这意味着规则演变与科层制衍生理论比较契合，然而研究也显示了另一种科层制法则，即在某个领域中，网络规则越多，产生率就会较低。这个结论印证了某个特定领域网络规则的创建缩小了该领域问题空间，从而导致规则产生率的下降。问题和规则之间是规则吸纳了问题，频繁出现的问题比稀有问题更早被创建为网络规则。第二，某个时空领域中规则的变化会对另一领域中的规则变化产生影响。网络规则的变化在时间和空间相邻的领域之间具有一种扩散效应，但并非都是如此，注意力也具有竞争效应，其稀缺性会受到分配程序的影响。这种生态效应是由于规则之间存在功能性、程序性和时间性互倚这种生态结构。

三、网络规则反应了组织学习能力。当组织学会解决问题，规则产生就代表了学习能力的增加，能力的积累带来规则的稳定性。第四章分析得到两个发现：一是，网络规则产生和变动率随着规则制定机构的成长而下降。网络规则制定机构发生转变，网络规则产生率较高，之后出现一种逐渐下降的趋势。二是，网络规则年龄影响了规则与环境之间的契合性。与持续性理论相反,网络规则存在时间越长,网络规则变得容易发生改变,网络规则年龄对网络规则变化具有正向影响,即较早经过最后一次修订的网络规则拥有相对较高的变动率。随着在最后一次修订时年龄的增加,网络规则的变迁递减。

综上结论显示,网络规则的产生和变化包括:问题产生和确认过程、注意力结构和规则生态情境的自我调整过程以及组织的学习过程。当三种过程随着时间的推移而逐渐显露时,它们就产生了呈现路径依赖的规则史。这些因素和过程显示了网络规则的演变不仅仅是理性行动者适应外部环境而设计的产物,也是制度变迁的产物。网络规则的稳定性和内容不仅依赖于它们当前的环境而且也依赖于它们的历史。

参考文献

一、著作及译著类

1. [法]卢梭：《社会契约论》，何兆武译，商务印书馆 1982 年版。
2. [德]博登海默：《法理学——法哲学及其方法》，邓正来译，1987 年版。
3. [美]亨廷顿：《变革社会中的政治秩序》，华夏出版社 1988 年版。
4. 邬焜著：《信息哲学——理论、体系、方法》，商务印书馆 2005 年版。
5. [英]哈特：《法律的概念》，张文显译，中国大百科全书出版社 1996 年版。
6. [英]哈耶克：《法律、立法与自由》，邓正来、张守东、李静冰译，第一卷，中国大百科全书出版社 2002 年版。
7. [澳]沃特斯：《现代社会学理论》，杨善华译，华夏出版社 2000 年版。
8. [美]詹姆斯·马奇等：《规则的动态演变》，童根兴译，上海人民出版社 2005 年版。
9. 韦森：《社会制序的经济分析导论》，上海三联书店 2001 年版。
10. [美]劳伦斯·莱斯格：《代码 2.0：网络空间中的法律》，李旭译，清华大学出版社 2009 年版。
11. 曾国屏等著：《赛博空间的哲学探索》，清华大学出版社 2002 年版。
12. [美]格拉德·佛里拉等：《网络法——课文和案例》，张楚等译，社会科学文献出版社 2004 年版。
13. [美]曼纽尔·卡斯特：《网络星河，对互联网、商业和社会的反思》，郑波等译，社会科学文献出版社 2007 年版。
14. [英]安德鲁·查德威克：《互联网政治学：国家、公民与新传播技术》，华夏出版社 2010 年版。
15. [美]劳伦斯·莱斯格：《代码》，李旭等译，中信出版社 2004 年版。
16. 贺琼琼著：《网络空间统一合同立法与我国网络交易的立法及实践》，法律出版社 2013 年版。
17. 张晓罗著：《论网络媒体之政府管制》，知识产权出版社 2009 年版。
18. 蔡文之著：《网络传播革命：权力与规制》，上海人民出版社 2011 年版。
19. [新加坡]郑永年：《技术赋权 中国的互联网、国家与社会》，东方出版社 2014 年版。

20. ［英］安东尼·吉登斯：《现代性的后果》，田禾译，译林出版社2000年版。
21. ［加］马修·费雷泽、［印］苏米特拉·杜塔著：《社交网络改变世界》，谈冠华、郭小花译，中国人民大学出版社2013年版。
22. ［英］尼尔·巴雷特著：《数字化犯罪》，辽宁教育出版社1998年版。
23. 于志刚著：《传统犯罪的网络异化研究》，中国监察出版社2010年版。
24. ［美］理查德·斯皮内洛著：《铁笼，还是乌托邦——网络空间的道德与法律》，北京大学出版社2007年版。
25. 张楚著：《电子商务法初论》，中国政法大学出版社2000年版。
26. 张楚著：《网络法学》，高等教育出版社2003年版。
27. ［美］凯斯·R. 桑斯坦：《网络共和国——网络社会中的民主问题》，黄维明译，上海人民出版社2003年版。
28. 李永刚著：《我们的防火墙 网络时代的表达与监管》，广西师范大学出版社2009年版。
29. ［英］密尔著：《代议制政府》，商务印书馆出版社1982年版。
30. 薛虹著：《网络时代的知识产权法》，法律出版社2000年版。
31. 王利明、杨立新著：《人格权与新闻侵权》，中国方正出版社2000年版。
32. 孙旭培著：《新闻传播法学》，复旦大学出版社2008年版。
33. ［塞尔维亚］Jovan Kurbalija、［英］Eduardo Gelbstein：《互联网治理》，中国互联网协会译，人民邮电出版社2005年版。
34. 于同志著：《网络犯罪》法律出版社2008年版。
35. 王作富著：《刑法分则实务研究》（中），中国方正出版社2007年版。

二、编著类

1. 唐守廉主编：《互联网及其规制》，北京邮电大学出版社2008年版。
2. 何俊志等编译：《新制度主义政治学译文精选》，天津人民出版社2007年版。
3. 寿步主编：《信息网络与高新技术法律前沿》，法律出版社2005年版。
4. 何俊志等编译：《新制度主义政治学译文精选》，天津人民出版社2007年版。
5. 高富平主编：《电子合同与电子签名法研究报告》，清华大学出版社2005年版。
6. ［美］曼纽尔·卡斯特编：《网络社会——跨文化的视角》，社会科学文献出版社2009年版。
7. 魏永征主编：《新闻传播法律教程》，中国人民大学出版社2002年版。
8. 张楚主编：《网络法学》，高等教育出版社2003年版。

三、杂志类

1. 周永坤：《网络实名制当废》，载《暨南学报》2013年第2期。
2. 陈潭、罗晓俊：《中国网络政治研究：进程与争鸣》，载《政治学研究》2011

年第 4 期。

3. 何明升：《复杂巨系统：互联网——社会研究的一个新视角》，载《学术交流》2005 年第 7 期。

4. 高献忠、何明升：《网络秩序的生成机理：从分层演化到共生演化》，载《生产力研究》2009 年第 8 期。

5. 白淑英：《论虚拟秩序》，载《学习与探索》2009 年第 4 期。

6. 何明升、高献忠：《基于公共物品供给理论的网络秩序供给机制分析》，载《自然辩证法研究》2008 年第 3 期。

7. 高献忠、何明升：《基于进化博弈理论的网络秩序生成机理研究》，载《哈尔滨商业大学学报（自然科学版）》2008 年第 2 期。

8. 唐魁玉、何明升：《虚拟和谐：网络社会系统的一种理想状态》，载《黑龙江社会科学》2009 年第 3 期。

9. 陈忠：《"规则何以可能"的存在论反思》，载《东南学术》2004 年第 3 期。

10. 刘修敏：《试论赛博空间秩序重建的可能与途径》，载《新闻界》2008 年第 5 期。

11. 马云驰：《网络的类市场环境与道德的自发形成》，载《深圳大学学报》2010 年第 1 期。

12. 魏光峰：《网络秩序论》，载《河南大学学报（社会科学版）》2000 年第 6 期。

13. 吴满意：《论网络社会秩序的维护》，载《电子科技大学学报（社科版）》2002 年第 4 期。

14. 张果、董慧：《自由和整合，现实的重构——网络空间中的秩序与活力探究》，载《自然辩证法研究》2009 年第 11 期。

15. 顾爱华、陈晨：《网络社会公共秩序管理存在的问题及对策》，载《中国行政管理》2013 年第 05 期。

16. 胡凌：《网络传播中的秩序、谣言与治理》，载《文化纵横》2013 年第 5 期。

17. 赵俊林、杨倩、宋晓慧：《网络社会秩序建构的法律路径研究》，载《行政与法》2009 年第 9 期。

18. 陈金钊：《认真地对待规则——关于我国法理学研究方向的探索》，载《法学研究》2000 年第 06 期。

19. 王健：《试论网络规范的属性》，载《重庆邮电大学学报（社会科学版）》2013 年第 2 期。

20. 郭茂灿：《虚拟社区中的规则及其服从——以天涯社区为例》，载《社会学研究》2004 年第 2 期。

21. 孙乃龙：《网络行为与规则——网络社区规则探讨》，载《临沂师范学院学报》2009 年第 4 期。

22. 孙佳音、高献忠：《虚拟社区的自组织特征及其规则生成问题》，载《学术交流》2008 年第 7 期。

23. 黄少华：《论网络空间的社会特性》，载《兰州大学学报（社会科学版）》2003 年第 5 期。

24. 裴涵、田丽君：《虚拟社区的内涵及其建构的组织性路径》，载《中南大学学报(社科版)》2006 年第 12 期。

25. 柴晋颖、王飞绒：《虚拟社区研究现状及展望》，载《情报杂志》2007 年第 5 期。

26. 马云驰：《网络的类市场环境与道德的自发形成》，载《深圳大学学报》2010 年第 1 期。

27. 王俊秀：《虚拟与现实——网络虚拟社区的构成》，载《青年研究》2008 年第 1 期。

28. ［美］约翰·佩里·巴洛：《网络空间独立宣言》，赵晓力译，载《互联网法律通讯》2004 年第 1 卷第 2 期。

29. 曾国屏、李宏芳、张再兴：《网络空间中主客体关系的演化规律及其对思想政治教育的启示》，载《思想教育理论导刊》2006 年第 1 期。

30. 杨吉：《在线革命：网络空间的权利表达和正义实现》，清华大学出版社 2013 年版。

31. ［美］周雪光：《西方社会学关于中国组织和制度变迁研究状况评述》，载《社会学研究》1999 年第 04 期。

32. 李晓明：《我国互联网管理模式的创新与转型》，载《网络传播》2008 年第 2 期。

33. 周庆山：《论网络法律体系的整体建构》，载《河北法学》2014 年第 8 期。

34. 秦续刚：《网络管制立法研究》，载《网络法律评论》(第 4 卷)，法律出版社 2004 年版。

35. 彭礼堂、饶传平：《数字化生存与网络法治建设——高校 BBS 用户注册实名制批判》，载《科技与法律》2004 年第 04 期。

36. 王静静：《美国网络立法的现状和特点》，载《传媒》2006 年第 7 期。

37. 于志刚：《中国网络法律体系的现状分析和未来建构》，载《辽宁大学学报(哲学社会科学版)》2013 年第 4 期。

38. 赵克锋等：《中国网络法的道路》载《中国防火长城：互联网审查的法律经济学》，中国经济出版社 2010 年版。

39. 胡凌：《网吧治理的法律问题》，载《昆明理工大学学报(社会科学版)》2009 年第 7 期。

40. 张咏华：《中外网络新闻业比较》，清华大学出版社 2004 年版。

41. 何哲：《网络社会治理的若干关键理论问题及治理策略》，载《理论与改革》2013 年第 3 期。

42. 何哲：《网络社会公共治理的十大关键问题》，载《学习时报》2014 年 02 月 20 日。

43. 于志刚、李怀胜：《网络犯罪危害性的公众认知异化及其反思》，载《贵州民族学院学报》2008 年第 5 期。

44. 管健：《网络谣言背后的社会心态》，载《人民论坛》2014 年 08 期。

45. 苏力：《法律与科技问题的法理学重构》，载《中国社会科学》1999 年第

5 期。

46. 张楚：《关于网络法基本问题的阐释》，载《法律科学》2003 年第 6 期。

47. 张小罗：《网络媒体政府管制的正当性研究》，载《政治与法律》2009 年第 12 期。

48. 张瑞：《美国历年互联网法案研究（1994—2006）》，载《图书与情报》2008 年第 2 期。

49. 刘金瑞：《美国网络安全立法近期进展及对我国的启示》，载《暨南学报》2014 年第 2 期。

50. 姜涛：《论网络赌博罪的认定及其立法建构》，载《河北法学》2006 年第 5 期。

51. 郭庆光：《二十一世纪美国广播电视事业新构图——《1996 年电信法》的意义与问题》，载《国际新闻界》1996 年第 6 期。

52. 张平：《互联网法律规制的若干问题探讨》，载《知识产权》2012 年第 8 期。

53. 谢君泽：《政策立法与网络空间的战略形成》，载《中国信息安全》2014 年。

54. 夏燕：《理念与体系——法理学视野下的网络法律》，载《法制与社会》2007 年第 12 期。

55. 《中国互联网的法治之路》，载《社会观察》2013 年第 2 期。

56. 祝二军：《依法惩治淫秽电子信息犯罪司法解释的理解与适用》，载《人民司法》2004 年第 10 期。

57. 刘文成：《网络传播淫秽电子信息犯罪的治理对策》，载《天津市政法管理干部学院学报》2007 年第 1 期。

58. 王明辉、唐逸枫：《"裸聊行为"入罪之法理分析》，载《法学》2007 年第 7 期。

59. 高巍：《网络裸聊不宜认定为犯罪——与〈"裸聊行为"入罪之法理分析〉一文商榷》，载《法学》2007 年第 9 期。

60. 沈燕冰：《"裸聊获罪第一案"始末》，载《法律与生活》2008 年第 6 期。

61. 黄政钢：《论"裸聊"现象与警察权的行使》，载《江西公安专科学校学报》2006 第 5 期。

62. 卢家银：《网络表达的法律边界》，载《青年记者》2011 年 1 月下。联合国互联网治理工作组：《互联网治理工作组的报告》，2005 年 6 月，第 10 条。

63. 李鸿渊：《论网络主权与新的国家安全观》，载于《行政与法》2008 年第 8 期。

64. 常宁：《网上传播黑客技术行为应构成传授犯罪方法罪》，载《河南公安高等专科学校学报》2006 年第 5 期。

65. 一航行、逸飞：《网络双刃剑——谈谈国外的黑客学校》，载《电脑校园》2004 年第 6 期。

66. 王作富、庄劲：《黑客行为与两极化的刑事政策》，载《湖南社会科学》2004 年第 6 期。

67. 颜晶晶：《传媒视角下的德国互联网立法》，载《网络法律评论》第 15 卷，2013 年版。

四、学位论文类

1. 刘兰青：《试论政府网络治理的立法规制》，中共中央党校硕士研究生学位论文。
2. 龚洪训：《"虚拟世界"的真实表述——以北京大学一塌糊涂 BBS 为例》，北京大学硕士研究生学位论文。
3. 杨小舟：《在自由与控制之间——美国互联网监管的新趋势及对我国的启示》，南京师范大学 2012 年硕士学位论文。
4. 朱博夫：《互联网治理的国际法研究》，中国政法大学 2009 年硕士学位论文。

五、报纸类

1. 《英国互联网监管疏而不漏》，载《光明日报》2010 年 07 月 28 日。
2. 《我国互联网签署新闻信息服务自律公约》，载《人民日报》2003 年 12 月 09 日第二版。
3. 《江苏徐州立法禁止"人肉搜索"》，载《青年时报》2009 年 1 月 20 日。
4. 《浙江删除"禁人肉搜索"条款　加强保护个人隐私》，载《法制日报》2010 年 7 月 27 日。
5. 《关注网络行为的规范和道德问题》，载《光明日报》2005 年 06 月 30 日。
6. 《美国，立法管理互联网的先行者》，载《人民日报》2012 年 06 月 09 日。
7. 《美国网络立法调查：起步最早法律数量最多》，载《光明日报》2012 年 12 月 21 日。
8. 《强化网络安全需立法技术并举》，载《通信信息报》2014 年 4 月 28 日。
9. 《曾近 8 成民众赞成网络实名制实施 5 年有害信息明显减少　韩再讨论完善网络治理》，载《法制日报》2012 年 1 月 3 日。
10. 《网络暴力酿崔真实之死　韩国拟立法深化网络实名制》，载《中国青年报》2008 年 10 月 8 日。
11. 《韩国拥数十部法律保护网络用户权益》，载《光明日报》2012 年 12 月 27 日。
12. 《断网背后的黑客产业链：1G 流量打 1 小时 4 万—5 万元》，载《21 世纪经济报道》，2009 年 5 月 23 日。
13. 《网络安全事件不断　个人信息保护立法紧迫》，载《法制日报》2014 年 04 月 11 日。
14. 《加快制定网络信息安全法》，载《法制日报》2014 年 3 月 10 日。
15. 余荣华：《北京破获特大贩卖个人信息案——网上"夫妻店"，倒卖上千万条公民信息》，载《人民日报》2011 年 9 月 23 日。
16. 《网络信息安全立法条件已经成熟》，载《中国政府采购报》2012 年 3 月 27

日。

17. 曹林. :《网络立法需要寻求基本共识》,载《中国青年报》2012 年 12 月 24 日。

18. 《信息安全立法正当时》,载《人民邮电报》2013 年 3 月 12 日。

19. 姜洪:《网络信息保护立法路线图》,载《检察日报》2012 年 12 月 31 日。

20. 周汉华:《互联网对传统法治观念的挑战》,载中国改革报》,2004 年 3 月 8 日第 008 版。

21. 《网络色情的"技术革命"》,载《财经时报》2007 年 03 月 03 日。

22. 《携手共创信息社会美好明天》,载于《人民邮电报》,2005 年 11 月 22 日。

23. 《强化网络安全需立法技术并举》,载《通信信息报》2014 年 4 月 28 日。

24. 《网络犯罪的国际治理何去何从》载《科技日报》2014 年 08 月 29 日。

25. 《网络空间亟须一张秩序之"网"》,载《人民日报》2013 年 07 月 26 日。

26. 《瑞士:按国际公约完善网络法规》,载《光明日报》2012 年 12 月 26 日。

六、中文网站类

1. 何明升、孙佳音:《技术逻辑与人类理性的交互表达——关于网络秩序发生学的一个实证分析》,http://www. ems86. com/touzi/html/? 27594. html(访问日期:2014 年 6 月 20 日)。

2. 赵晓力:《TCP/IP 协议、自生自发秩序和中国互联网的发展》http://www. ccer. pku. edu. cn/en/ReadNews. asp? NewsID＝898(访问日期:2012 年 3 月 26 日)。

3. 《博客服务自律公约》:http://media. people. com. cn/GB/6145274. html(访问日期:2012 年 12 月 30 日)。

4. 《中国互联网协会章程》,http://www. guanfang123. com/website/zghlwxh. html(访问日期:2012 年 12 月 30 日)。

5. 《美国爱国者法案与网络监控》,http://www. chuanboxue. org/index. php? doc-view-3584. htm(访问日期:2013 年 1 月 30)。

6. 《著作权法进行第三次修订　补全信息网络法制短板》,http://news. sina. com. cn/c/2014-09-26/022030915911. shtml(访问日期:2014 年 9 月 30 日)。

7. 《学者律师质疑预装"绿坝"合法性》,http://www. caijing. com. cn/2009-06-11/110182910. html(访问日期:2012 年 12 月 20 日)。

8. http://baike. baidu. com/view/1513075. htm? fr＝aladdin? (访问日期:2012 年 5 月 20 日)。

9. http://www. internetworldstats. com/stats. htm(访问日期:2013 年 6 月 15 日)。

10. 《DNS 规模故障追踪:由 24 岁站长引发的蝴蝶效应》,http://tech. sina. com. cn/i/2009-05-22/00073114560. shtml(访问日期:2012 年 12 月 20 日)。

11.《中国电子商务发展报告》,http://b2b.toocle.com/zt/qq/(访问日期：2012 年 6 月 30 日)。

12.《马化腾深圳提议案呼吁立法监管网络信息安全》,http://tech.qq.com/a/20110117/000102.htm(访问日期：2013 年 6 月 19 日)。

13. 中国互联网网络信息中心：《第 25 次中国互联网络发展状况统计报告》。http://www.cnnic.net.cn/html/Dir/2010/01/15/5767.html(访问日期：2012 年 12 月 20 日)。

14.《中国互联网状况白皮书》,http://news.xinhuanet.com/2010-06/08/c_12195221.htm(访问日期：2012 年 12 月 20 日)。

15. 中国互联网网络信息中心：《第 24 次中国互联网络发展状况统计报告》。http://www.cnnic.net.cn/hlwfzyj/hlwxzbg/hlwtjbg/(访问日期：2012 年 12 月 20 日)。

16.《电脑病毒危害不容忽视　建立防范机制势在必行》,http://news.xinhuanet.com/it/2004-05/11/content_1462661.htm(访问日期：2012 年 12 月 20 日)。

17.《公安部官员详解网络犯罪：黑客从破坏转向趋利》,http://www.china.com.cn/chinese/law/1176442.htm.(访问日期：2012 年 12 月 8 日)。

18.《专家解读刑法修正案：打击黑客盗号有法可依》http://tech.qq.com/a/20090303/000096.htm(访问日期：2012 年 12 月 10 日)。

19.《网络"整治"背后的权力机构　互联网管理 20 年变迁》,http://www.infzm.com/content/99098(访问日期：2014 年 10 月 10 日)。

20.《国家安全和个人隐私保护在信息社会都是非常重要的权利》,http://www.fangtan.people.com.cn/n/2013/0705/c147550-22097762.html(访问日期：2013 年 12 月 18 日)。

21.《中国互联网状况白皮书》,http://news.xinhuanet.com/politics/2010-06/08/c_12195221.htm(访问日期：2013 年 6 月 30 日)。

22.《互联网企业个人信息保护测评标准》发布实录,http://tech.hexun.com/2014-03-15/163070087.html(访问日期：2014 年 6 月 30 日)。

23.《打击网络淫秽色情活动　加快网络信息安全立法》,http://news.qq.com/a/20100314/000253.htm(访问日期：2012 年 12 月 18 日)。

24.《著作权法进行第三次修订　补全信息网络法制短板》,http://news.sina.com.cn/c/2014-09-26/022030915911.shtml(访问日期：2014 年 9 月 30 日)。

25.《管制与利用—中美网络新闻管理与采编机制比较》,http://media.people.com.cn/GB/22114/150608/150620/13554438.html(访问日期：2012 年 1 月 30 日)。

26.《关于加快电子商务发展的若干意见》,www.gov.cn/gongbao/content/2005/content_63341.htm(访问日期：2012 年 12 月 10 日)。

27. 王建：《电子商务法规政策的新发展》,http://www.lawtime.cn/info/

shangwu/dzswfg/20081119468. html(访问日期：2012 年 6 月 30 日)。

28. 《淫秽电子信息犯罪司法解释的权威解读》，http：//www. legaldaily. com. cn/zbzk/content/2010-02/28/content_2093758. htm? node ＝ 7012（访问日期：2012 年 6 月 30 日）。

29. 《北京检察机关对首例网络裸聊案撤诉》，http：//news. sina. com. cn/c/2007-04-16/094111649114s. shtml(访问日期：2012 年 6 月 30 日)。

30. 《国内裸聊获罪第一人，传播淫秽物品牟利罪》，http：//news. ccw. com. cn/elife/htm2008/20080403-400140. shtml(访问日期：2012 年 6 月 30 日)。

31. 《对网络色情视频聊天有关问题的法律分析》，http：//www. chinacourt. org/article/detail/2008/08/id/316022. shtml(访问日期：2012 年 6 月 30 日)。

32. 杨吉：《论网络的规制架构：基于中国经验》http：//law. zucc. edu. cn/xstd/fileinfo. asp? Id＝125(访问日期：2012 年 12 月 30 日)。

33. 《加快互联网金融立法进程》，http：//www. cnstock. com/v_news/sns_jd/2014qglh/2014lhszsd/201403/2942813. htm(访问日期：2014 年 6 月 30 日)。

34. 《河南许昌警方捣毁"网上黑客学校"》，http：//www. people. com. cn/GB/paper464/16946/1488486. html(访问日期：2012 年 6 月 19 日)。

35. 《著作权法进行第三次修订　补全信息网络法制短板》，http：//news. sina. com. cn/c/2014-09-26/022030915911. shtml(访问日期：2014 年 10 月 10 日)。

七、外文论著类

1. Meyer, M. W. Linits to bureaucratic growth. Berlin, Germany, W. de Gruter. 1985.

2. Berki, R. N. , State and society：an antithesis of modern political thought, In J. E. S. Hayward & R. Berki (Eds.), State and society in contemporary Europe, Oxford：Martin Robertson, 1979.

3. Easterbrook, F：Cyberspace and the Law of the Horse, U. Chi. Legal Forum, 1996,p207.

4. Lawrence Lessig. Code and Laws of Cyberspace. New York：Basic Books Publisher, 1999. 3.

5. Peter A. Hall and Rosemary C. R. Taylor, "The Potential of Historical Institutionalism：a Response to Hay and Wincott", Political Studies, XLVI,1998, P958.

6. Perrow, C. Complex organization：A critical essay. 3rd ed. Glenview, Ill. : Scott Foresman, 1986.

7. Meyer, J. W. , and W. R. Scott, with the assistance of B. Rowan and T.

E. Deal. Organization enviroments: Ritual and rationality. Beverly Hills, Calif. ; Sage, 1983.

8. Center for Democracy and Technology, "FBI Seeks to Impose Surveillance Mandates on Telephone System; Balanced Objectives of 1994 Law Frustrated: Status Report," March 4,1999.

9. Matthew Burnstein, A Global Network in a Compartmentalised Legal Environment, Law and Electronic Commerce, Vol. 5, Kluwer Law International, p23.

10. Herriott, S. R. , D. Levinthal, and J. G. March. Learning from experience in organizations. American Economic Review 75: 298 - 302,1985.

11. Levinthal D. A. , and J. G. March. The myopia of learning. Strategic Management Journal 14: 95 - 112,1993.

12. Oliver, C. Strategic responses to institutional processes. Academy of Management Review 16: 145 - 179,1991.

13. Guobin yang: The Power of the Internet in China: Citizen Activism Online. New York: Columbia University Press, 2009.

14. Blau, P. M. A formal theory of differentiation in organizations. American Sociological Review 35: pp201 - 218,1970.

15. Pugh, D. S. The measurement of organizational structures. Does context determine form Organizational Dynamics 1: pp19 - 34,1993.

16. Devan Daggett, the Fear of the Unknown: the Need to Provide Special Procedural Protections in International Electronic Commerce, 50 Loy. L. Rev. 2004,p307.

17. Levitt, B. , and J. G. March. Organizational learning. Annual Review of Sociology 14: 319 - 340,1988.

18. U. S. District Court for the Northern District of California, San Jose Division, Case No. C 00 - 21275 - JF - RS.

19. Joseph H. Sommer: Against Cyberlaw, Berkeley Technology Law Journal, 2000.

20. Meyer, J. W. , and B. Rowan. 1977. Institutionalized organizations: Formal structure as myth and ceremony. American Journal of Sociology 83: pp340 - 363.

21. DiMaggio, P. J. , and W. W. Powell. 1983. The iron cage revisited: institutional isomorphism and collective rationality in organizational fields. American Journal of Sociology 48: pp147 - 160.

22. Zucker, L. G. 1987. Institutional theories of organizations. Annual Review of Sociology 13: pp443 - 464.

23. Blau, P. M. The dynamics of bureaucracy. New York: Random House.

1955；Blau，P. M. A formal theory of differentiation in organizations. American Sociological Review 35：pp201－218,1970.

24. Hayek，The Sensory Order，pp. 71－78.
25. Iredell Jenkins，Justice as Ideal and Ideology，in Justice（Nomos vol. vi），ed. C. J. Friedrich and J. W. Chapman，New York，1963,p. 204.

八、外文编著类

1. D. Johnson and D. Post，Law and borders——The rise of law in cyberspace [J]. Stanford Law Review，1996,(5)：p1.
2. Weber，M. Economy and society，edited by G. Roth and C. Wittich. Berkeley and Los Angeles：University of California Press：p271,1978.
3. Gary King，Jennifer Pan，Margaret E. Roberts，"How Censorship in China Allows Government Criticism but Silences Collective Expression"，American Political Science Review，5,2013.

九、外文论文类

1. Strang，D. ，and P. M. Y. Chang. World polity sources of the welfare state：An institutional analysis. Paper presented at the American Sociological Association Conference. 1991.
2. Goldsmith，Jack and Wu，Tim：Who Controls the Internet：Illusions of a Borderless World，New York，Oxford University Press，2006.
3. Johnson，David R. and Post，David："Law and Borders-the Rise of Law in Cyberspace". Stanford Law Review，1996(48)：p1367.
4. Baier，V. E. ，J. G. March，and H. Saetren. Implementation and ambiguity. Scandinavian Journal of Management Studies 2：197,1986.
5. Dworkin，R. M. 1967. The modle of rules. University of Chicago Law Review 35：p14.
6. March，J. G. Footnotes to organizational change. Administrative Science Quarterly 26：563－577,1981.
7. Murray，Brendan：Policymaking for Internet Cafes in China，paper presented at the conference "China and the Internet：Technology，Economy，and Society in Transition，" Los Angeles，May30－31,2003.
8. Edelman，L. B. Legal environments and organizational governance：The expansion of due process in the American workplace. American Journal of Sociology 95：1401,1990.
9. Sanjay S. Mody："National Cyberspace Regulation：Unbundling the Concept of Jurisdiction"，Stanford Journal of International Law，vol37，2001,p365.
10. Allison Linn，"Microsoft Amends Policies Regarding Blog Shutdowns，"

The Associated Press，February 5,2006.

11. See Guide to Enactment of the UNCITRAL Model Law on Electronic Commerce，para. 1，the EDI Law Review，Vol. 4，No. 2，1997，p. 113.

12. Schulz，Limits to bureaucratic growth：The density dependence of organizational rule births. Administrative Science Quarterly 43：p845，1998.

十、外文网站类

1. Tim Brigutbill and Sarah Dylag，Barriers to International Electronic Commerce：Recent Issues and Developments. http：//www. wileyrein. Com/docs/publications/11623. pdf(访问日期：2012 年 12 月 10 日)。

2. Congressional Research Service，The 2013 Cyber security Executive Order：Overview and Considerations for Congress [EB/OL]. [2013 - 03 - 01]/[2013 - 11 - 01]. https：//www. fas. org/sgp/crs/misc/R42984. (访问日期：2013 年 12 月 30 日)。

3. The White House，National Strategy to Secure cyberspace [EB/OL]. [2003 - 02 - 02]/[2011 - 11 - 01]. https：//www. us-cert. gov/reading_room/cyberspace_strategy. pdf(访问日期：2014 年 10 月 10 日)。

4. International Strategy for Cyberspace：Prosperity，Security，and Openness in a Networked World. http：//www. whitehouse. gov/sites/default/files/rss_viewer/international_strategy_for_cyberspace. pdf(访问日期：2014 年 10 月 10 日)。

后记

　　本书源于我的博士论文。在华东政法大学攻读博士是我学术研究道路的起点，更是我人生中最艰难、最难忘的经历。

　　感谢我的导师何明升教授。在读博期间，我有幸参与了何老师承担的国家社科重大项目课题研究，于是在老师的引领下，我开始了网络法治化研究。之前听老师们说，读博过程就得扒一层皮。的确，没有亲身体验过博士生涯的人难以想象其过程的艰辛。虽有心理准备，但研究过程的艰难已然超乎我的预想。当时我国刚刚提出网络法治化建设设想，学界研究大多数仅停留在部门法层面和针对具体问题的规制，对网络空间出现的新问题从法理学视角进行基本理论研究尚处于空白状态。因此，我试图构建一种关于网络法律规制的理论体系。但是，想要通过一篇博士论文来对网络空间进行全方位的法理分析是困难的。由于基本问题研究尚处于一种拓荒的状态，能够使用的资料较少，更增加了研究的难度。经历第一次开题失败后，我开始思考怎样选取几个有限的维度加以深入研究。老师说："关键的第一步就是首先要确定题目。找到了好的问题就是成功了一半。"我绞尽脑汁继续努力寻找自己的问题，题目一次次提出，被推倒又再次重来，就这样经过整整两年时间的苦苦思索，最终聚焦到网络规则研究这个最基本的法理学问题。接下来，我又陷入理论分析框架的困惑之中。老师说："任何学术研究必须要有一个理论分析框架，就是分析工具。理论框架有很多,你要找到一个属于你自己的分析框架。"老师建议我了解一下新制度主义理论,新制度主义理论在国内研究的并不多,而运用该理论分析法学基本问题的相关研究更是寥寥。可以说,运用新制度主义理论来分析网络规则问题引入了一个全新的理论视角,开创了网络时代法学理论研究的新领域。当我把这次的提纲发给老师后,老师说我终于开窍了,这时候距离预答辩只剩下四个月时间。老师说:"通了写起来就快了,抓紧时间完成。"在老师的鼓励和鞭策下,论文最终顺利完成。回想三年的写作历程,我的每一次成长和进步都无不凝聚和倾注了老师大量的心血。"严中有大爱。"我对老师的感激是无法言表的,对老师的感谢是只言片语所不能道尽的。"想自己的问题"、"要找到一对矛盾关系"、"要有一个理论分析框架"、"论文不是教科书"、"你必须学会,因为你以后要指着这个吃饭"……老师不仅仅教我如何进行科学研究,他平实而朴素的语言还蕴含着深刻的人生哲理。时至今日,老师的谆谆教导也时刻在耳畔回响,老师的严厉目光也时常在脑海中浮现。还要感谢慈祥的师母,师母给予我内心莫大安抚和鼓励,让我感受到母爱般的温暖和力量。

感谢培养过我的马长山教授、苏晓宏教授、李桂林教授、宣文俊教授。老师们给予的悉心指导,使学生的学术获得了全面发展和进一步提高。

感谢唐雨师姐在写作方法上的宏观指导,使我少走很多弯路。感谢王璐师兄帮我梳理论文思路,在写作最艰难的三个月里给予我强大的精神动力。感谢师妹秀秀和付琳,她们的智慧激发了我的写作灵感,使我能够更加深入的思考。

感谢孔哥、振文、沈昀、婴虹姐、宫雪、晓波等我的同窗,美好的学习时光是我最难忘和珍贵的回忆。感谢王静、李丹等同事们为我分担工作任务,让我可以安心完成论文写作。感谢金芳等好友们一直以来的帮助和鼓励。

感谢我的婆婆辛苦付出,克服身体病痛帮我照顾年幼的儿子,为我解决后顾之忧。感谢我的公公多次奔波于青岛和东北之间,默默支持我完成学业。感谢远在家乡的父亲,对我学习和生活的关心鼓励带给我自信和坚强。感谢妹妹多年来一直承担照顾年迈父亲的义务,毫无怨言。感谢大姐、二姐、表妹对我学业的支持和鼓励。感谢我的先生,在繁忙的工作中承担起家庭一切重担,再苦再累、无怨无悔,无论经济上还是精神上都是我的坚强后盾。感谢我懂事的儿子,在我写论文的时候尽量不来打扰我。

书稿有幸得以出版,特别感谢上海三联书店的编辑们为本书所做的精心校对、版面设计等工作。向他们的辛勤工作诚挚的道一声:谢谢!

对于网络法治化建设,我的研究只是一个初步尝试,诸多问题尚待进一步更详尽和深入的研究。本书难免会有疏漏,敬请读者们批评指正。

赵 杨

2019 年 5 月于青岛

图书在版编目(CIP)数据

网络规则的生成和演进/赵杨著.—上海:上海三联书店,
2019.7
ISBN 978 - 7 - 5426 - 6719 - 9

Ⅰ.①网… Ⅱ.①赵… Ⅲ.①社会秩序—研究
Ⅳ.①D035.34

中国版本图书馆 CIP 数据核字(2019)第 131248 号

网络规则的生成和演进

著 者 / 赵 杨

责任编辑 / 殷亚平 宋寅悦
装帧设计 / 一本好书
监 制 / 姚 军
责任校对 / 张大伟

出版发行 / 上海三联书店
       (200030)中国上海市漕溪北路 331 号 A 座 6 楼
邮购电话 / 021 - 22895540
印 刷 / 上海肖华印务有限公司

版 次 / 2019 年 7 月第 1 版
印 次 / 2019 年 7 月第 1 次印刷
开 本 / 890×1240 1/32
字 数 / 200 千字
印 张 / 8.5
书 号 / ISBN 978 - 7 - 5426 - 6719 - 9/D · 424
定 价 / 58.00 元

敬启读者,如发现本书有印装质量问题,请与印刷厂联系 021 - 66012351